O losango negro

Mario de Andrade, intérprete do Brasil

Angela Teodoro Grillo

O losango negro

Mario de Andrade, intérprete do Brasil

Cobogó

Para Ricardo
[em memória]

meu
Baile é tão vário que possui mil sambas
insonhados!

"A meditação sobre o Tietê",
Mário de Andrade

Sumário

Revisitando Mário de Andrade pela ótica da vida negra

A "ideia de interpretação do Brasil" é algo que se tornou motivo de discussão entre muitos pesquisadores (e um número menor de pesquisadoras) ao longo da história intelectual do nosso país, para poder organizar uma espécie de cânone de autores que pudessem explicar e dizer o que nós, enquanto país, fomos, somos ou seremos. Há diferentes camadas de problemas nisso, a começar que esse conjunto de autores esteve vinculado à população branca, masculina, da classe dominante e heterossexual, com experiências portanto bastante particulares que se tornariam assim universais para uma sociedade bastante heterogênea.

Desta forma, interpretar o Brasil, se fixarmos o debate no século XIX, após 1808 ou 1822 — ou seja, entre a chegada da família real e a transposição do poder metropolitano para a colônia, de um lado; e, de outro, pela independência —, esteve de várias maneiras circunscrito àquelas experiências de gênero, raça, classe e região numa sociedade em que a esfera pública da vida intelectual também foi constrangida por questões profundas da vida local, em diálogo transnacional: a modernidade capitalista, criadora e criatura da escravidão e do colonialismo; um processo abolicionista complexo, cujas consequências ainda podem ser sentidas entre nós; uma enorme dificuldade de conviver com os conflitos oriundos da cidadania e da experiência republicana, de forma democrática. Os denominados intérpretes mais lúcidos — conservadores ou progressistas — da nossa vida em comum jamais deixaram de enfrentar tais questões, oferecendo diagnósticos e balanços variados a respeito delas.

Com todas as críticas importantes que possam ser feitas a esses autores, de Sílvio Romero a Gilberto Freyre, de Raimundo Nina Rodrigues a Roger Bastide, de Caio Prado Jr. a Florestan Fernandes, de Alberto Guerreiro Ramos a Clóvis Moura, por exemplo, há caminhos interessantes. O número de intelectuais é considerável. E mesmo que, para alguns, a ideia de ser um intérprete ou considerado como um tenha perdido seu uso, é interessante verificar a possibilidade de alargamento do cânone, atravessada por outras experiências de gênero, raça e classe — quando intelectuais mulheres, negros, indígenas, homossexuais, pessoas com deficiência passam a figurar nessa disputa, trazendo ressignificações de interpretações antigas ou novos aportes.

O trabalho de Angela Teodoro Grillo sobre Mário de Andrade segue essa pista, acompanhando novas miradas no âmbito dos estudos sobre pensamento social brasileiro, das possibilidades de revisitar criticamente o projeto modernista paulista e também de reposicionar um intelectual da estatura de Andrade com questões que historicamente lhe foram secundarizadas ou blindadas. A autora vem perseguindo o tema há anos, dedicando-se a pesquisas no arquivo do escritor e homem público que foi Andrade, colocando-o em situação política e cultural para além de aspectos biográficos. A obra de Mário de Andrade é polifônica, como muito da sua fortuna crítica e ele mesmo vocalizou — "*sou trezentos, trezentos e cinquenta*" — e, entre essas vozes, lá está a experiência negra, da epiderme do autor aos seus compromissos analíticos e políticos.

Grillo recupera a imagem dos losangos da capa de *Paulicéia desvairada*, para retomá-la aqui mudando a cor da figura geométrica, o que não é algo menor. O losango é uma figura fundamental no espaço como uma forma que possui ângulos iguais. Ao colocar a dimensão negra em seus lados, a autora sugere desde o título possibilidades analíticas de tal experiência política e cultural de uma parte significativamente subalternizada da população brasileira. Ao explicitá-la na obra de Andrade, demonstra de forma indiscutível o quanto a experiência negra ocupou os trabalhos de Mário de Andrade, como intelectual e como político, dado seu diálogo sincrônico com pesquisas sobre a cultura popular e o nosso folclore, o seu vívido interesse por discutir cenários do pós-abolição — chegando a dialogar com a Frente Negra Brasileira em São Paulo —, os seus estudos sobre "o negro", figurando aí textos fundamentais como aquele acerca do samba rural paulista; seu debate com intelectuais do projeto modernista a respeito da experiência negra ou mesmo a sua crítica a respeito da experiência segregacionista de uma sociedade parecida com o Brasil, como os Estados Unidos, resguardando-se daquilo que ele mesmo era lateralmente vítima: o preconceito de cor.

A vida negra não fugiu, portanto, às lentes de Mário de Andrade. Cabe perguntar por que, durante tanto tempo, isso não foi devidamente explicitado. Um livro como o de Angela nos ajuda a descobrir as razões. Tanto quanto seu garimpo arquivístico, é de se valorizar a clareza narrativa da autora e sua forma de exposição analítica. E menos que questões acusatórias, a autora oferece percursos muito instigantes para que novos olhares possam ser lançados acerca da obra deste intérprete ressignificado do Brasil, que pode ser mirado com questões contemporâneas e com problemas irresolutos, ainda, em nosso tempo.

MÁRIO AUGUSTO MEDEIROS DA SILVA
Sociólogo e Professor Livre-Docente da Universidade
Estadual de Campinas, Unicamp

Negro-vida[1] no olhar brasileiro de Mário de Andrade

E o samba que criei
tão divino ficou.
Agora sei quem sou

— CANDEIA

Em Paris, na década de 1920, peças, esculturas e literatura oral — levadas de territórios colonizados — servem, em grande medida, a artistas europeus vanguardistas interessados em compreender a arte negra, inclusive como matriz para a criação de obras de arte contrárias às guerras do período. Em carta a Tarsila do Amaral, de 15 de novembro de 1923, Mário de Andrade envia um "alerta" à amiga, que se encontra na capital cultural do Ocidente daquele momento, acompanhada de Oswald de Andrade e Sérgio Milliet:

> Vocês foram a Paris como burgueses. Estão "épatés". E se fizeram futuristas! hi! hi! hi! Choro de inveja. Mas é verdade que considero vocês todos uns caipiras em Paris. Vocês se parisianizaram na epiderme. Isso é horrível! Tarsila, Tarsila, volta para dentro de ti mesma. Abandona o Gris e o Lhote, empresários de criticismos decrépitos e de estesias

1. Termo usado pelo sociólogo Guerreiro Ramos para diferenciar as abordagens do "negro-tema", em que a população e a cultura negra brasileira são estudadas pela lente do exótico.

> decadentes! Abandona Paris! Tarsila! Tarsila! Vem para a mata virgem, onde não há arte negra, onde não há também arroios gentis. Há MATA VIRGEM. Criei o matavirgismo. Sou matavirgista. Disso é que o mundo, a arte, o Brasil e minha queridíssima Tarsila precisam.[2]

O trecho mencionado da carta demonstra o crivo crítico do latino-americano, na cidade de São Paulo, cercado de livros, discos e revistas. Por um lado, ele entende, de fato, o anseio dos vanguardistas europeus por novas experiências para além das fronteiras da Europa, em busca de novas formas de refletir sobre um tempo marcado pelas disputas da Primeira Guerra Mundial (1914-1918). Por outro lado, ao olhar para dentro, enxerga a necessidade do estudo da cultura local/nacional, horizonte desconhecido para muitos intelectuais e artistas, inclusive brasileiros. Essa perspectiva de mundo ocupa um lugar central na obra publicada e inédita de Mário de Andrade (1893-1945), pois, a partir dela o escritor forja seu projeto inovador de (re)conhecimento do país, movido pela compreensão da diversidade cultural brasileira. Desse modo, para interpretar o Brasil, descentraliza a Europa e reposiciona a cultura da população negra para um lugar de destaque.

Ao estudar o Brasil, desde o período colonial até a contemporaneidade da primeira metade do século XX, Mário de Andrade compreende o país como um território de diversidade cultural singular no "concerto das nações", sobretudo pela presença das culturas indígenas e africanas. Tais heranças permaneceram preservadas nas práticas cotidianas, bem como em manifestações artísticas, as quais o autor teve a oportunidade de observar, documentar e estudar em diferentes momentos e territórios, como durante suas viagens pelo

---

2. Amaral, Aracy (org.). *Correspondência Mário de Andrade & Tarsila do Amaral*. Organização, introdução e notas: Aracy do Amaral. São Paulo: Edusp, 2001, pp. 78-9.

Brasil.[3] As investigações culturais, em campo ou em livros, são, portanto, concebidas por ele como *ciência folclórica* que funciona como uma lente que o auxilia a compreender a "brasilidade": na contramão do mero elogio ao exótico.

Na primeira metade do século XX, em uma São Paulo em processo de industrialização, vive o homem mestiço, neto de avós negras e avôs brancos. A casa onde mora, na rua Lopes Chaves, no bairro da Barra Funda, situa-se em uma das margens do rio Tietê. Trata-se de um entre-lugar, uma região que marca a transição geográfica e econômica da cidade: situa-se entre o centro e a periferia.[4] Em direção ao centro, o professor de piano segue para seu trabalho no Conservatório Musical, nas imediações do largo do Paissandu. Da janela do bonde, vê-se os palacetes de Higienópolis e dos Campos Elíseos, o *Champés-Élysées* paulistano, alguns deles frequentados por Mário de Andrade, pois dialoga e é respeitado por grande parte da elite intelectual da época. O gênero masculino e a cor da pele parda do paulistano classe média permitem-lhe a "passabilidade" também para ruas consideradas "menos nobres", como o notívago Cambuci e a Casa Verde, neste caso, bairro localizado na outra margem do rio Tietê,[5] um dos espaços periféricos que concentra a população negra da cidade.

Conhecido pela atuação multifária, Mário de Andrade destacou-se como romancista, poeta, prosista, cronista, crítico da literatura, das artes plásticas e da música, fotógrafo, jornalista, professor catedrático

---

3. Vale lembrar que MA atravessou a fronteira brasileira apenas uma vez: em viagem ao Norte do Brasil (1927), o Turista Aprendiz conheceu Iquitos, no Peru.
4. Em "Lira paulistana", poema de publicação póstuma e estudado adiante neste livro, o eu lírico problematiza tensões de classe e raça na cidade de São Paulo, como nos versos: "Garoa do meu São Paulo,/ Costureira de malditos/ Vem um rico, vem um branco,/ São sempre brancos e ricos./ Garoa, sai dos meus olhos."
5. Cf. Grillo, Angela Teodoro. "Mário de Andrade, um quase *offside*". In: Andrade, Mário de. *Os contos de Belazarte*. São Paulo: Campos Editora, 2022, pp. 19-28.

de piano no Conservatório Dramático de São Paulo. Foi o primeiro diretor do Departamento de Cultura da Municipalidade de São Paulo, cargo que lhe permitiu desenvolver uma parcela de seus projetos inovadores e democráticos, dentre eles, destaco os 15 dias de consciência negra planejados [e interrompidos pelo Estado Novo] para acontecerem durante as Comemorações do Cinquentenário da Abolição.

Mário de Andrade também exerceu o cargo de professor catedrático de Filosofia e História da Arte na Universidade do Distrito Federal, além de atuar como etnógrafo, estudioso do folclore, africanista,[6] colecionador de artes e primeiro presidente da Sociedade de Etnologia e Folclore de São Paulo. Foi ainda idealizador do SPHAN, hoje IPHAN (Instituto do Patrimônio Histórico e Artístico Nacional). Além da obra publicada em vida, deixou significativa parcela de projetos inéditos, salvaguardados, desde a década de 1960, no acervo do Instituto de Estudos Brasileiros (IEB-USP). Vale lembrar que em uma ação coordenada por Antonio Candido e José Aderaldo Castello, o Instituto pôde adquirir o arquivo, a biblioteca, móveis e a coleção de artes plásticas, que reúne peças de arte e da imaginária religiosa afro-brasileira, indígena e cristã.

Nesse universo de criação vária e interconectada, diferentes obras, muitas delas inacabadas porque interrompidas pela morte precoce do autor, foram descobertas por pesquisadores no acervo do escritor. Em 2007, como participante da Equipe Mário de Andrade, identifiquei[7] na série *Manuscritos Mário de Andrade* (IEB-USP) o nú-

6. Cf. Ferreira, Lígia Fonseca. "Mário de Andrade, africanista". In: Andrade, Mário de. *Aspectos do folclore brasileiro.* Estabelecimento de texto, apresentação e notas de Angela T. Grillo. Edição coordenada por Telê Ancona Lopez. São Paulo: Global, 2019, pp. 171-200.

7. A descoberta ocorreu no âmbito da minha participação no projeto temático *Estudo do processo de criação de Mário de Andrade nos manuscritos de seu arquivo, em sua correspondência, em sua marginália e em suas leituras* (FAPESP/IEB-USP- 2007-2011), coordenado por Telê Ancona Lopez.

mero 97, intitulado *Preto,* nomeado conforme a escolha do próprio escritor. Trata-se de um conjunto de documentos que acumula notas de trabalho e versões de textos no total de 371 fólios, dispostos pelo pesquisador em pasta improvisada com a capa dura de um caderno (23,2 cm × 33,5 cm). Durante a organização documental, procurei decifrar traços do percurso do pesquisador e da redação dos ensaios, e estudei o manuscrito como um dossiê de modo a respeitar aspectos da organização original, dividida em subtemas, feita pelo próprio autor.

Composto sobretudo de notas de trabalho, que atestam leituras e comentários, o manuscrito *Preto* fora iniciado no final da década de 1920 e desenvolvido por Mário de Andrade até o último ano de sua vida. As leituras reportam-se a aspectos culturais, históricos e antropológicos da população e da cultura negras; o estudioso detém-se ainda na literatura de quadras populares, ditos e refrões.[8] No conjunto de suas mais de trezentas notas de trabalho, o etnógrafo explicitou os subtemas: "Escravidão"; "O mulato"; "Caracteres"; "Contra o preto (preconceito, linha de cor etc.)"; "Gestos" e "Música". Contudo, notas ficaram de fora da organização dos documentos, provavelmente porque a vida não deu a ele tempo de finalizar a organização ou ele a interrompeu ao se dar conta de uma complexidade cultural e histórica, para além dos seis subtemas designados por ele.

O estudo desse processo criativo guiou-me na verificação das fontes no diálogo do pesquisador com suas leituras, desse modo as notas não classificadas originalmente couberam em novos subtemas intitulados posteriormente pela minha pesquisa: "Mulher de cor" — considerando o termo da época e usado pelo escritor —; "História";

8. A presente edição reúne a bibliografia completa identificada em *Preto*. A forma por mim proposta serve a organizar as leituras realizadas por MA ao longo de décadas, bem como atesta a matriz de criação para os três textos publicados e também aqui disponíveis.

"Costumes"; "Contra ataque"; "Botânica"; "Apodo"; "Religião" e "Superstição". A organização sob minha responsabilidade procurou, portanto, dimensionar os interesses e alcances do pesquisador cultural.

Entre as mais de trezentas notas de trabalho em *Preto*, dezenas delas, grafadas com X a lápis azul, serviram à elaboração argumentativa dos textos ali encontrados. Trata-se da versão datiloscrita do ensaio-conferência sem título, à qual nomeei "Cinquentenário da abolição"[9] e de dois artigos guardados pelo autor sob a forma de recortes: "A superstição da cor preta", divulgado em *Publicações Médicas* (São Paulo, junho-julho de 1938, pp. 63-68), e "Linha de cor", em *O Estado de S. Paulo* (São Paulo, 29 de março de 1939). A análise do dossiê indica também que o mesmo comporta três tipos de documentos: além das notas de trabalho e das versões de texto, o manuscrito guarda o exemplar de trabalho do artigo "A superstição da cor preta", com anotações a grafite e a inserção de um novo trecho que comprovam o retorno do autor à reelaboração do ensaio.

As 346 notas de pesquisa derivam de diálogos do escritor-leitor com autores que lhe apoiaram ideias ou lhe forneceram subsídios. Nessas notas de trabalho, inclusive, Mário pesquisador lança mão de diferentes designações para os descendentes de africanos, não distinguindo, explicitamente, as diferenças entre elas. O manuscrito *Preto* atesta 20 anos de pesquisa e guarda o inacabado ensaio "Estudos sobre o negro", cuja identificação me permitiu organizar a primeira publicação do volume 13 das obras completas programadas por Mário de Andrade, *Aspectos do folclore brasileiro*, em 2019.[10] O título "Estudos sobre o negro" nomeia o projeto inserido no manuscrito de acordo com a voz corrente na época e chancela a atualização e o rigor do ponto de vista antropológico, embora no dossiê caminhe paralela

9. As comemorações do Cinquentenário da Abolição, planejadas por MA ocupam parte significativa do quarto capítulo deste livro.
10. Andrade, Mário de. *Aspectos do folclore brasileiro*. São Paulo: Global, 2019.

também a forma "preto", "negro", "mulato" e "moreno", termos usuais naquele momento, embora a carga semântica de cada qual começasse a ser examinada no Brasil, nos anos de 1930, como estuda Lígia Fonseca Ferreira.[11]

Vale lembrar que a denominação "negro", que em outro momento servira para designar escravizados insurretos, foi reapropriada nos anos de 1930. A estudiosa traz à cena a discussão dos termos naquela década e destaca que, no Brasil, figuras como Veiga dos Santos — um dos líderes da Frente Negra Brasileira, fundada em 1931 — e Vicente Ferreira — orador das Associações Negras de São Paulo — condenam o uso pejorativo de "negro", ao promover a "inversão semântica, usando a palavra em substituição de 'homem de cor', 'preto', 'moreno'".[12]

Ao considerar o corpo como território que se expande para o âmbito da criação, destaco alguns momentos da biografia de Mário de

---

11. Como se lê, principalmente neste trecho: "Na década [de 1930] alguns estudos celebrariam a mestiçagem e colocariam em destaque a contribuição do negro para a formação da cultura e da identidade nacional, reabilitar a 'negridade' não era, portanto, tarefa exclusiva dos negros, pois o Brasil inteiro deveria, segundo Veiga dos Santos em seu manifesto 'cessar de ter vergonha de sua Raça aqui dentro e no [plano] internacional'. Ou seja, quebrando os tabus da raça e da cor. Assim, se o significante 'negridade' carrega tais marcas em seu conteúdo semântico, sua superação foi possível graças à superação de outro tabu — o uso da palavra 'negro', palavra da qual deriva e que possuía valor depreciativo, evitado até por aqueles a quem se aplicava. [...] Quatro anos antes do manifesto de 1931, Veiga dos Santos fazia questão de definir, numa mensagem aos pais, o sentimento abrangente que empresta ao termo: 'São negras todas as pessoas de cor, os pretos, os mulatos, os morenos, etc. todos os descendentes do Africano e do Índio'." (Cf. Ferreira, Ligia F. "'Negridade', 'Negritude', 'Negrícia': história e sentidos de três conceitos viajantes". *Revista Via Atlântica*, publicação da área de Estudos Comparados de Literatura de Língua Portuguesa, DLCV- FFLCH/USP, nº 9. São Paulo: jun. 2006, pp. 163-83). Em nota, no artigo, a autora lembra que MA, em "A superstição da cor preta", denuncia a conotação racista da palavra "negro", da qual ele mesmo fora vítima: quando alguém se zanga com alguém de ascendência africana, imediatamente o chama "— Negro!" (*Publicações médicas*, São Paulo, jun-jul 1938, pp. 64-5).

12. Ferreira, Ligia Fonseca, op. cit., p. 169.

Andrade, incluindo a ascendência africana em uma família miscigenada. Sabe-se que o avô materno, Joaquim de Almeida Leite Moraes, branco, de família brasileira estabelecida em Porto Feliz, interior de São Paulo, quando estudante de Direito na capital, casa-se, em 1855, com Ana Francisca de Andrade, jovem negra que ele engravidara e filha da lavadeira da casa. No mesmo momento, a prima de Ana Francisca de Andrade, Manuela Augusta, que se envolvera com outro estudante branco, Manuel Veloso, pusera no mundo, no mesmo ano, sem casamento, Carlos Augusto.

Joaquim de Almeida, advogado, jornalista e político, acolhe, na sua amizade, o filho da prima de sua mulher, jovem que, em 1880, trabalha com ele, no diário de sua propriedade, *O Constituinte*. Autodidata, Carlos Augusto de Andrade fora tipógrafo e, como jornalista, estivera no *Diário de São Paulo*, assim como na *Folha da Tarde*. Em 1881, ao ser nomeado presidente da Província de Goiás, Leite Moraes convida-o para ser secretário particular ou "oficial de gabinete", levando-o em sua missão. Regressando a São Paulo no ano seguinte, Leite Moraes torna-se professor da Faculdade de Direito e em 1883 publica o livro *Apontamentos de viagem.*[13] Carlos Augusto, por sua vez, distancia-se do jornalismo e em 1882 abre a *Casa Andrade, Irmão & Cia.*, uma tipografia e papelaria. Em 1887, casa-se com Maria Luísa, segunda filha de Joaquim Leite. Em 1891, com a mulher, a mãe e o filho Carlos, muda-se para Santos, para ganhar a vida como guarda-livros do irmão do sogro, exportador de café. Retorna, porém, a São Paulo com a família e em 9 de outubro de 1893 nasce Mário Raul de Andrade.

Conforme análise de José Miguel Wisnik,[14] há nessas relações tanto um "desusado cruzamento de classe, raça e parentesco, no

---

13. Moraes, J. A. Leite. *Apontamentos de viagem*. Introdução, cronologia e notas por Antonio Candido. São Paulo: Penguin Classics/Companhia das Letras, 2011.
14. Wisnik, José Miguel Soares. "Mário de Andrade, sempre". In: *Recados da ambivalência brasileira: Conto, poesia, canção*. Tese de livre-docência. FFLCH--USP, 2009, pp. 243-63.

fim do século XIX, esquisito perante os padrões de elite com os quais convive", quanto uma "experiência social brasileira, em que todos os elementos, entrelaçados e tensionados, permanecem numa zona velada, tocando o tabu e o inexpresso".[15] Para o estudioso, vale acrescentar, as relações familiares de Mário de Andrade fazem dele, psicologicamente, um "singularíssimo caso de interiorização cabal das ambivalências brasileiras, em planos sociológicos, antropológicos e psicanalíticos". Sendo assim, se o propósito do livro *Macunaíma*, como o autor mesmo indica, foi copiar o Brasil, "digamos que a matriz desta cópia — ele mesmo — já era uma espécie de cópia em vários planos de estranhas peculiaridades do país patriarcal, escravista e mestiço".[16]

Segundo o relato do jornalista Moacir Werneck de Castro, "Mário herdou de ambos os lados, pelas duas avós, seus traços de mestiço, diferente dos pais e dos irmãos, que tinham branqueado. Daí os mexeriqueiros o dizerem filho adotivo".[17] Mário de Andrade fez poucas menções diretas à cor de sua pele, mas importa lembrar que viveu em um momento de racismo científico e de política de branqueamento no país. Ainda que ele tenha evitado tratar do tema no âmbito individual, este ensaio busca comprovar a importância dada ao negro brasileiro na obra de Mário de Andrade: na criação literária, na produção crítica e em seus estudos folclóricos/culturais.

Neto de mulheres negras com homens brancos, entre os filhos, herda a pele mais escura; adulto, nem partidário das associações negras nem assimilado, ocupa um espaço de prestígio intelectual. Sua origem contribui para edificar uma obra artística e intelectual com uma singular interpretação do Brasil, sustentada pela percepção

15. Ibidem, p. 249.
16. Ibidem, p. 251.
17. Castro, Moacir Werneck. "Breve viagem ao tempo". In: *Mário de Andrade: Exílio no Rio*. Rio de Janeiro: Rocco, 1989, p. 56.

crítica tanto de quem estuda seriamente como de quem vive consequências do racismo em um país pouco inclinado a problematizar violências sociais.

Retomo a ideia de que os termos para se referir aos descendentes de africanos nem sempre capturam a complexidade das relações sociais no Brasil. Dito de outro modo, termos cambiantes, conforme a época e o uso, como "negro", "preto", "mulato", "pardo", "afrodescendente" não oferecem uma escolha absolutamente assertiva para identificar racialmente os brasileiros como Mário de Andrade. Em depoimento, Francisco Lucrécio, um dos fundadores da Frente Negra Brasileira, nome entre os conferencistas convidados por Mário de Andrade para as comemorações do Cinquentenário da Abolição do Departamento de Cultura da Municipalidade de São Paulo, recorda:

> Na época surgiu, depois do Movimento de 22, o Movimento Pau-Brasil, o petróleo é nosso, o movimento nacionalista. E a Frente fazia parte desse movimento, junto com os intelectuais brancos; entrosavam-se muito bem conosco, embora o Mário de Andrade sempre tenha se escondido. E ele constantemente era abordado. Ele chegou a me dizer: "Falam que eu sou negro." Perguntei: "O que você responde?" "Eu digo: Vou passando bem, obrigado." Não assumia.[18]

No mesmo momento referido por Lucrécio, o próprio Mário de Andrade escreve a interpretação dele para "negro", indicando o uso do termo em contexto agressivo:

> Si qualquer de nós, brasileiros, se zanga com alguém de cor duvidosa e quer insultá-lo, é frequente chamar-lhe: — Negro! Eu mesmo já tive que suportar esse possível insulto em minhas lutas artísticas, mas pare-

18. Barbosa, Márcio (org.). "Francisco Lucrécio". In: *Frente Negra Brasileira: Depoimentos*. São Paulo: Quilombhoje, 1998, p. 56.

ce que ele não foi lá muito convincente nem conseguiu me destruir, pois que vou passando bem, muito obrigado.[19]

Desse modo, o termo "cor duvidosa", usado por Mário, expõe, com sarcasmo, o preconceito racial no Brasil, refletido no olhar do branco que se impõe ao mestiço. Além disso, observa-se que, nas duas declarações citadas, a denominação "negro" é usada com sentidos opostos, como ainda hoje pode ocorrer. No primeiro caso, para Francisco Lucrécio, "negro" é utilizado como uma referência identitária afirmativa. No segundo caso, Mário de Andrade usa o termo com conotação negativa, compreendendo-o como um vitupério. Distinguem-se pelo contexto e tom da enunciação.

Em relação às minhas escolhas textuais, busco conciliar o presente da minha escrita com os sentidos vigentes na obra e na época do escritor. Em geral, lanço mão do termo "negro" como referência a descendentes de africanos (pretos e pardos, conforme categorias do Instituto Brasileiro de Geografia e Estatística — IBGE). Quando possível, substituo os ultrapassados termos "mulato" ou "moreno"[20] por "mestiço" ou "pardo"; o vocábulo isolado "mestiço", ainda que não determine necessariamente o encontro de branco com o negro, parece-me apropriado, pois "mestiço", no Brasil, está largamente associado aos descendentes de africanos. Além disso, o próprio poeta, em "A meditação sobre o Tietê", se autointitula "bardo mestiço", o que me permite a apropriação quando a ele me reporto. Evito, mas não anulo, "mulato", porque é frequente nos textos de Mário de Andrade

---

19. Andrade, Mário de. "A superstição da cor preta", op. cit.
20. Em "Reconhecimento de Nêmesis", um dos poemas centrais do losango negro, encontra-se ainda esta importante escolha do poeta — "Mão morena dela pousa no braço" (v. 1), desse modo a denominação "moreno", ainda no uso cotidiano brasileiro, em diferentes regiões do país, mantém o sentido de "mestiço".

e de seus contemporâneos, mas compartilho da repulsa ao termo pelo teor pejorativo que carrega.[21]

Parto de dois movimentos principais: focalizar um objeto da criação e buscar conectá-lo com outras produções do polígrafo, a fim de alcançar uma interpretação capaz de encontrar elos do pensamento desse intérprete do Brasil. Ademais, vejo a lírica como um espaço que guarda tanto a crítica como a utopia de um poeta. Por isso, concordando com Alfonso Berardinelli,[22] meu trabalho considera que a *lírica individual* se comunica com uma *corrente coletiva* e, de forma direta ou indireta, sem essa conexão, nenhuma experiência histórica pode ser profundamente compreendida. Adianto ao leitor que desde *Pauliceia desvairada* (1922) a *Lira paulistana* (1945), ou seja, da obra fundadora da poesia modernista no Brasil a versos escritos às vésperas da morte, Mário de Andrade poetiza referências ao negro: ora como o próprio sujeito lírico, ora como a presença por ele observada, ambos em diálogo com a sociedade brasileira.

A poesia serve como fio condutor para este estudo realizado no campo das relações raciais na obra de Mário de Andrade. É fundamental compreender em um universo individual, na construção particular de uma linguagem, a expressão de uma voz poética que mantém uma relação com o sujeito coletivo, como propõe também Theodor Adorno.[23] Ao focalizar a lírica, procuro organizar e mensurar os estudos da cultura negra e das relações raciais no pensamento de polímato e, ao fim e ao cabo, na compreensão mariodeandradia-

21. No *Dicionário Houaiss*, por exemplo, a primeira definição é "m.q. jumento", seguida de "que ou aquele que apresenta traços das raças negra e branca" ou "que ou aquele que tem a cor parda, acastanhada".

22. Berardinelli, Alfonso. "As muitas vozes da poesia moderna". In: Amoroso, Maria Betânia (org. e prefácio). *Da poesia à prosa*. Trad. Mauricio Santana Dias. São Paulo: Cosac Naif, 2007, p. 33.

23. Adorno, Theodor W. "Palestra sobre lírica e sociedade". In: *Notas de literatura I*. Trad. e apresentação: Jorge de Almeida. São Paulo: Duas Cidades; Ed 34, 2003, pp. 78-89.

na do Brasil. O escritor, ao longo da vida, alcança o entendimento de complexidades sociais de um país que tradicionalmente camufla violências do preconceito racial e do racismo sistêmico. Mário de Andrade poeta denuncia problemas coletivos e individuais, de classe e de cor; além disso, o negro, como alteridade por ele observada, surge também na esfera da arte e do amor, enquanto felicidade, beleza e completude, oferecendo ao leitor múltiplas possibilidades de existência da população negra brasileira, na contramão de estereótipos que encarceram.

A literatura brasileira, de forma ampla, escrita e oral, conta com a produção de mulheres e homens negros com diferentes experiências de vida em distintos contextos e épocas. Nas últimas décadas, de forma explícita e legítima, uma parcela considerável vincula-se à literatura negra e/ou afro-brasileira; Edimilson de Almeida Pereira relembra que nesta literatura "há antecedentes desde Domingos Caldas Barbosa, Luís Gama, Cruz e Souza [...]", mas é no final da década de 1970, com a organização de coletivos de escritores e poetas, como os *Cadernos negros* e o grupo Quilombhoje, que "um viés teorica e ideologicamente orientado contribui para sedimentar as bases dessa literatura".[24] Desse modo, na historiografia literária brasileira, os escritores negros são diversos, bem como são diversas as circunstâncias temporais e políticas em que estão inseridas as produções.

Como observa Octavio Ianni, para alguns escritores "o tema da negritude parece recôndito, invisível, sublimado". No caso de Cruz e Souza e Machado de Assis, por exemplo, "o tema da negritude, ou negrícia, estaria implícito, subjacente, decantado. Mas pode ser um segredo de sua invenção literária, de tal maneira que sem ele suas

---

24. Pereira, Edimilson de Almeida (org.). "Negação e conflito na construção das poéticas brasileiras contemporâneas". In: *Um tigre na floresta de signos: Estudos sobre a poesia e demandas sociais no Brasil*. Belo Horizonte: Mazza Edições, 2010, p. 16.

obras permaneceriam inexplicáveis".[25] Nesse sentido, considero fundamentais estudos que se servem de uma chave interpretativa de um escritor negro, como o de Eduardo de Assis Duarte dedicado a Machado de Assis.[26]

Ainda que não haja uma militância negra explícita, compreendo que na obra de Mário de Andrade há o "sujeito étnico negro do discurso", conforme propõe os estudos de Cuti, ou seja, também em Mário de Andrade há um repositório de uma memória que nos "oferece não apenas cenas do passado, mas formas de pensar e sentir, além de experiências emocionais".[27] Desse modo, parte significativa dessa vivência colabora para a dimensão dada por ele de facetas social, cultural e artística negra brasileira, bem como a denúncia do racismo. Nesse sentido, encontrei na poesia, pelo seu caráter subjetivo e cifrado, material para conduzir conexões entre diferentes partes da obra de Mário de Andrade. Negro, preto, "mulato", pardo e/ou mestiço, estamos diante de um homem capaz de refletir criticamente sobre o negro brasileiro olhando para si mesmo, para o Brasil e para a diáspora africana, seja na produção artística e intelectual como também na práxis, principalmente como diretor do Departamento da Cultura de São Paulo.

É também pela poesia que Maria de Lourdes Teodoro[28] desenvolve o estudo comparativo entre Mário de Andrade e o poeta martinicano Aimé Césaire. Ao reconhecer entre eles mais semelhanças e menos diferenças, compreende que, contemporâneos, ambos provêm de

25. Ianni, Octávio. "Literatura e consciência". In: Duarte, Eduardo de Assis e Fonseca, Maria Nazareth Soares (orgs.). *Literatura e afrodescendência no Brasil*, v. 4. Belo Horizonte: Editora UFMG, 2011, p. 185.
26. Duarte, Eduardo de Assis. Seleção, notas, ensaios. *Machado de Assis afrodescendente*. 3. ed. Rio de Janeiro: Malê, 2020.
27. Cuti. *Literatura negro-brasileira*. São Paulo: Selo Negro Edições, 2010.
28. Teodoro, Maria de Lourdes. *Modernisme brésilien et négritude antillaise: Mário de Andrade et Aimé Césaire*. Paris: L'Harmattan, 1999.

países mestiços, colonizados e enxergam nesses espaços um "caos cultural". Adeptos do surrealismo, eventualmente Mário e acentuadamente Césaire, utilizam-se dessa estética para exercitar um poder que libera o olhar, a percepção do mundo e da condição humana. A autora ancora-se, sobretudo, em uma perspectiva de identidade cultural que entende o autoconhecimento simultâneo ao conhecimento do outro. Nesse sentido, Mário de Andrade e Aimé Césaire vivenciam um processo semelhante de conhecimento do povo de seus países, concomitante ao conhecimento de si mesmos, como indivíduos. Essa conclusão firma a singularidade do ensaio, à medida que inaugura uma aproximação do pensamento de Mário de Andrade com o do anticolonialista martinicano e coloca o brasileiro no debate internacional dos discursos anticolonialistas da época.

Por outro lado, em *Raça e cor na literatura brasileira*, David Brookshaw interpreta Mário de Andrade como um mestiço branco colonizado, conforme se lê no capítulo "O negro e o modernismo: um novo estereótipo".[29] Após discorrer sobre *Macunaíma*, em "O mestiço branco", o brasilianista lança mão dessa categoria não usual no Brasil para a interpretação de alguns versos de "Dois poemas acreanos" e de "O improviso do mal da América". Desse modo, classifica o modernista como "a expressão mais completa e sincera na literatura brasileira da situação do intelectual colonizado" que, junto de Jorge de Lima, faz "a exaltação da identidade brasileira culturalmente mestiça". O estudioso, ainda que considere a importância do escritor no campo da valorização da cultura brasileira, conclui o capítulo afirmando que Mário de Andrade, "o relutante 'mestiço branco", tem sido "através dos anos um exemplo da mais radical manifestação de nacionalismo cultural produzido pela geração modernista".

---

29. Brookshaw, David. *Raça e cor na literatura brasileira*. Porto Alegre: Mercado Aberto, 1983.

Para Brookshaw, há em Mário de Andrade, concomitantemente, o desejo de ser branco e um desinteresse pelos conflitos gerados pela mestiçagem no Brasil, no entanto, a leitura do crítico traduz a expectativa de ouvir como negra apenas a voz de um poeta militante, como Fernando Goes, amigo de Mário de Andrade, vinculado às Associações Negras. O ímpeto de ouvir uma voz negra "ideal" ofusca, por exemplo, a compreensão da ironia no verso "um imperioso grito de brancura em mim", em que o Mário de Andrade denuncia uma desmesurada presença europeia no continente americano. O trabalho de crítica literária deve levar em conta a complexidade dos escritores e compreender as produções para além de classificações binárias que dividem escritores negros ou brancos. Há em Mário de Andrade a escrita atravessada pela experiência de um homem negro, ainda que não faça parte das Associações Negras, como o escritor Fernando Goes, amigo a quem Mário dedica o livro de crônicas *Os filhos da Candinha*, cuja primeira publicação ocorreu em 1943.

Nesse sentido, o pensamento de Stuart Hall contribui para a interpretação da experiência de Mário de Andrade como homem negro:

> Existe, é claro, um conjunto de experiências negras historicamente distintas que contribuem para os repertórios alternativos que mencionei anteriormente. Mas é para a diversidade e não para a homogeneidade da experiência negra que devemos dirigir integralmente a nossa atenção criativa agora. Não é somente para apreciar as diferenças históricas e experiências dentro de, e entre, comunidades, regiões, campo e cidade, nas culturas nacionais e entre diásporas, mas também reconhecer outros tipos de diferenças que localizam, situam, posicionam o negro. A questão não é simplesmente que, visto que nossas diferenças raciais não nos constituem inteiramente, somos sempre diferentes e estamos negociando diferentes tipos de diferenças — de gênero, sexualidade, classe. Trata-se também do fato de que esses antagonismos se recusam a

> ser alinhados; simplesmente não se reduzem uns aos outros, se recusam a se aglutinar em torno de um eixo de diferenciação. Estamos constantemente em negociação, não com um único conjunto de oposições que nos situe sempre na mesma relação com os outros, mas como uma série de posições diferentes. Cada uma delas tem para nós o seu ponto de profunda identificação subjetiva. Essa é a questão difícil da proliferação no campo das identidades e antagonismos: elas frequentemente se deslocam entre si.[30]

Pensando, portanto, nas diferentes possibilidades de experiências negras na literatura, tomo emprestada a interpretação de Eduardo de Assis Duarte, para quem "a afrodescendência [em Mário de Andrade] assume a forma de retorno do recalcado".[31] O termo psicanalítico cunhado por Sigmund Freud define-se como um mecanismo psíquico cuja "essência consiste simplesmente em afastar determinada coisa do consciente, mantendo-a à distância",[32] pois "o motivo e o propósito da repressão nada mais eram do que a fuga ao desprazer".[33] Na sequência de sua análise, Freud reconhece que esse mecanismo de defesa gera uma energia que será canalizada para outra esfera do consciente, sendo assim, o recalque não desaparece simplesmente; caso desapareça, não é mais possível ser analisado. Desse modo, se

30. Hall, Stuart. "Que negro é esse na cultura negra?". In: Sovik, Liv (org.). *Da diáspora: Identidades e mediações culturais.* Belo Horizonte: Editora UFMG, 2008, pp. 327-8.
31. Duarte. Eduardo de Assis. "Literatura e afro-descendência". In: Pereira, Edmilson de Almeida Pereira (org.), op. cit., p. 78.
32. Freud, Sigmund. "Repressão". In: A *História do movimento psicanalítico, artigos sobre a metapsicologia e outros trabalhos (1914-1916).* Vol 14: *Obras psicológicas completas de Sigmund Freud.* Edição standard brasileira/comentários e notas de James Stranchey; em colaboração com Anna Freud; assistido por Alix Strachey e Alan Tyson. Trad. do alemão e do inglês de Jayme Salomão. Rio de Janeiro: Imago, 1996, p. 152.
33. Cabe lembrar que "recalque" e "repressão" são diferentes traduções do mesmo conceito discutido por Freud.

houve, de fato, um recalque no escritor "mulato", o poeta encontrou, na arte, o lugar para dar vazão à energia acumulada pela angústia.

A hipótese nasce da leitura de "Reconhecimento de Nêmesis", poema escrito em 1926, cujo estudo a ele dedicado ocupa o segundo capítulo deste livro, em que a voz do poeta mestiço é patente e o sujeito lírico promete *concertar* (com C) "as cruzes do seu destino" (v. 188).[34] Na poesia de Mário de Andrade, alterna-se o eu poético que observa o negro na sociedade, e demonstra-lhe empatia, e o sujeito lírico negro de extravasamentos subjetivos. O olhar para si e para o outro coexistem no "concerto do destino" e extrapolam o fazer poético, como se lê no quarto capítulo, dedicado à atuação de Mário de Andrade no Departamento de Cultura da cidade de São Paulo (1935-1938), com destaque para o ano de 1938. No Cinquentenário da Abolição, o diretor idealizou refletir e debater as contribuições da população negra e o reconhecimento da dimensão da cultura negra no Brasil, resultando em atividades planejadas por ele, mas interrompidas e/ou ignoradas pelo Estado Novo.

Concordando com Eduardo de Assis Duarte, no Brasil: "A ideia de branqueamento implica denegação do ser e do existir negro num país racista e camuflado."[35] Mas as negações e ou disfarces podem também ser experiências que trazem em si um existir negro que valem ser observadas nos estudos literários e sociais? A experiência de ser negro, em uma sociedade racista, passa por particularidades que podem atuar na criação literária, principalmente por se tratar de uma produção artística: figurada e sem compromisso fidedigno com a "realidade". Em uma sociedade violenta, exige-se o desenvolvimento de estratégias de sobrevivência da saúde física e mental, sendo assim,

---

34. Pensando a arte como lugar possível de atuação de um mecanismo de defesa psíquico, destaco a artista plástica Louise Bourgeois, cuja arte ganha explicitamente um caráter psicanalítico; em uma de suas obras escreve "Art is a guaranty of sanity" [A arte é uma garantia de sanidade].
35. Duarte, Eduardo de Assis. "Literatura e afro-descendência", op. cit., p. 78.

a depender do momento e do espaço ocupado pelo artista, a criação literária será elaborada de acordo com as circunstâncias. Experiências de vida de escritores negros como Machado de Assis, prestigiado em vida, e Lima Barreto, morto em um hospício, definem menos o valor de suas obras e mais as estratégias de composição literária, ou seja, o espaço-tempo social em que vivem contribui para a escolha de uma autoenunciação negra mais ou menos indireta.

Guerreiro Ramos, sociólogo baiano, contemporâneo de Mário de Andrade, entende que a intelectualidade brasileira "essencializava a questão racial, a que referiam como 'o problema do negro'". O termo "problema", comum no pós-abolição, de fato borra a complexidade das relações raciais no Brasil, à medida que atribui à população negra a pecha de atraso e "incômodo" para a nação e minimiza a importância do negro no processo de formação da sociedade brasileira. Na dicotomia "negro-tema e negro-vida" formulada por Ramos, a primeira perspectiva figura o negro como "uma coisa examinada, olhada, ora como ser mumificado, ora como ser curioso". Mário de Andrade estuda e produz na esfera do "negro-vida", isto é, em "algo que não se deixa imobilizar, é despistador, profético, multiforme, do qual, na verdade não se pode dar versão definitiva".[36]

Mário de Andrade, poeta e etnógrafo, por exemplo, em 1929, rompe com a tradição da poesia brasileira ao retirar a mulher, em "Poemas da Negra", do lugar subalterno de pobre e prostituta para dar-lhe espaço de musa, para quem o poeta dedica versos de amor sublime. Estudos realizados por ele, junto à poesia canônica, cancioneiros e ditos populares, serviram-lhe como matriz de criação para os "Poemas da Negra", conforme se lê no terceiro capítulo, dedicado ao estudo do conjunto. Adianto que ao constatar a repetição de estereótipos em

---

36. Apud Barbosa, Muryatan Santana. "Guerreiro Ramos: o personalismo negro". *Tempo social*, v. 18, nº 2. São Paulo, nov. 2006. Disponível em: https://www.revistas.usp.br/ts/article/view/12522. Último acesso: 23/06/25.

relação à mulher no Brasil, o poeta rompe com a tradição da poesia brasileira e oferece para a negra, e não para a branca, versos de amor em discurso elevado.

Em diferentes momentos da vida, Mário de Andrade capta mudanças significativas de sua época que buscam romper com a ordem. Ainda que não tenha tido um contato direto, foi contemporâneo daqueles que reagiram ao colonialismo na primeira metade do século XX. O martinicano já citado Aimé Césaire, o congolês Léophold Sèdar Senghor e Léon-Gontran Damas, nascido na Guiana Francesa, fundam no ano de 1935, em Paris, o jornal *L'étudiant noir*. A negritude foi tematizada e poeticamente inaugurada por Césaire em *Cahier d'un retour au pays natal*, publicado em 1938 e prefaciado pelo surrealista francês André Breton. Em 1947, Césaire e Senghor, ao lado de André Gide, Richard Wright, Albert Camus e Jean-Paul Sartre, entre outros, fundam a revista *Présence africaine*.

Essas ideias teriam se encontrado com o Blaise Cendrars[37] da *Anthologie nègre* e com o Maurice Delafosse de *L'âme nègre*, obras de 1921 e 1922, presentes na biblioteca de Mário de Andrade,[38] trazendo anotações da leitura relativas à sua pesquisa sobre o negro. A marginália de Mário nas obras de Delafosse e Cendrars — grifos, sem comentários — no entanto, não dão subsídios suficientes para avaliar a dimensão do contato do leitor com artistas e intelectuais destacados, embora revele seu interesse pelo tema desde a década de 1920. De todo modo, vale lembrar que Blaise Cendrars e Mário de Andrade conviveram durante a temporada do poeta francês no Brasil, pois ambos integraram a caravana dos modernistas na viagem do "Descobrimento do Brasil" por Minas Gerais em 1924. A convivência pode ter contribuído para que chegassem a Mário de Andrade ideias

37. Ainda que o ano de publicação de um livro não ateste, evidentemente, o momento da leitura, suponho que, neste caso, MA a tenha feito nesses anos de 1920, pelo convívio com o autor na caravana para Minas Gerais.
38. Os livros de MA, mais de 17 mil volumes, integram o acervo da Biblioteca do Instituto de Estudos Brasileiros (IEB-USP).

das mobilizações de resistência e oposição à marginalização do negro em voga na Europa. No entanto, menos a literatura e mais a música negra, principalmente o jazz, alcançou-lhe com mais profundidade.

Nas primeiras décadas do século XX, momento de grande efervescência social negra, cresce, em Nova York, o movimento cultural e político Harlem Renaissance, iniciado em 1919. Nele participam, além do poeta Langston Hughes, escritores, atores e intelectuais como Zora Neale Hurston, Paul Robeson, W.E.B. Du Bois e Marcus Garvey. Concordo com Eurídice Figueiredo, para quem a manifestação do Harlem Reinassance é de grande importância para a música negra nos Estados Unidos, pois "revela, também, o início do sucesso internacional do jazz".[39] Fernando Correia Rocha, afilhado de Mário de Andrade, relembra que, quando criança, na casa do padrinho, lá mergulhava no mundo das artes, inclusive no jazz: "Foi a primeira vez que eu ouvi uma música do Duke Ellington. Já depois, quando estudei nos Estados Unidos, entrando em contato com a obra de Duke Ellington, ouvi a música que ele tocava muito, uma rapsódia. Então, aprendi a gostar de música, música de jazz, com o Mário de Andrade."[40]

A coleção de discos de Mário de Andrade, de fato, comprova o interesse dele pela música negra estadunidense; figuram ali, além de Duke Ellington, Louis Armstrong, Ella Fitzgerald, Cab Calloway, Joe King Oliver. Mário também guardou em sua biblioteca o programa de *Porgy and Bess*, ópera de George Gershwin e libreto de DuBose Heyward. Ainda que não seja exatamente um jazz, mesmo que tenha recebido sua influência, conforme relato do compositor, e não participe do Renascimento do Harlem, a ópera distingue-se

---

39. Figueiredo, Eurídice (org.) et al. "Negritude, negrismo e Literaturas de afrodescendentes". In: *Conceitos de literatura e cultura*. Juiz de Fora: Ed UFJF, 2010, p. 313.

40. Rocha, Fernando Correia. *Eu sou trezentos, eu sou trezentos e cinquenta: Mário de Andrade visto por seus contemporâneos*. Organização Telê Ancona Lopez. Rio de Janeiro: Agir, 2008, p. 56.

pelo fato de ser o primeiro musical que retrata a vida de negros dos Estados Unidos.[41]

Na poesia de Mário de Andrade, o jazz surge recorrentemente, por exemplo, em um devaneio amazônico, o Turista Aprendiz, em 1927, almeja enviar para São Paulo "telegramas mandando comprar todos os candelabros iluminados do mundo e buscar nos Estados Unidos todos os jazes de negros autênticos".[42] Na poesia, o jazz foi tocado em versos como:

A preamar dos brilhos das mansões...
O jazz-band da cor. O arco-íris dos perfumes...
(*Pauliceia desvairada*. "Colloque sentimental"; v. 5-6)

Empregados públicos virginais.
Deslumbrados com o **jazz dos automóveis**.
(*Losango cáqui*. "Rondó do tempo presente"; v. 23-24.)

Aleluia!
Louvemos o Criador com os sons dos saxofones arrastados,
Louvemo-Lo com os salpicos dos xilofones nítidos!
Louvemos o Senhor com os riscos dos recorrecos e os estouros
[do tantan,
Louvemo-Lo com a instrumentarada crespa do jazz-band!
(*Clã do jabuti*. "Carnaval Carioca". Poema "III"; v. 215-219)

---

41. *Porgy and Bess* conta a história de um homem que vive nas ruas de Charleston, Carolina do Norte, e tenta resgatar sua amada, Bess, da vilania do amante dela. É considerada por uma parte da crítica como um retrato racista dos negros dos EUA.
42. Andrade, Mário de. *O turista aprendiz*. Estabelecimento de texto, introdução e notas Telê Ancona Lopez. Belo Horizonte: Itatiaia, 2002, p. 54.

E New York abençoa o jazz universal.
Negros de cartola
Turcos de casaca
Montecarlo e Caldas e Copacabana
Tudo é um caxambu!
EU DANÇO!
(*Remate de males*. "Danças". Poema "V"; v. 181-186)

É tarde já... Zero grau.
Hesito mais, indeciso...
Meus irmãos desaparecem
Nos corredores com luz
Donde saltam na calçada
Muitos palhaços de riso,
Até rio... **Vaia o jazz.**
Caminho pela cidade
Sofrendo com mal-de-amor.
(*Poesias. A costela do Grã Cão*. "Canto do mal-de-amor"; v. 9-17)

E a gente, numa rede maranhense,
Ao som dum jazz bem blue,
Balancearemos no calor da noite,
Sonhando com o sertão.
(*Poesias. A costela do Grã Cão*. "Melodia Moura"; v. 25-28)[43]

Como se vê, o jazz, a música negra dos Estados Unidos, participa da poesia de Mário de Andrade em diferentes espaços brasileiros, em uma compreensão, *avant la lettre*, de diáspora negra na América.

---

43. Todos os versos de MA citados aqui foram retirados da edição: Andrade, Mário de. *Poesias completas*, [grifos meus]. Edição de texto apurada, anotada e acrescida de documentos por Tatiana Longo Figueiredo e Telê Ancona Lopez. Rio de Janeiro: Nova Fronteira, 2013, v. 1 e 2.

Anos mais tarde, em "A expressão musical dos Estados Unidos", conferência realizada no auditório da Associação Brasileira de Imprensa, no Rio de Janeiro, em 12 de dezembro de 1940,[44] na parte "A contribuição do negro", Mário compara a execução do jazz ao respeito à liberdade, pois cada músico tem seu momento individual devendo, contudo, manter um diálogo com o conjunto.

Considerar a atenção do intelectual brasileiro pela música da diáspora africana nos EUA contribuiu em grande medida para a interpretação dos versos de "Nova canção de Dixie", cujo estudo ocupa o último capítulo deste livro. O jazz aproxima-o da compreensão do racismo nos Estados Unidos e permite-lhe alcançar uma comparação com o Brasil. Ou seja, na contramão das ideias de democracia racial em voga naqueles anos, reconhece a existência de uma *colour line* à brasileira, em 1939.

Consciente de que a organização cronológica não dá conta de aspectos difusos que compõem o pensamento do polígrafo, proponho uma organização que segue uma ordem temporal de publicação, mas não busca um traço evolutivo. Em outras palavras, o amadurecimento de Mário de Andrade, no que diz respeito ao estudo e à valorização da cultura negra e o reconhecimento do racismo no Brasil, não deve apagar o fato de que a cultura negra está presente em sua vida desde muito cedo, como se vê na atuação do professor de piano que leva lundus e outros ritmos de matriz africana para as alunas do tradicional Conservatório Musical, na década de 1920.

A poesia de Mário de Andrade, conforme adverte Gilda de Mello e Souza, solicita uma leitura atenta do pensamento do poeta, que "sempre aflora camuflado através de símbolos, metáforas, substitui-

44. A conferência "A expressão musical dos Estados Unidos" foi publicada posteriormente. In: Alvarenga, Oneyda (org.) *Música, doce música*. São Paulo: Livraria Martins, 1963, pp. 395-417. O texto se encontra reproduzido aqui, entre as pp. 301-27 deste livro.

ções" e, além disso, configura-se como "expediente impenetrável para quem não possui um conhecimento mais profundo, tanto da realidade brasileira, como da biografia do autor".[45] Ou seja, exige um esforço interpretativo tanto da linguagem, que figura reflexões do vate, como de aspectos sociais e pessoais que participam como matéria-prima na construção dos versos. Desse modo, poemas que participam do *losango negro* são estudados em diálogo com diferentes facetas da produção de Mário de Andrade.

O caráter polissêmico da poesia oferece campo fértil para conectar a elaboração artística de Mário de Andrade com a biblioteca, a discoteca, a correspondência do polígrafo e as viagens pelo Brasil — em Minas Gerais, no Norte e no Nordeste brasileiros e no interior de São Paulo. Todos esses espaços guardam ideias que levam a caminhos que se encontram no que denomino de *losango negro*. Desse modo, o estudo dessa geométrica imagem poética serve à composição de elos de um aspecto difuso e que se propaga no trabalho de Mário de Andrade. O losango negro, como uma encruzilhada, oferece percursos para a interpretação na obra artística, ensaística e na práxis do "bardo mestiço".

45. Souza, Gilda de Mello. "A poesia de Mário de Andrade". In: *A ideia e o figurado*. São Paulo: Duas Cidades; Editora 34, 2005, p. 31.

I. Encruzilhadas e losangos no pensamento de Mário de Andrade

O caráter de multiplicidade na obra do modernista foi reconhecido por uma parcela significativa da crítica literária mariodeandradiana. Em 1942, ano seguinte ao da publicação de *Poesias* — reunindo as obras *Pauliceia desvairada*, *Losango cáqui*, *Clã do jabuti*, *Remate de males*, *A costela do Grã Cão* e *Livro azul* — Antonio Candido mapeia o universo do poeta facetado em vários caminhos. O crítico distingue, então, "o poeta 'folclórico'", o "poeta de si mesmo" e o "criador de uma poética".[46] Ainda naquele ano, em ensaio dedicado à mesma obra, Álvaro Lins sublinha uma dicotomia que será explorada desde então pela crítica, mostrando, no poeta, "o sentimento de sua terra e o sentimento íntimo do homem".[47] Anos mais tarde, João Luiz Lafetá,[48] seguindo Antonio Candido e Álvaro Lins, aprofunda a ideia de que Mário de Andrade encontra na poesia o *locus* para dar vazão a uma multiplicidade que lhe serve para esmiuçar o "si mesmo" e o coletivo.

---

46. Antonio Candido; resenha sem título publicada em *Clima*, nº 8. São Paulo, jan. 1942, nº 8, p. 75.
47. Lins, Álvaro. "Mário de Andrade: a imaginação de um homem e a imagem de um movimento literário em sua obra poética". In: Holanda, Lourival de; França, Humberto (orgs.). *Álvaro Lins: Ensaios de crítica literária e cultural.* Recife: Ed. Universitária da UFPE, 2007, pp. 149-57.
48. Lafetá, João Luiz. "Pequena introdução às máscaras". In: *Figuração da intimidade: Imagens na poesia de Mário de Andrade.* São Paulo: Martins Fontes, 1986, p. 8.

O estudo das máscaras do poeta, realizado por Lafetá,[49] confirma, na poesia caleidoscópica de Mário de Andrade, elementos que figuram uma pluralidade de temas e espaços, sejam eles sociais ou individuais. Nesse sentido, ao compreender o caráter dessa poesia de expressão autônoma do indivíduo em diálogo com o coletivo, procurei demarcar e aprofundar a complexidade de um espaço de criação, o qual denomino losango negro. Trata-se de uma parcela significativa de sua poesia que se articula com elementos da biografia do poeta, com outras criações artísticas, como a prosa, com pesquisas do intelectual e atuações profissionais e políticas. Nesse losango, há tanto a consciência da mestiçagem do indivíduo e de reconhecimento de violências do racismo, como a valorização da cultura negra brasileira. No pensamento de Mário de Andrade "trezentos, trezentos e cinquenta", o losango negro, tecido por décadas, conecta diferentes interesses, atuações e momentos da produção do polígrafo.

Em *Pauliceia desvairada* (1922), o arlequim, que se mostra como a voz lírica, afirma-se para além dos diálogos do artista com as vanguardas europeias do início do século XX, visto que o poeta, ao captar e atualizar elementos dos vários "ismos", submete-os, sempre, ao seu projeto de construção de uma arte brasileira moderna. Além de equivaler à poética traçada pelo artista, que trabalha um crivo crítico das vanguardas e da arte do passado,[50] o traje de arlequim tem, nos losangos coloridos que o constituem, a primeira metáfora da multiplicidade que acompanhará todos os caminhos do artista, todas as facetas do polímata e do cidadão engajado em projetos políticos e culturais renovadores. O losango do arlequim funde-se, aliás, ao losango da nossa bandeira, em uma brasileira geometria. Vale lem-

49. Ibidem.
50. Cf. Lopez, Telê Ancona; Figueiredo, Tatiana Longo Figueiredo. "*Poesias Completas*, um livro multifário". In: Andrade, Mário de. *Poesias completas*. Rio de Janeiro: Nova Fronteira, 2013, pp. 25-53.

brar que o amarelo do estandarte nacional alude ao ouro, minério extraído em grande medida no período escravocrata.

O losango negro: Caminhos abertos

Em 1922, da roupa do arlequim o poeta extrai uma cor para o título de *Losango cáqui,* que congrega os poemas transfiguradores dos seus exercícios militares de reservista no livro que só conseguirá publicar em 1926. Nesse sentido, ao julgar que os recortes participam de um conjunto que é o da poesia multifária, o negro do losango une-se ao colorido que tece a criação do poeta, consciente da miscigenação do brasileiro e da sua própria. Nesse espaço poético, perfomatizam-se tanto as múltiplas existências negras observadas pelo eu *flâneur* como a do próprio eu poético. Desde o "Prefácio interessantíssimo" (1922), preâmbulo com o valor de manifesto, o poeta reconhece-se como um "novo Anfião moreno":

> Com o vário alaúde que construí, me parto por essa selva selvagem da cidade. Como o homem primitivo cantarei a princípio só [...]. Nesse momento: novo Anfião moreno e caixa-d'óculos, farei que as próprias pedras se reúnam em muralhas à magia do meu cantar. E dentro dessas muralhas esconderemos nossas tribos.[51]

O Anfião moreno moderno que se retrata de óculos, ao reconhecer a própria mestiçagem, prende-se a raízes na cultura europeia (na evocação do mito grego) e na africana ("moreno"), equivalendo a parcelas que compõem o sangue miscigenado do poeta e do brasileiro. O artista, ao desenvolver o modernismo, edifica um ideário e *Pauliceia desvairada* faz referência ao Anfião que, cantando, concretizara

51. Andrade, Mário de. "Prefácio interessantíssimo". In: "Pauliceia desvairada". In: *Poesias completas*, v. 1, op. cit., pp. 74-5.

Tebas. No Brasil, contudo, não lhe serve a lira; declara-se *luthier* de seu "alaúde vário", novo, ainda que inspirado no instrumento musical do trovador medievo, já captado pelo romantismo francês e brasileiro. No "Prefácio interessantíssimo", Mário de Andrade demarca uma posição estética moderna, na qual o alaúde tem significado maior na intenção de firmar a nacionalidade, posição essa que se mostra na poesia de *Pauliceia desvairada*, ao atualizar o nacionalismo do trovador antigo como haviam feito Musset e o nosso Gonçalves Dias.

No poema profissão de fé, "Trovador",[52] que culmina no verso "Sou um tupi tangendo um alaúde!", estão essas matrizes no tocante a um projeto nacionalista que se afunila, em 1922, no compromisso com a cidade de São Paulo, Brasil e microcosmo.[53] Nessa cidade erigida pela poesia, na Pauliceia desvairada, quem se move, perambula, é o poeta arlequim vestido de losangos/retalhos da *urbe* multifacetada, arlequinal e que inclui também um *eu lírico negro*.

Ao pensar em Mário de Andrade poeta *flâneur*, evoco as cogitações de Walter Benjamin[54] sobre Charles Baudelaire que, no exercício da *flânerie* pelas ruas de Paris da *Belle Époque*, capta diferentes personagens e situações. A modernização da cidade grande e a possibilidade das pessoas se manterem incógnitas tornam-se material da criação de *Flores do mal*. Benjamin destaca que pela primeira vez as pessoas ficavam muito próximas por longos períodos, nos bondes, por exemplo, sem que tivessem que dirigir a palavra umas às outras,[55] desse modo, normatiza-se a vivência em espaço público sem a necessidade

52. Idem. "O trovador". In: "Pauliceia desvairada". In: *Poesias completas*, v.1, op. cit., p. 78.
53. Ancona Lopez, Telê. "A biblioteca de Mário de Andrade seara e celeiro da criação". In: Zular, Roberto (org.). *Criação em processo: Ensaios de crítica genética*. São Paulo: Fapesp/Iluminuras/Capes, 2002, pp. 45-72.
54. Benjamin, Walter. "Paris do Segundo Império". In: *Charles Baudelaire: Um lírico no auge do capitalismo*. Trad. José Martins Barbosa. São Paulo: Brasiliense, 1989, pp. 9-102.
55. Ibidem.

de interação, situação adequada àquele que deseja observar as pessoas e os lugares.

Aproximando as duas metrópoles, Paris e São Paulo, quando passam por um processo de modernização, cada qual com suas particularidades, é possível dizer que, assim como o poeta francês, Mário de Andrade, em 1922, examina a Pauliceia daquele momento, inserida em um processo de crescimento populacional, industrialização e expansão de edifícios e dos meios de transporte. No cenário da metrópole brasileira do século XX, a modernolatria futurista não pontifica, embora Mário incorpore conquistas do *Manifesto técnico*, promulgado por Marinetti e companheiros. O poeta paulistano é motivado, sobretudo, pela paisagem humana, nas feições dos contrastes sociais. Como bem analisa Antonio Candido, "Mário de Andrade praticou em toda sua obra a poesia da rua e do poeta andarilho, frequentemente nas horas da noite, marcadas pela inquietação e mesmo pela angústia".[56]

Na Pauliceia do poeta arlequim, a loucura denuncia as contradições sociais, escuta a música que soa nas ruas e observa os pobres e marginalizados, imigrantes e negros que atravessam o olhar do sujeito lírico. A ironia, nesse endereçamento, chancela o poeta moderno, crítico de seu tempo, aquele que ultrapassa as coordenadas programáticas do modernismo, considerado o pensamento de Henri Lefèbvre, em *Introdução à modernidade*.[57] A presença da máquina, em *Pauliceia desvairada*, é revestida de ironia: veja-se no poema "O domador", no qual o transporte público contrasta com o automóvel veloz do louro filho do imigrante que "fizera" a América. O poeta, por sua vez, no bonde, convive com a pluralidade racial, a pobreza e a dor, contado o negro, na metáfora "um noite":

56. Candido, Antonio. "O poeta itinerante". In: *O discurso e a cidade*. São Paulo: Duas Cidades/Ouro sobre Azul, 2004, p. 231.
57. Lefèbvre, Henri. *Introdução à modernidade*. Trad.: Jehovanira Souza. São Paulo: Paz e Terra, 1969.

Mário, paga os duzentos réis.
São cinco no banco: um branco,
um noite, um ouro,
um cinzento de tísica e Mário...
Solicitudes! Solicitudes! (v. 12-16)[58]

Em "Noturno",[59] poema sensorial, trabalhado pelo verso harmônico e pela polifonia, destaca-se, pois, personagens notívagos das ruas do Cambuci, bairro onde se localizava a cadeia pública. Nessa cidade arlequinal, tem vez e voz o imigrante italiano pobre que entoa seu pregão ("— Batat'assat'ô furnn!..."), enquanto a luz do bonde, veículo moderno, vai "cuspindo"/ "ferindo"/ "jorrando um orifício na treva cor de cal..."; abrindo com a luz a neblina da noite, significativa treva branca; e, no *bas fond*, o negro sarará canta ao violão:

Um mulato cor de ouro,
com uma cabeleira feita de alianças polidas...
Violão! "Quando eu morrer..." Um cheiro pesado de baunilhas
oscila, tomba e rola no chão...
Ondula no ar a nostalgia das Baías... (v. 18-22)

Observado pelo *eu flâneur,* o "mulato cor de ouro", alcoolizado, exala "Um cheiro pesado de baunilhas" e cai, conseguindo cantar apenas um verso de uma ladainha, fragmento com valor de colagem em "Noturno". Essa ladainha, com música e letra do mestre de Capoeira Besouro do Mangagá,[60]entrou para a nossa tradição: "Quando

58. Idem. "O domador". In: "Pauliceia desvairada"; in: *Poesias completas*, v. 1, op. cit., p. 92.
59. Idem. "Noturno". In: "Pauliceia desvairada"; in: *Poesias completas*, v. 1, op. cit., p. 96.
60. Aprendiz de Mestre Alípio, Besouro Mangangá (1895-1924), viveu no Recôncavo Baiano, tornou-se famoso pela agilidade sem igual de seus movimen-

eu morrer me enterre na Lapinha,/ quando eu morrer me enterre na Lapinha,/ calça, culote, paletó, almofadinha".[61]

Parando no losango negro de *Losango cáqui* (1926), é importante citar o poema cinematográfico "A menina e a cantiga", no qual o eu *flâneur* observa e descreve em tom de denúncia, em uma cena nas ruas de São Paulo, pós-abolição, condições de trabalho que subjugam a população negra da cidade.

> ... trarilarára... traríla...
> A meninota esganiçada magriça com a saia voejando por cima dos joelhos em nó
> vinha meia dançando cantando no crepúsculo escuro.
> Batia compasso com a varinha na poeira da calçada.
>
> ... trarilarára... traríla...
>
> De repente voltou-se pra negra velha que vinha trôpega atrás,
> enorme trouxa de roupas na cabeça:
> – Qué mi dá, vó?
> – Naão.
>
> ... trarilarára... traríla...

O poema apresenta o contraste da ingenuidade da criança que brinca, canta, mas disponibiliza-se para interromper a diversão para ajudar a avó no trabalho físico pesado. A renúncia da senhora, no

---

tos, em uma época em que a capoeira ainda era proibida no país. Uma das muitas histórias que o cercam conta que mestre Cobrinha Verde (1917-1983) foi iniciado, aos 4 anos, por Besouro Mangangá, seu primo, com a condição de nunca ganhar dinheiro com a capoeira.

61. Na década de 1960, conforme depoimento de Baden Powell, essa canção foi colhida por ele em uma roda de samba na Bahia, e anexada à "Lapinha", autoria dele e de Paulo César Pinheiro. Depoimento de Baden Powell a Fernando Faro para o programa "Ensaio", da TV Cultura, em 1973. Disponível em: https://www.youtube.com/watch?v=NOyYiLoOdfA. Último acesso: 21/1/25.

entanto, metaforiza o desejo de manter a menina longe da realidade violenta do mundo adulto. Nos versos coexistem a denúncia da herança do passado escravocrata — a violência do trabalho braçal sôfrego executado por uma senhora que carrega roupas —, a autonomia e a esperança de mudança, representada no categórico "Naão" que transfigura o ímpeto da avó para que a vida da neta seja diferente, ou que, pelo menos, seja-lhe adiado o sofrimento.

Seguindo com o poeta *flâneur*, observa-se, no poema "XV" o olhar crítico do poeta a respeito das relações de raça e classe no Brasil, aspecto que será elaborado com ênfase em *Clã do jabuti*, obra publicada no ano seguinte, 1927. Esse ponto que, para Lafetá, advém da pesquisa do eu, entendo também como compreensão mariodeandradiana das diferenças individuais e coletivas do brasileiro, há uma percepção do coletivo em diálogo com a percepção de si mesmo:

> Abro tua porta inda todo úmido do orvalho da manhã.
> Estávamos tão bonitos hoje...
> Os filhos dos fazendeiros
> Os filhos dos italianos...
> Tinha também alguns com a pele morena por demais
> Como deve ser ridículo um negro passeando em Versalhes!
>
> Detestável Paris![62] (v. 1-7)

Na primeira estrofe, o sujeito lírico descreve à amada o pelotão ao qual ele pertence, o verbo "estávamos" (v. 2) na primeira pessoa do plural assegura o conjunto qualificado pelo poeta como "bonito", constituído por homens jovens uniformizados sem acusar diferença entre eles. Nos dois versos seguintes, surge o primeiro ponto que os separa e desmancha a rápida visão inicial de igualdade: "Os filhos de fazendei-

---

62. Andrade, Mário de."XV". In: "Losango cáqui". In: *Poesias completas*, v. 1, op.cit., p. 155.

ros/ Os filhos de italianos...". Fazendeiros x italianos, isto é, uma velada antítese, no uso das reticências; ricos e pobres, pois, diferentemente dos donos de terra, sabe-se que grande parte dos imigrantes italianos pertencia a uma camada pobre, trabalhando nas fazendas.

Em seguida, no verso de tom coloquial, decalcado no português falado no Brasil, conforme a proposta modernista, "Tinha também alguns com a pele morena por demais", novamente o eufemismo "moreno" expõe, ao lado da diferença de classe, a diversidade racial, para, abruptamente, recorrer outra vez aos opostos, mas de modo evidente, nos adjetivos "bonitos" (v. 2) x "ridículo" (v. 6). O soldado negro é levado, através de hipótese, a um espaço europeu no qual ele destoaria: o castelo de Versalhes, lugar símbolo da aristocracia francesa, nas imediações de Paris, transformado em ponto de turismo. O negro é excluído para, de imediato, ser como que vingado na invectiva do verso que ganha relevo ao se desprender da estrofe — "Detestável Paris!" —, figurando, na reação do modernista, a projeção do preconceito racial. A próxima estrofe do poema procura tudo conciliar na ironia da conjunção adversativa e do uso das reticências, ironia voltada também para a própria obra:

Porém nós fazíamos a mesma raça,
Grande gente nova sem ódios,
Povo de trabalho e de aventura...
Novo-Continente, novo centro do mundo!... (v. 8-11)

Algumas vezes coexistem o *eu flâneur* e o *eu negro*, projeção de si mesmo, como nos poemas acima em que o poeta se projeta no soldado com "a pele morena por demais!" que destoa do espaço aristocrático. As aspas marcam a voz em primeira pessoa, do *eu negro*, que interrompe o poema na crítica social "Detestável Paris".

Sob a lente do losango negro, é possível aproximar-se de um dos rapazes com a "pele morena por demais" do poema mencionado e que ganha protagonismo no poema "XXXI". Dentre os rapazes anônimos que compõem pelotão, Cabo Machado ganha nome e versos exclusivamente dedicados a ele. O soldado "cor-de-jambo", mais uma variante de cor da pele usada pelo poeta para denominar o negro brasileiro, recebe referências valorativas em sua caracterização: ele é capoeira — "Cabo Machado toma jeito de rasteira" — e "anda maxixe", na alusão à dança que mescla expressão de origem europeia e africana; o homem bonito, "É como se a madrugada andasse na minha frente",[63] caminha em ginga ritmada e "Não rejeita o bom tom do pó-de-arroz", aqui na tentativa evidente de se clarear. Cabo Machado "reversejado", expressão que tomo emprestada de Victor Knoll,[64] no poema "XLIII", além de captado pelo sujeito lírico, pode também valer como uma projeção do eu lírico, na tentativa de uma autovalorização. Mas, como sempre, o *Narciso às avessas*[65] do losango negro não faz uso do espelho, atribui qualidades de traços interessantes que o constituem a outro e não a si mesmo.

Em *Clã do jabuti*, obra em que se destaca o profundo interesse de Mário de Andrade pela brasilidade, os poemas não se restringem à cidade de São Paulo e expandem-se pelo Brasil. Na correspondência com o amigo Manuel Bandeira, a criação de *Clã do jabuti* é amplamente discutida; entusiasmado, o poeta recifense reconhece: "*Clã do jabuti* é um título estupendo! Pôs-me num estado indescritível de agitação! Como eu sou deliciosamente criança! [...] Mas, Mário, não é um título: é um poema" [grifo do autor]. O livro abarca "Carnaval carioca", versos inspirados na festa que impediu a visita programada naquele ano de 1923 de Mário ao amigo. Desculpas pedidas e

---

63. A imagem da noite como sinônimo de beleza do corpo negro está também nos "Poemas da Negra", conforme apresento no estudo dos poemas.
64. Knoll, Victor. *Paciente arlequinada: Uma leitura da obra poética de Mário de Andrade*. São Paulo: Hucitec, 1983.
65. O conceito de Narciso às avessas será desenvolvido no segundo capítulo.

aceitas,[66] esses e outros poemas são enviados e reenviados gerando uma frutífera troca de ideias.

Em "Carnaval carioca", dentre os muitos negros observados pelo *flâneur* paulista, no cenário da festa da qual o poeta participa, a imagem da moça negra sambista, num misto de profano e sagrado, serve-lhe como metáfora da felicidade e o carnaval como encontro civilizatório:

> Em baixo do Hotel Avenida em 1923
> Na mais pujante civilização do Brasil
> Os negros sambando em cadência.
> Tão sublime, tão áfrica!
> A mais moça bulcão polido ondulações lentas lentamente
> Com as arrecadas chispando raios glaucos ouro na luz peluda de pó.
> Só as ancas ventre dissolvendo-se em vaivens de ondas em cio.
> Termina se benzendo religiosa talqualmente num ritu
>
> E o bombo gargalhante de tostões
> Sincopa a graça da danada. ("I")

Em carta a Carlos Drummond de Andrade, datada de 10 de novembro de 1924, Mário comenta a cena:

66. Na carta, se lê: "Não me condenes antes que me explique. Depois perdoarás. Foi assim. Desde que cheguei ao Rio disse aos amigos: Dois dias de Carnaval serão meus. Quero estar livre e só. Para gozar e para observar. Na segunda-feira, passarei o dia com Manuel, em Petrópolis. Voltarei à noite para ver os afamados cordões. Meu Manuel... Carnaval!... Perdi o trem, perdi a vergonha, perdi a energia... Perdi tudo. Menos minha faculdade de gozar, de delirar... Fui ordinaríssimo. Além do mais: uma aventura curiosíssima. Desculpa contar-te toda esta pornografia. Mas... Que delícia, Manuel, o Carnaval do Rio! Que delícia, principalmente, meu Carnaval! Se estivesses aqui, a meu lado, vendo-me o sorriso camarada, meio envergonhado, meio safado com que te escrevo: ririas. Ririas cheio de amizade e de perdão." Cf. Moraes, Marcos Antonio de (org.). *Correspondência Mário de Andrade e Manuel Bandeira*, 2ª ed. São Paulo: Edusp, 2001, p. 84.

> Eu conto no meu "Carnaval carioca" um fato a que assisti em plena avenida Rio Branco. Uns negros dançando o samba. Mas havia uma negra moça que dançava melhor que os outros. Os jeitos eram os mesmos, mesma habilidade, mesma sensualidade mas ela era melhor. Só porque os outros faziam aquilo um pouco decorado, maquinizado, olhando o povo em volta deles, um automóvel que passava. Ela, não. Dançava com religião. Não olhava pra lado nenhum. Vivia a dança. E era sublime. Este é um caso em que tenho pensado muitas vezes. Aquela negra me ensinou o que milhões, milhões é exagero, muitos livros não me ensinaram. Ela me ensinou a felicidade.[67]

A imagem da sambista leva o poeta ao sentimento religioso, no sentido de "compromisso com a vida", como explica a Drummond na mesma carta. A moça, ao dançar, exibe "Só as ancas ventre dissolvendo-se em vaivens de ondas em cio"; neste verso, em estilo naturalista, ocorre, contudo, a irrupção do sentido da sexualidade atribuída ao negro, recorrente em nossa literatura, para receber uma irônica conotação de apodo, ao revelar uma expressão social carregada de preconceito.

No verso "Polacas de indiscutível índole nagô", outra denúncia, na mesma esfera sexual: o comportamento da branca no carnaval acentua o fetiche atribuído à negra desde o Brasil colônia. Em outras palavras, a branca expõe, no espaço restrito do carnaval, um erotismo sexual historicamente atribuído à negra, de modo a alimentar a reprodução e a manutenção de um estereótipo. Duas décadas mais tarde, em carta a Sérgio Buarque de Holanda, de 23 de julho de 1944, Mário chama atenção para a imagem da negra brasileira como representação aceita pela burguesia apenas pelo viés cômico e sexual:

67. Fernandes, Lygia (org.). *71 cartas de Mário de Andrade.* Rio de Janeiro: Nova Fronteira, 1982, pp. 69-70.

> De maneira que o lundu é a primeira manifestação, nas artes do movimento digo, poesia, dança e música, que pela poesia e música, se nacionaliza definitivamente. E pelos seus textos "de salão", é o primeiro consentimento da burguesia em aceitar o negro, ou melhor a negra, como elemento de nossa mestiçagem. Não parece de alguma importância isso? Estou muito interessado. A negra e a mulata, enfim consentidas, não como objeto de Amor e de família, mas de vazão sexual. E consentida risonhamente, pela comicidade (o lundu é sempre risonho e não sentimentalmente triste), fenômeno idêntico ao consentimento social do povo em várias fases da música europeia, como nas farsas medievais e na ópera bufa.[68]

Depois de viver no Rio de Janeiro do segundo semestre de 1938 a janeiro de 1941, o poeta retorna à sua cidade e o eu negro e o eu *flâneur*, que compõem o losango negro, reafirmam-se no final da vida de Mário de Andrade. A denúncia, praticada pelo vanguardista desde *Pauliceia desvairada* em seus trajetos em São Paulo, volta mais amarga na continuação dele em *Lira paulistana*, poema de publicação póstuma em que a denúncia do racismo também se encontra patente. O poeta *flâneur*, de volta a sua cidade, elege a viola brasileira como instrumento do seu cantar, não o alaúde, pois a lira pertence unicamente ao título.

A voz e o olhar poéticos negros em *Lira paulistana*

No poema "Garoa do meu São Paulo", é possível acompanhar o movimento de criação artística em que eu poético alterna-se entre o

68. Cf. Monteiro, Pedro Meira (org.). *Mário de Andrade e Sérgio Buarque de Holanda: Correspondência*. São Paulo: Edusp/Companhia das Letras, 2012, p. 139.

flâneur que se prende à observação do negro, ligando-se e desligando-se da apresentação de si mesmo como negro, em busca da construção poética capaz de figurar a crítica social. Ressalto o fato de que Mário de Andrade não ter testemunhado a publicação do livro resultou muito provavelmente na preservação desses documentos, fato que colaborou substancialmente na análise e interpretação do processo criativo do poema, neste estudo, no âmbito do losango negro. Na maioria das vezes, depois de editar uma obra, ele desfazia-se dos manuscritos, segundo Tatiana Longo Figueiredo e Telê Ancona Lopez, organizadoras das *Poesias Completas* (2013), no "Arquivo Mário de Andrade, este dossiê é o único, na obra do poeta, que conserva praticamente a totalidade das fases da escritura. Ao falecer em 25 de fevereiro de 1945, Mário trabalhava os textos, e aparentemente nada descartou".[69] A última versão do poema, escolhida para a publicação póstuma, apoia a comparação com outras versões manuscritas ou prototextos:

> Garoa do meu São Paulo,
> — Timbre triste de martírios —
> Um negro vem vindo, é branco!
> Só bem perto fica negro,
> Passa e torna a ficar branco.
>
> Meu São Paulo da garoa,
> — Londres das neblinas finas —
> Um pobre vem vindo, é rico!
> Só bem perto fica pobre,
> Passa e torna a ficar rico.

69. Andrade. Mário de. *Poesias completas*, op. cit, p. 489.

Garoa do meu São Paulo,
— Costureira de malditos —
Vem um rico, vem um branco,
São sempre brancos e ricos...

Garoa, sai dos meus olhos.[70]

O verso "Garoa do meu São Paulo" apanha, à guisa de estribilho e fio condutor, a metáfora no clássico epíteto de São Paulo, Terra da garoa. O poema acumula epítetos, como em "Louvação da Tarde", mas agora desmistifica aquele que idealizara a cidade em "Paisagem nº 1" de *Pauliceia desvairada* — "Minha Londres das neblinas finas!" —, ao trazer outras metáforas causadoras da libertação do olhar do *flâneur*. Este, ao se desligar da garoa, consolida, em um verso isolado, a denúncia dos preconceitos de cor e de classe lançados pelas duas estrofes. Porém, o manuscrito do poema indica que o texto, em suas quatro versões, é modificado, principalmente no que concerne ao *eu negro* colocado de forma explícita na primeira, segunda e terceira versão.

É importante acompanhar esse trajeto que se inicia em uma caderneta de bolso de folhas milimetradas (13 x 10 cm), na qual a primeira versão, em autógrafo a grafite, ocupa o anverso da folha, tendo logo em seguida a segunda versão, no mesmo grafite. Como a data "S. Paulo 23-VI-44" aparece no final da primeira versão, é provável que o poeta tenha se dedicado à nova redação no mesmo dia. A transcrição genética ao lado do fac-símile[71] capta as rasuras que instauram duas etapas na escritura de ambas as versões; ou melhor, três, contada a anulação de todo o conteúdo do fólio por meio de um grande X a lápis azul. No código de cores de Mário de Andrade, as marcas em azul significam descarte.

70. Versão transcrita de Andrade, Mário de. *Poesias completas*, v. 1, op. cit., p. 493.
71. Os estudos de crítica genética interessam-se, em suma, por estudar o processo criativo de uma obra, principalmente os manuscritos literários modernos. A transcrição, portanto, indica as marcas de rasuras, substituições e hesitações do poeta.

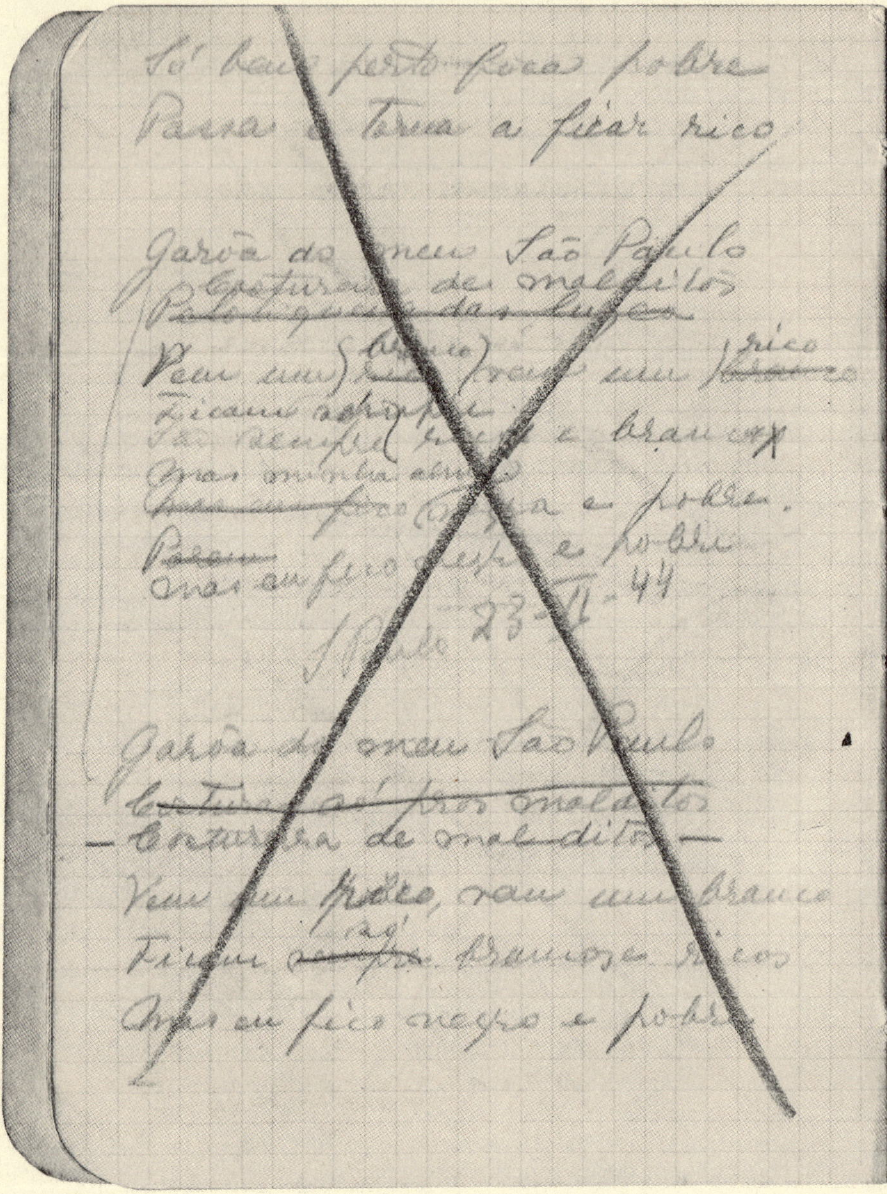

Folha de caderneta com versão de “Garoa do meu São Paulo”, manuscrito de *Lira paulistana*, de Mário de Andrade.

"Garoa do meu São Paulo

Costureira de malditos

~~- Politiqueira das luzes~~

Vem um ~~rico~~ branco,vem um ~~branco~~ rico

Ficam sempre

São sempre ricos e brancos

Mas minha alma negra e pobre~~Mas eu fico~~

~~Porem~~

Mas eu fico sempre negro e pobre

S.Paulo23-VI-44"

Garoa do meu São Paulo

~~Costura só pros malditos~~

\- Costureira de malditos -

Vem um rico, vem um branco

Ficam ~~sempre~~ só brancos e ricos

Mas eu fico negro e pobre"

Transcrição da folha de caderneta com versão de "Garoa do meu São Paulo".

Na primeira versão, o poeta substitui o verso "Politiqueira de luzes" por "Costureira de malditos" e hesita entre as formas "mas minha alma negra e pobre" e "Mas eu fico sempre negro e pobre", traçando um deslocamento. Na segunda, o verso "Costura só pros malditos" é substituído por "— Costureira de malditos — " que regressa, adquirindo travessões de pausa e destaque, enquanto o advérbio "sempre" é trocado por "só". O verso de tom conclusivo "Mas eu fico negro e pobre" perdura. Vale destacar que essa marca nítida do "eu" expressa o que denomino *eu negro*, e, neste caso, está também presente a identificação de classe social.

Três dias depois, o poema recebe uma outra versão datilografada em uma folha de papel sulfite, encimada pelo número "VII", relativo aos "(Poemas Urbanos)" na informação à tinta preta logo abaixo dos versos, referente à organização do livro planejado. No fólio, a data e a assinatura na mesma tinta, "26-VI-44/Mario de Andrade", dispõem uma terceira etapa da redação ao propor, também a caneta, a substituição do adjetivo "fino" por "Triste", levando o sentido para a esfera da dor ao reforçar a aliteração. Por último, o lápis azul ao tornar "Garôa do meu São Paulo," o "VI" texto, sinaliza alteração de ordem em relação ao primeiro plano da obra.

Uma quarta versão de "Garoa do meu São Paulo" aninha-se na capa improvisada em papel sulfite que recolhe, datilografada, a totalidade dos poemas. A datilografia demarca, na capa: "MARIO DE ANDRADE/A LIRA PAULISTANA/ São Paulo/ 1944", advertindo, à tinta preta: "(Única versão definitiva)/ Mario de Andrade" e, no poema, o verso 15 torna-se "São sempre brancos e ricos...", valorizando a sonoridade. Nessa versão, a tinta preta corrige a acentuação e a pontuação é alterada em benefício da ênfase e da ironia. Assim, nos versos 3 e 8, a virgula dá lugar à exclamação — "Um negro vem vindo, é branco!" e "Um pobre vem vindo, é rico!" —; e, no verso 15, as reticências substituem o ponto final — "São sempre brancos e ricos...".

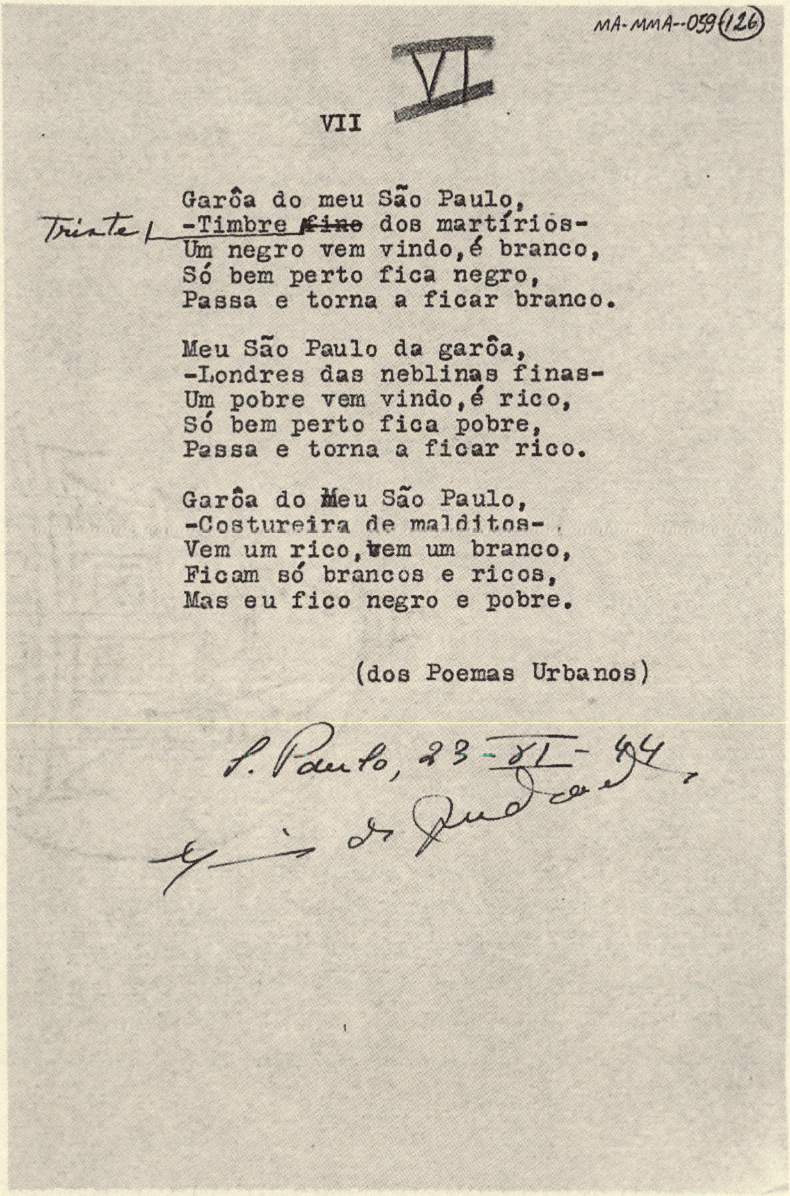

MA-MMA-059(126)

VI

VII

Garôa do meu São Paulo,
Triste -Timbre ~~fino~~ dos martírios-
Um negro vem vindo,é branco,
Só bem perto fica negro,
Passa e torna a ficar branco.

Meu São Paulo da garôa,
-Londres das neblinas finas-
Um pobre vem vindo,é rico,
Só bem perto fica pobre,
Passa e torna a ficar rico.

Garôa do Meu São Paulo,
-Costureira de malditos-
Vem um rico,vem um branco,
Ficam só brancos e ricos,
Mas eu fico negro e pobre.

(dos Poemas Urbanos)

S. Paulo, 23-XI-44.
M. de Andrade

Datiloscrito com versão de "Garoa do meu São Paulo", manuscrito de *Lira Paulistana*, de Mário de Andrade, com anotações autógrafas.

Como bem se vê, a última versão, ao suprimir o verso "Mas eu fico negro e pobre" e acrescentar, separado, "Garôa, sai dos meus olhos", dá outra estrutura ao poema, privilegiando a dimensão coletiva dessa poesia, ou seja, a importância do valor artístico social, aspecto defendido por Mário de Andrade, com ênfase nos últimos anos de vida.

Então, o percurso assim se desenha: "Mas minha alma negra pobre" > "mas eu fico sempre negro e pobre" > "mas eu fico negro e pobre"> [supressão] > "Garoa, sai dos meus olhos" [acréscimo]. Imagina-se que o poeta procurava uma solução para fechar o poema, como se vê desde a primeira versão, unindo a denúncia do preconceito de cor e de classe. Sua primeira estratégia foi colocar-se junto aos negros e pobres, mas preferiu menos acentuar a condição dos desfavorecidos e mais denunciar a hipocrisia. Em outras palavras, o problema social não vem dos negros e pobres, mas dos brancos e ricos. Ao suprimir o "eu", o poeta frisa o sentido coletivo, aspecto abordado por ele em carta à amiga Henriqueta Lisboa, de 3 de agosto de 1944, com quem discute a criação de *Lira paulistana*:

> Agora veja Henriqueta: Alguns desses poemas são de "reações pessoais", como você diz, outros são do que você chama e toda a gente "poesia social". Mas todos são absolutamente individualistas, isso não há dúvida. São "meus". Pra esclarecer, eu acho que não se deve chamar de poesia "social" a que tem preocupações com a coletividade. Porque toda poesia, toda obra de arte é "social", porque, mesmo se preocupando exclusivamente com as reações pessoais do artista interessa à coletividade. Muito embora não cante, não se interesse pela coletividade. O que em geral andamos por aí chamando poesia social, é poema de circunstância, é arte de combate. Veja bem como esta simples mudança de nome esclarece as coisas e determina as posições.[72]

---

72. Souza, Eneida Maria de. (org.). *Correspondência Mário de Andrade e Henriqueta Lisboa*. Transcrição de manuscritos: Maria Silvia Barsalini. São Paulo: Edusp, 2010, pp. 290-1. [grifos de MA]

MA-MMA-059 - (197)

Garôa do meu São Paulo,
-Timbre triste de martírios-
Um negro vem vindo, é branco!
Só bem perto fica negro,
Passa e torna a ficar branco.

Meu São Paulo da garôa,
-Londres das neblinas finas-
Um pobre vem vindo, é rico!
Só bem perto fica pobre,
Passa e torna a ficar rico.

Garôa do meu São Paulo,
-Costureira de malditos-
Vem um rico, vem um branco,
São sempre brancos e ricos...

Garôa, sai dos meus olhos.

Datiloscrito com versão de “Garoa do meu São Paulo”, manuscrito de *Lira Paulistana*, de Mário de Andrade.

A arte, principalmente no final da vida do escritor, deve cumprir uma função social. Nesse sentido, parece justificar-se a hesitação do eu lírico negro individual, pois a substituição para o *eu flâneur* constrói uma crítica, antirracial e anticlassista, contra a Pauliceia que retira a neblina apenas dos brancos e ricos e esconde negros e pobres. A expressão individual, dele mesmo como um homem negro, passa a se ancorar na experiência coletiva do negro brasileiro para alcançar, assim, a denúncia do racismo.

II. (Re)conhecimento de Nêmesis: O conCerto do negro brasileiro

Reconhecimento de Nêmesis
(março de 1926)

Mão morena dele pousa
No meu braço... Estremeci.
Sou eu quando era guri
Esse garoto feioso.
Eu era assim mesmo... Eu era
Olhos e cabelos só.
Tão vulgar que fazia dó.
Nenhuma fruta não viera
Madurando temporã.
Eu era menino mesmo,
Menino... Cabelos só,
Que à custa de muita escova
E de muita brilhantina,
Me ondulavam na cabeça
Que nem sapé na lagoa
Se vem brisando a manhã.

É gente que não compreendo
Os saudosos do passado,
Nem os gratos... Relembrança

Porta muito raramente
Nos olhos dos ocupados.
Por isso enxergo sem gosto
A casa da minha infância,
Casão meio espandongado
Onde meu pai se acabou.
Só mesmo o que é bem de agora
Possui direito de lágrima,
Sofrer... pois sim, mas lutando
Pela replanta brotando,
Sofrer sim, mas porém nunca
Sofrer puxando memória
Pelo café que secou.

No entanto quando sucede
Mais braba a vileza humana
Arranhar na minha porta,
Não sei porque o curumim
Que eu já fui, surge e se bota
Assim rentinho de mim.
Será que é um anjo-da-guarda?...
Não sei não... Creio que não.
Ele faz que não me enxerga,
Que não me conhece... Mão
Morena sempre pousando
No meu ombro, aluada muito!
Até o menino inteirinho
É que nem cousa perdida
E não dá tento de si.
Possui a vida sem vida
Das sombras. É assombração.

Remexe por todo o quarto,
Não desloca nenhum traste,
Se vê bem que não faz parte
Do grupo dos meus amigos...
Volta-e-meia vem e pousa
No meu braço a mão morena...
É um silêncio atravessando
O corpo manso das cousas.

Eu também se o reconheço
É só porque sofro agreste,
E embora grudando a vista
No livro, eu faça de conta
Que não reparo no tal,
Minha alma espia o menino
Enquanto a vista devora
Uma sopa de aletria
Feita de letras malucas.
Mas ele não vai-se embora,
E o vulto do curumim,
Sem piedade, me recorda
A minha presença em mim.

Só isso. E por causa disso
Não posso fugir de mim!
Não posso ser como os outros!
Riso não pega de enxerto,
Ser mau carece raiz...
E confessando que sofro,
Não sei se é pela coragem,
Mas tenho como uma aragem
E fico bem mais feliz.
Menino, tu me recordas
A minha presença em mim!

... A primeira vez que veio,
Tive uma alegria enorme,
Gostei de ver que já era
Bem mais taludo e mais forte
Que em pequeno e que possuía
Uma alma aquecida pelo
Fogo humano do universo.
Segunda vez me irritou.
Fui covarde, fui perverso,
Peguei no tal, lhe ensinei
A indecente dança-do-ombro.
Não quis saber, foi-se embora.
E quando não o vi mais,
Sozinho, me arrependi.
A terceira vez é agora
E eu... não sei... não gosto dele
Mas não quero que o rapaz
Me deixe sozinho aqui.
Não danço mais dança-do-ombro!
Eu reconheço que sofro!

Ah! malvadeza brutaça
Dos indivíduos humanos,
Dos humanos desta praça!
Ah! homens filhos-da-puta,
Gente bem ruim, bem odiando,
Homens bem homens, grandiosos
Na sua inveja acordada!
Grandiosos na força bruta,
Na estupidez desvelada!
Que heroísmo sem inocência,
O do sujeito esquecendo
Do remorso e da consciência!

Ôh! força reta, bem homem,
De ser talqualmente os mares,
E os movimentos do mundo!
Perversidades solares
Da magrém! ser matapau!
Sucuri, raio, minuano!
Forçura destes humanos,
Iguais na perversidade,
Iguais na imbecilidade,
Na calúnia, iguais no ciúme!...
Conscientemente implacáveis!
Imperiais no riso mau!...
Ota, cabra demográfico,
Jornaleiro do azedume,
Secreção de baço podre,
Alma em que a sífilis deu!
Burrice gorda, indiscreta,
Veneranda... *Homo imbecilis*,
Invejado pelo poeta...
Viva piolho-de-galinha!
Êh! homem, bosta de Deus!

Menino, sai! Eu te odeio,
Menino assombrado, feio,
Menino de mim, menino,
Menino trelento, que enches
Com teus silêncios puríssimos
A bulha dos meus desejos,
Que nem a calma da tarde
Vence a bulha da cidade...
Menino mau, que me impedes
De entrar também pro recheio

Das estatísticas... sai!
Menino vago, sem nome,
Que me embebes inteirinho
Nesta amargura visguenta
Pelos homens! pelos homens!...

Puxa! rapazes, minha alma,
Comprida que não se acaba,
Está negra tal-e-qual
Fruta seca de goiaba!
Meus olhos tão gostadores
Nem têm mais gosto de olhar!

E pela primeira vez
O murmurejo natal
Desta vida está sem graça,
E eu só desejo uma calma
Que apagasse até meus ais!
Tudo amarga porque os homens
Me amargaram por demais!
Uma tristeza profunda,
Uma fadiga profunda,
E até, miseravelmente,
O projeto inconfessável
De parar...

Menino, sai!
Você é o estranho periódico
Que me separa do ritmo
Unânime desta vida...
E o que é pior, você relembra
Em mim o que geralmente
Se acaba ao primeiro sopro:
Você renova a presença
De mim em mim mesmo... E eu sofro.

É tarde. Vamos dormir.
Amanhã escrevo o artigo,
Respondo cartas, almoço,
Depois tomo o bonde e sigo
Para o trabalho... Depois...
Depois o mesmo... Depois,
Enquanto fora os malévolos
Se preocupam com ele,
Vorazes feito caprinos,
Nesta rua Lopes Chaves
Terá um homem concertando
As cruzes do seu destino.

Na mitologia grega, Nêmesis surge diante do ser humano em um momento favorável, de felicidade, para interromper o bem-estar e lembrar-lhe a impermanência da satisfação e do gozo. Desse modo, a "inevitável" desdobra significados tanto de justiça como de vingança. Em carta à Tarsila do Amaral, em 11 de janeiro de 1923, Mário compara a amiga à deusa:

> Aproximo-me temoroso de ti. Creio que é uma deusa: NÊMESIS, senhora do equilíbrio e da medida, inimiga dos excessos. Quando um homem da Terra era demasiado feliz, via crescerem-lhe terras e riquezas, e tinha em torno de si braços, lábios de amor, coroas de glória e alegrias somente, Nêmesis aparecia. Vinha lenta, com seu passo lento, sem rumor. Mas ao homem-da-Terra fugiam-lhe riquezas, alegrias. Perdia amor, glória e riso. És Nêmesis, sem dúvida. Eu era são. Alegre, confiante, corajoso. Mas Nêmesis aproximou-se de mim, com seu passo lento, muito lenta. Depois partiu. Doenças. Cansaços. Desconsolos.[73]

---

73. Amaral, Aracy (org.). *Correspondência Mário de Andrade & Tarsila do Amaral.* São Paulo: Edusp: 2001, pp. 57-8.

O trecho confirma o sentido que Mário de Andrade atribui à Nêmesis, ou seja, a deusa encarrega-se de agir com equilíbrio no destino do ser humano que se encontra em um momento de desmesura, mas não se trata de benevolência, pois a visita acarreta apenas perda e tristeza. Isto é, à medida que o prazer dá lugar ao desprazer, o encontro com Nêmesis impõe a consciência, o reconhecimento do instante do giro da roda da fortuna — inclusive, representações pictóricas da deusa trazem esse objeto por ela carregado.

Em 1926, três anos depois da carta mencionada, a figura mitológica reingressa na criação de Mário de Andrade, em um contexto de satisfação seguido de tensão e desacordos de ideias. Em janeiro, chegara *Losango cáqui*[74] às livrarias, ainda que os "vanguardistas" paulistas, como Menotti Del Picchia, muito unidos em 1921-1922, período de arregimentação e propaganda, não se afinem mais. Polemizam desde 1924, divididos quanto à postura nacionalista no programa da renovação; Telê Ancona Lopez explica que entre os anos de 1924 e1929, no ambiente modernista paulistano, a princípio fraterno, aumenta a reação agressiva em torno do nacionalismo. Nomes como Mário, Oswald de Andrade e António Alcântara Machado escolhem uma direção nacionalista de cunho crítico, divergindo dos verdeamarelistas e depois dos seguidores do Anta.[75] Enquanto Menotti, defensor do verdeamarelismo, ataca a posição de Mário, este e seus colegas procuram discutir aquilo que se compreende como Brasil, de modo que "não reconhecem o

---

74. Livro com capa de Di Cavalcanti, impresso às expensas do autor na Casa Editora A. Tisi, em São Paulo, chegou às livrarias em 12 de janeiro de 1926.
75. O Verde-Amarelismo, ou Escola da Anta, foi um grupo modernista brasileiro iniciado em 1926 por Cassiano Ricardo, Menotti Del Picchia e Plínio Salgado. De caráter ultranacionalista, exaltava o passado brasileiro, rejeitava influências europeias e defendia uma cultura nacional "autêntica", tendo seu auge em 1929 com o Manifesto do Verde-Amarelismo.

povo abstratamente; trazem-no para dentro do texto. Procuram ficar com ele; redimensionam-se, perguntando-se até que ponto podem representá-lo".[76]

Em 21 de fevereiro de 1926, um mês antes da redação de "Reconhecimento de Nêmesis", uma carta do escritor a Manuel Bandeira focaliza o ataque a suas ideias e a *Losango cáqui*. Em 1956, em *Cartas de Mário de Andrade*,[77] Bandeira substitui discretamente o nome Menotti Del Picchia por X. Em 2000, Marcos Antonio de Moraes, ao organizar a correspondência recíproca, desvenda o enigma e registra a descoberta em nota de rodapé:

> O "X" solapa o nome de Menotti Del Picchia que havia publicado no *Correio Paulistano* de 24 jan. 1926, crítica a *Losango cáqui*, em tons agressivos. Também destemperada foi a reação de MA em "Feitiço contra o feiticeiro" (*Terra roxa e outras terras*, nº 2, 3 fev.), que reproduz o início da crítica de Menotti para replicar, com violência, parágrafo por parágrafo. Nesse diálogo tipograficamente fronteiriço, ataque e contra-ataque se alternam. Para Menotti, *Losango cáqui* além de "absurdo, injustificado, irritante e pedante" peca pelo anacronismo. MA retruca o arbítrio "enfatuado, chocho, ridículo, pedante" do resenhista. No ringue apaixonado da república das letras, os amigos da primeira hora modernista nocauteiam-se com qualificativos grosseiros: "pedante imprestável", "cigano mental", "o dó de peito da ignorância", "cínico", "narcísico", "bobão", etc.[78]

76. Lopez, Telê Ancona. "Rapsódia e resistência". In: *Mariodeandradeiando*. São Paulo: Hucitec, 1996, p. 74.
77. Bandeira, Manuel (org.). *Cartas de Mário de Andrade*. Rio de Janeiro: Simões, 1958, p. 33.
78. "Artigo de Menotti Del Pichia"/ "Resposta de Mário de Andrade", p. 4. In: Moraes, Marcos Antonio de (org.), op. cit., p. 275.

Nota-se que os adjetivos usados por Mário de Andrade, em sua invectiva no artigo "Feitiço contra o feiticeiro" em resposta a Del Picchia, acima referido, assemelham-se àqueles que figuram em "Reconhecimento de Nêmesis" — "filhos da puta"; "bosta de Deus"; "homo imbecilis". No dia 19 de março, o mês seguinte à publicação do artigo, relata ao confrade poeta a criação do poema:

> Eu, de supetão me apareceu uma poesia na cabeça. Lancei a danada no papel, saiu inteirinha mas ficou engasgada na boniteza. Está o diabo, todo tempinho que tenho volto nela (é verdade que tempinho que tenho significa vinte minutos de oito em oito dias) mas não consigo nada. Acho que é porque a poesia não presta. Estou num desses casos em que só a gente se sujeitando à opinião dos outros. É comprida, se chama "Reconhecimento de Nêmesis" (não conta pra ninguém que ando empregando de novo nomes clássicos de deusas, ouviu? senão me roubam a coisa e você sabe que essas poesias da fase nova só serão publicadas daqui há quatro ou mais anos) pois esta se chama "Reconhecimento de Nêmesis" é todinha em redondilha sem corte estrófico como romance popular e com rima livre. Quase sem rima aliás. A ideia é linda. Certos versos sei que são bons mas o todo está me parecendo uma porcaria muito grande. Vou ver se corrijo mais um pouco e depois mando pra você pra crítica e saber se devo de continuar na correção.[79]

A resposta de Manuel Bandeira, em 12 de abril de 1926, questiona o título, acusa a silabada em "imbecilis" e, como que embarcando na enxurrada de palavrões do poema, condena a pouca valorização dada por Mário à própria poesia.

> Ando burrinho, Mário? Por que "Reconhecimento de Nêmesis"? De Nêmesis só sei o que dá o Larousse — que era a deusa da vingança e

79. Ibidem, p. 278.

filha de Júpiter e da Necessidade. Não dá para entender a sua intenção. Gostei muito integralmente do seu estirão de redondilhas. Precisa consertar é aquele latim. Pela medida do verso se percebe que você dá uma baita de silabada na pronúncia de "imbecilis" fazendo breve a penúltima sílaba. Ora a palavra é "imbecillis". Você tem a mania de esculhambar e chamar peidos esses desabafos de alma. Vá se catar. É tão bom como tão bom. Isto precisava ser publicado já, pra lição de uns teus amigos filhos-da-puta.[80]

Mário de fato não incluirá "Reconhecimento de Nêmesis" em *Remate de males*, de 1930. Somente quinze anos depois da escrita da primeira versão, quando organiza e publica *Poesias*, volume composto de uma seleta de suas obras editadas e de inéditos, é entre estes, na parte correspondente a um livro dentro do livro — "A costela do Grã Cão" — que dispõe o poema nascido em 1926.[81] Em 29 de outubro de 1940, em carta que escreveu, mas não enviou à sua discípula Oneyda Alvarenga, ao analisar os poemas desse conjunto, ocupa-se do "Reconhecimento de Nêmesis":

> Aqui começam os poemas que Manuel Bandeira e Prudente de Moraes, neto preferem que eu não publique. Mas eu quero publicar. São de uma violência brutal os poemas imputados, reconheço. Serão românticos... Mas derivam todos (basta ver as datas) de circunstâncias especiais e íntimas de minha vida, quando me visitou o Demônio do Meio-Dia, no momento em que fiz quarenta anos, pois todos são inevitavelmente posteriores ao dia 9 de outubro de 1933. Foi talvez o período mais angustioso da minha vida. [...] Ora eu argumento: se me permitem publicar e aprovam a publicação de coisas tão violentas e tão íntimas como a "Canção do mal de Amor" e o "Reconhecimento de Nêmesis", não vejo porque não publi-

80. Ibidem, p. 284.
81. *Poesias* sai em 1941 pela Livraria Martins Editora, de São Paulo.

car o reconhecimento do... Grã Cão. São dessas coisas que ficam como que ao lado da arte e da beleza, como valor humano apenas. Apenas...[82]

É possível dizer que a solução do impasse é encontrada na subdivisão do conjunto. A do *Grã Cão* ganha duas partes: a primeira organiza-se com poemas de 1924 a 1932; a segunda, intitulada *Grã Cão do outubro*, recebe textos "posteriores ao 9 de outubro de 1933" que vão até 1939, separados, portanto pela visita do Demônio do Meio-Dia ou pela consciência da morte, que a metáfora esconde/desvela. Os poemas nas duas partes, ainda que participem de duas circunstâncias distintas quanto à criação, comungam um estado de exasperação consigo mesmo, ou "desabafos de alma", conforme interpreta Manuel Bandeira, na missiva de 12 de abril de 1926.

O eu poético, que em outras obras perambula pelas ruas de São Paulo e diferentes regiões do país, dessa vez na casa dele, rumina uma percepção penosa que o toma de surpresa, e, despreparado, não pode se livrar da visita de si mesmo. O poema compõe-se de treze estrofes, em versos que alternam, em sua maioria, sete e oito sílabas; a métrica quase fixa e os versos curtos marcam um compasso acelerado, que remete a situações ou pensamentos dos quais o sujeito lírico tenta fugir. O ritmo é acentuado pelo uso de rimas finais e livres, nesse sentido, vale lembrar que Mário de Andrade, estudioso do fazer poético, assim considera a rima livre em sua poética: "variada, imprevista, irregular, muitas vezes correndo no interior do verso".[83]

No poema, o menino e o adulto são paulatinamente levados à fusão, marcada pelos três momentos em que surge a imagem da "mão morena", eufemismo de negra, sempre sem o artigo definido, ausência

---

82. Andrade, Mário de. *Poesias completas*, op. cit., v. 2, pp. 35-6.
83. Idem. "A escrava que não era Isaura". In: *Obra imatura*. Estabelecimento de texto: Aline Nogueira Marques. Rio de Janeiro: Agir, 2009, p. 265.

derivada do português falado no Brasil, a qual consolida, na imagem, essa reunião. Na primeira vez, na primeira estrofe — "Mão morena dele pousa/ No meu braço... Estremeci./ Sou eu quando era guri" (v. 1-3) — há um imediato reconhecimento do adulto na criança, ligado ao predomínio do tempo verbal no pretérito imperfeito, apropriado a rememorações. Mas a partir da segunda estrofe, até o final do poema, o presente do indicativo se impõe. Pode-se inferir, nessa escolha, que, após verificar ser a criança o próprio adulto, esta deixa de ser apenas lembrança e passa a presentificar a constituição do homem.

Na terceira estrofe, onde se localiza a segunda referência à mão, revela-se o motivo da visita: "No entanto quando sucede/ Mais braba a vileza humana/ Arranhar na minha porta,/ Não sei porque o curumim/ Que eu fui, surge e se bota/ Assim rentinho de mim." (v. 33-38). A violência causada pelo mundo externo percorre todo o texto, e reverbera em um ataque do visitado contra si mesmo. A intuição da chegada desse estado conflituoso leva o sujeito lírico a frustradas tentativas de fugir do menino, mas a fusão já se iniciara, como mostram as vozes que se confundem nessa retomada da imagem da mão: "Ele faz que não me enxerga,/ Que não me conhece... Mão/ Morena sempre pousando/ No meu ombro, aluada muito!" (v. 41-44). Quem finge não ver o outro não é o menino, mas, sim, o adulto. Ele, o adulto, é quem busca, sem sucesso, fugir — de si mesmo.

O sujeito lírico sugere uma dispersão, expressivamente vincada na ordem inversa e na exclamação — "aluada, muito!" —, embora saiba que a mão é precisa, certeira, pois busca sempre a mesma parte do corpo do adulto — braço e ombro — onde se lê uma metáfora da busca de apoio ou, na voz corrente, de um "ombro amigo", um "andar de braços dados"; isto é, evoca a necessidade do menino para que o adulto nele se reconheça e para que os dois compartilhem a mesma dor.

Na terceira e última chegada da mão, o eu poético narra o reconhecimento — "Volta-e-meia vem e pousa/ No meu braço a mão morena.../ É um silêncio atravessando/ O corpo manso das cousas"

(v. 55-58) —, quando a mão lhe transpassa o corpo, fazendo-o confessar, numa primeira vez: "Eu também se o reconheço/ É só porque sofro agreste."(v. 59-60). Quando, enfim, o duplo se funde na dor, a mão morena (negra) rege, simbolicamente, a relação entre o adulto e criança: "Você renova a presença/ De mim em mim mesmo... E eu sofro." (v. 175-176). Espelha, assim, a consciência da clivagem em que, na infância, há um esforço para esconder fenótipos negros — "Que à custa de muita escova/ E de muita brilhantina,/ Me ondulavam na cabeça,/ Que nem sapé na lagoa" (v. 12-15).

Assim como Nêmesis, a imagem do menino traz a justiça temerosa, em que o adulto preferiria não entrar em embate, de todo modo, não pode fugir e ocorre o reconhecimento da dor, principalmente, em três trechos em que a aparência do menino negro, a criança que o adulto fora, define causas do sofrimento do indivíduo em sociedade:

> Só isso. E por causa disso
> Não posso fugir de mim!
> Não posso ser como os outros! (v. 71-73)
> [...]
>
> Menino mau, que me impedes
> De entrar também pro recheio
> Das estatísticas... sai! (v. 143-145)
> [...]
>
> Você é o estranho periódico
> Que me separa do ritmo
> Unânime desta vida... (v. 169-171)

No poema, Nêmesis, incorporada no menino, busca a confissão do sofrimento e a consciência do adulto quanto ao seu passado de criança, ambos atacados pelas maldades humanas. A justiça de Nêmesis não é tranquila, ao contrário, antes que ela seja anunciada, no fim do poema, ocorre uma série de conflitos. A sétima estrofe enumera três materializações no menino que vêm como assombração: "... A primeira vez que veio,/ Tive uma alegria enorme," (v. 82-83); "Segunda vez me irritou./ Fui covarde, fui perverso" (v. 90-91) e "A terceira vez é agora/ E eu... não sei... não gosto dele/ Mas não quero que o rapaz/ Me deixe sozinho aqui./ Não danço mais dança-do-ombro!/ Eu reconheço que sofro!" (v. 96-101).

O sossego aparente do sujeito lírico, sozinho em seu quarto, ao ser perturbado pela presença da criança negra, desencadeia percepções contidas da indignidade nos homens, percepções que se avolumam até a raiva extrema, explodindo na oitava estrofe (v. 102-104).

> Ah! malvadeza brutaça
> Dos indivíduos humanos,
> Dos humanos desta praça!
> Ah! homens filhos-da-puta,
> Gente bem ruim, bem odiando,
> Homens bem homens, grandiosos
> Na sua inveja acordada!
> Grandiosos na força bruta,
> Na estupidez desvelada!
> Que heroísmo sem inocência,
> O do sujeito esquecendo
> Do remorso e da consciência!
> Ôh! força reta, bem homem,
> De ser talqualmente os mares,
> E os movimentos do mundo!
> Perversidades solares
> Da magrém! ser matapau!
> Sucuri, raio, minuano!

Forçura destes humanos,
Iguais na perversidade,
Iguais na imbecilidade,
Na calúnia, iguais no ciúme!...
Conscientemente implacáveis!
Imperiais no riso mau!...
Ota, cabra demográfico,
Jornaleiro do azedume,
Secreção de baço podre,
Alma em que a sífilis deu!
Burrice gorda, indiscreta,
Veneranda... *Homo imbecilis*,
Invejado pelo poeta...
Viva piolho-de-galinha!
Êh! homem, bosta de Deus! (v. 102-134)[84]

Em seguida, a expressão do ódio do poeta volta-se para ele mesmo (nos v. 135-149):

Menino, sai! Eu te odeio,
Menino assombrado, feio,
Menino de mim, menino,
Menino trelento, que enches
Com teus silêncios puríssimos
A bulha dos meus desejos,
Que nem a calma da tarde
Vence a bulha da cidade...
Menino mau, que me impedes
De entrar também pro recheio

84. Andrade, Mário de. "Reconhecimento de Nêmesis". In: *Poesias completas*, v. 1, op. cit., p. 410.

Das estatísticas... sai!
Menino vago, sem nome,
Que me embebes inteirinho
Nesta amargura visguenta
Pelos homens! pelos homens!... (v. 135-149)

A justaposição de causas externas e internas do sofrimento reiterado ao longo do poema provoca o cansaço e traz a pulsão de morte: "Uma tristeza profunda/ Uma fadiga profunda,/ E até, miseravelmente,/ O projeto inconfessável/ De parar..." (v. 163-166). Ao sujeito lírico, ante a impossibilidade de fugir à verdade ("Sem piedade, me recorda/ A minha presença em mim."), de se livrar da consciência do conflito, cabe assumir e sublimar, ou seja, transfigurar o conflito na arte – "conCertando/ As cruzes do seu destino.":

É tarde. Vamos dormir.
Amanhã escrevo o artigo,
Respondo cartas, almoço,
Depois tomo o bonde e sigo
Para o trabalho... Depois...
Depois o mesmo... Depois,
Enquanto fora os malévolos
Se preocupam com ele,
Vorazes feito caprinos,
Nesta rua Lopes Chaves
Terá um homem concertando
As cruzes do seu destino. (v. 177-188)

Nesses versos de Mário de Andrade, a figura da criança, que ele fora, volta em forma de dor, provocada pela violência do racismo sofrido ao longo da vida e que se torna patente em momentos de rejeição e violência. O racismo explica os caminhos fechados pelos quais o eu poético procura percorrer, de forma semelhante ao "Emparedado" de Cruz e Souza, como se lê no trecho:

> Se caminhares para a direita, baterás e esbarrarás ansioso, aflito, numa parede horrendamente incomensurável de Egoísmos e Preconceitos! Se caminhares para a esquerda, outra parede, de Ciências e Críticas mais alta do que a primeira, te mergulhará profundamente no espanto! Se caminhares para a frente, ainda nova parede, feita de Despeitos e Impotências, tremenda, de granito, broncamente se elevará ao alto! Se caminhares, enfim, para trás, ah! ainda, uma derradeira parede, fechando tudo, fechando tudo — horrível! Parede de Imbecilidade e Ignorância, te deixará num frio espasmo de terror absoluto![85]

O terror superlativo em Cruz e Souza denuncia sem encontrar solução; em "Reconhecimento de Nêmesis", por sua vez, a voz poética encontra, na reconciliação do menino negro com o adulto, uma saída para a violência. Ademais, a promessa, criada no espaço do losango negro, dá início ao concerto que será regido dali por diante de modo ininterrupto na obra de Mário de Andrade. As ações contra a violência racial e reconhecimento e valorização da cultura negra abrem-se para diferentes facetas da criação e constroem diálogo entre as obras. Por vezes finalizados e levados a cabo, por vezes interrompidos e/ou inacabados, mas encontrados postumamente, todos os projetos do losango negro, inclusive expandido para além da poesia, servem para compreendermos com maior profundidade o pensamento do multimário e as relações de raça e classe no Brasil.

---

85. Cruz e Souza, João da. *Cruz e Souza*: *Obra completa*, organização Andrade Muricy; atualização Alexei Bueno. Rio de Janeiro: Nova Aguilar, 1995.

O poeta e o pintor "mulatos": Narcisos às avessas

Em "Reconhecimento de Nêmesis", versos carregados de intensidade autoanalítica, o sujeito lírico torna-se capaz de se impor como uma realidade particular, por força da consciência resultante da descoberta do próprio conflito, o que lhe permite desmascarar, na fantasmagoria, as formas de dominação desenhadas pelo olhar do branco. Esse passo crucial é dado quando os versos subsequentes aos dois primeiros — "Mão morena dele pousa/ No meu braço... Estremeci." —, onde se aloja o eufemismo ("Mão morena"), desmistificam o disfarce:

> Sou eu quando era guri
> Esse garoto feioso.
> Eu era assim mesmo... Eu era
> Olhos e cabelos só.
> Tão vulgar que fazia dó.
> Nenhuma fruta não viera
> Madurando temporã.
> Eu era menino mesmo,
> Menino... Cabelos só,
> Que à custa de muita escova
> E de muita brilhantina,
> Me ondulavam na cabeça
> Que nem sapé na lagoa
> Se vem brisando a manhã. (v. 4-16)

O poema aqui se afigura desmistificador ao trazer à tona o grotesco do olhar satírico que discrimina. "Feioso" é adjetivo que sentencia o contrário do belo, e tal condenação é reforçada na expressão "Nenhuma fruta", que compõe dupla negação com "não viera", um brasileirismo bem na chave do autor da *Gramatiquinha da fala brasileira*, do mesmo Multimário.[86]

Esse menino "inteirinho" ou a inteireza avessa aos descaminhos do adulto — "Peguei no tal, lhe ensinei/ A indecente dança-do-ombro./ Não quis saber, foi-se embora." (v. 91-93) — frisa a completude perdida: "Sem piedade, me recorda/ A minha presença em mim" (v. 80-81). O poema marca a repulsa e o profundo desejo de ligação do poeta consigo mesmo, um eu atravessado pela dor do reconhecimento daquele que se sabe discriminado.

É curioso pensar que em 1925, um ano ou meses antes da criação do "Reconhecimento de Nêmesis", Mário de Andrade repete a visão de si, em relação à cor de sua pele, com a consciência de quem é visto de modo estereotipado e discriminatório, na conferência "Na sombra das moças brasileiras", apresentada na formatura das alunas no Conservatório. Inventa, então, o próprio nascimento, assistido por "entes fantásticos" que lhe predizem o futuro. Entre eles figura o Boitatá que o recebe no mundo:

> [...] suado espalhando um calorão, todinho com o corpo de fogo e falou: — Mário, você fica queimado por mim. Há de ser moreno e feio porém eu derreti este pedaço de ouro e fiz um coração, botei no seu peito, e foi-se embora. Eis a razão porque sou feio, moreno mas tenho um coração de ouro, minhas senhoras e senhores.[87]

O trecho mencionado da conferência de 1925 permite a aproximação com o menino, pois o professor de piano descreve o nascimento da criança "morena e feia" que virá no ano seguinte em "Reconheci-

---

86. Cf. Almeida, Aline Novais de. *A gramatiquinha da fala brasileira de Mário de Andrade*. Brasília: Funag, 2022.

87. Andrade, Mário de. "Na sombra das moças brasileiras: Esboço literário pelo prof. Mário de Andrade". In: Toni, Flávia Camargo. "Mario e Marias". *Revista do Instituto de Estudos Brasileiros*, nº 36. São Paulo, 1994, p. 168.

mento de Nêmesis". Duas décadas mais tarde, nos anos de 1940, Mário historiador da arte, em *Padre Jesuíno do Monte Carmelo*, ao romancear aspectos da vida do pintor barroco, negro e paulista, faz com que o preconceito de cor seja (re)vivido, nesse momento pelo biografado, ou seja, uma reverberação do losango negro para fora da criação poética.

Maria Silvia Ianni Barsalini, estudiosa do processo de criação da biografia *Padre Jesuíno do Monte Carmelo*,[88] confirma que "Mário cria um personagem projeção de si mesmo". Ou seja, na década de 1940, o biógrafo identifica-se com o padre artista e mestiço; o texto repete, conscientemente ou não, sentimentos pessoais e sociais mencionados na conferência de 1925 e no poema de 1926. Barsalini aponta com argúcia que Mário de Andrade "cria um personagem reflexo de algumas de suas próprias questões pessoais, sem dúvida importantes, como é o caso de estar trabalhando e vendo, constantemente, a mão mulata" e elabora perguntas importantes que servem à interpretação do losango negro como espaço que envolve relações raciais na construção do pensamento desse intérprete do Brasil e de si mesmo: "O que o incomodava tanto na repetição do 'refrão da mão', no ensaio? De quem seria essa mão mulata? De Jesuíno ou do próprio Mário de Andrade?". As mãos do biógrafo confundem-se com as do pintor personagem que transgredira a representação tradicional cristã de anjinhos barrocos, escurecendo-os a pele, como forma de se vingar do racismo. A imagem poética da "mão morena" em "Reconhecimento de Nêmesis" serve-lhe, portanto, como matriz de criação, por isso, para o estudo comparado, vale a pena apresentar o contexto da produção da biografia romanceada.

Em 1935, Mário de Andrade, Diretor do Departamento da Cultura da Municipalidade de São Paulo, é também cofundador do SPHAN (atualmente IPHAN) — Serviço do Patrimônio Histórico e Artístico

88. Barsalini, Maria Silvia Ianni. *Mário de Andrade constrói o Padre Jesuíno de Monte Carmelo*. Tese de doutorado. Orientadora: Profª Drª Telê Ancona Lopez. FFLCH-USP, 2011, p. 130.

Nacional —, órgão federal que recebe sua contribuição até 1945. No SPHAN, destaca-se pela sua atuação de pesquisador e historiador da arte; exalta o valor do barroco paulista, principalmente com a descoberta, em 1937, das pinturas do Padre Jesuíno do Monte Carmelo, na cidade de Itu. Empreende uma pesquisa exaustiva sobre a vida e a obra do padre pintor mulato bastardo e pobre. No arquivo do escritor, o dossiê do manuscrito *Padre Jesuíno do Monte Carmelo* é constituído de centenas de documentos que historiam o esforço de "esclarecer detalhes e deslindar mistérios".[89]

Em artigo de 1938, "Pintura religiosa paulista", incluído no dossiê da publicação organizada por Maria Silva Barsalini, Mário de Andrade relembra a sua visão de menino nas missas da igreja do Carmo, em São Paulo.[90] Quando se "cansava de rezar", punha atenção nas pinturas que o "agradavam muito e condiziam com as aspirações a um paraíso melhor". Ele desconhecia, então, que o autor das obras que lhe apresentavam uma perspectiva ideal de um céu cristão, menos alvo que nas pinturas tradicionais barrocas das outras igrejas, era Jesuíno do Monte Carmelo. Nas memórias de infância, o menino "moreno" encontrava a si mesmo nas pinturas de Jesuíno.

Na biografia que constrói, Mário cria a infância do pintor, em Santos, e nela, a percepção do contraste. Durante as missas no Convento do Carmo, Jesuíno criança "achava muito lindos esses santos pintados de que nunca se esquecerá: caras redondas, gordas, lisas, de uma alvura impassível. Ele não tinha essa alvura".[91] E, ao imaginar Jesuíno adulto, pardo, discriminado, o escritor faz com que ele pinte anjos de pele mais escura:

89. No primeiro capítulo da sua tese de doutorado, Maria Silvia Ianni Barsalini faz uma reconstituição detalhada desse momento da vida de MA, op. cit., p. 19.
90. Andrade, Mário de. "Pintura religiosa paulista". In: *Padre Jesuíno de Monte Carmelo*. Estabelecimento de texto: Maria Sílvia Ianni Barsalini e Aline Nogueira Marques. Rio de Janeiro: Nova Fronteira, 2012, pp. 329-34.
91. Andrade, Mário de. *Padre Jesuíno de Monte Carmelo*, op. cit., p. 38.

> Jesuíno é um mestiço e se revolta contra as condições sociais que o abatem. Jesuíno se vinga e faz jurisprudência contra as leis da sociedade em que vive. Cria na sua pintura para os mulatos e os negros, um lugar de igualdade — seria de igualdade? ... no reino dos céus.[92]

Jesuíno teve frustrado seu desejo de ascender na carreira eclesiástica por ser "pardo", conforme relata o biógrafo. Assim como no poema, na prosa trabalha sentimentos de indignação e de vingança, ao repeti-los no texto sobre o pintor, principalmente nas sequências em que o padre não pode desviar o olhar de suas mãos, de sua pele escura. Focaliza o repúdio que provoca em Jesuíno a coexistência da raiva com a ânsia, no desejo de integrar, no sacerdócio, a Ordem dos Terceiros, lugar a ele negado pelos brancos. De forma análoga, em "Reconhecimento de Nêmesis", o sujeito lírico não se ajusta a um mundo que ele deseja, mas que, sendo como é, o repele.

A mão como *motivo*, em "Reconhecimento de Nêmesis" — "Volta-e-meia vem e pousa/ No meu braço a mão morena..." (v. 54-55) —, é tomada de forma bastante similar pelo biógrafo: "Jesuíno Francisco tenta continuar a tela. Mas na sua frente enxerga aquela mão pintando. Ele era um pardo...".[93] A mão figura na criação, como meio indesviável do poeta e do pintor para realização do ofício. A mão no foco do olhar do sujeito lírico de "Reconhecimento de Nêmesis" e do biografado Jesuíno faz com que ambos constatem que não são brancos. Ambos, absortos em sua criação, são surpreendidos por ela que, na cor, marca a impossibilidade que os subjuga de "ser[em] como os outros". Assim como no poema, a revelação suscita a angústia:

> Jesuíno Francisco não perde de vista a sua mão, essa mão que na frente dele pinta nas paredes e nos tetos, essa mão que ele é obrigado sempre

92. Ibidem, p. 225.
93. Ibidem, p. 49.

a olhar dedilhando nos órgãos. Não pode nem sonhar em ser Terceiro. Vem uma raiva contra o mundo e os homens principalmente contra os Terceiros de Itu. Jesuíno Francisco sorri sem querer, satisfeito. Fez mais uma falcatrua, sem querer. Mas sucedeu que na revoada de anjinhos que ele despertou e fez voar pelo alvíssimo forro do Carmo, enxergando aquela mão que ele é tão forçado a olhar na pintura e nos órgãos, a pele de um dos anjinhos lhe saiu exatamente da cor da mão. Jesuíno se vingou.[94]

Em carta a Francisco Mignone, Mário de Andrade, antes de anunciar a finalização de *Padre Jesuíno do Monte Carmelo*, comenta: "Mas é isso, a mão estava ajeitada bem. A mão é este pobre coraçãozinho que chora. O que valerá uma coisa dessas?".[95]Ao trazer a parte pelo todo, a mão como imagem poética em ambos os textos é, enquanto sinédoque, expressão do indivíduo inteiro, incomodado diante da imagem de si mesmo. Em "Reconhecimento de Nêmesis", nos versos "Volta-e-meia vem e pousa/ No meu braço a mão morena" (v. 54-55), vê-se que a insistência da ação do menino conflui para uma autoidentificação do adulto "Menino, tu me recordas/ A minha presença em mim!" (v. 81-82). Antes, porém, o poeta despreza a presença da criança ao coreografar a "dança dos ombros" ou fingir ler um livro, tentativas frustradas de esquivar-se de si mesmo:

E embora grudando a vista
No livro, eu faça de conta
Que não reparo no tal,
Minha alma espia o menino
Enquanto devora uma sopa de aletria
Feita de letras malucas.

---

94. Ibidem, p. 52.
95. Fernandes, Lygia (org.). *71 cartas de Mário de Andrade*, op. cit., p. 112.

Mas ele não vai-se embora,
E o vulto do curumim,
Sem piedade, me recorda
A minha presença em mim. (v. 58-70)

O confronto do menino e do padre pode ser aproximado ainda da relação que o escritor cultiva consigo mesmo também no depoimento sobre a gênese do verso "Ôh espelhos, ôh Pireneus! ôh caiçaras!" de seu poema "Eu sou trezentos...", no livro *Remate de males* de 1930:

> Mas o engraçado é a palavra "espelhos". Juro que jamais consegui-lhe penetrar o sentido, embora eu a sentisse "verdadeira", impossível de mudar. Deixei, "sentia" a palavra, mas quando refletia sobre ela e seu possível valor, ficava irritado até, sempre desgostoso. [...] Toda a minha vida tive uma preocupação danada de combater a vaidade; que considero epidérmica e mesquinha, e convertê-la em orgulho, que é fecundo e capaz. O que não impede que eu tenha minhas vaidades, está claro, combatidas e desprezadas. Se os dois outros termos me parecem (não tenho certeza) exprimir valores do meu ser coletivo, brasileiríssimo ibérico e cultura franco-internacional, "espelhos" refletia uma atitude meramente individualista do ser, uma instintividade epidérmica, coordenada organizadamente numa constância. O "espelho" mirado, me indicava a postura do retrato que eu queria tomar. Se é certo que nunca estudei atitudes no espelho, não é menos certo que muitas vezes me surpreendi me contemplando, me observando no espelho, e me retirava dele envergonhado.[96]

Essa espécie de repulsa do poeta por si mesmo inverte o mito de Narciso, personagem da mitologia grega, em que a deusa Nême-

96. Andrade, Mário de. "Espelhos, Pirineus, Caiçaras". *Poesias completas*, v. 2, op. cit., p. 30.

sis o pune pela excessiva autoestima, fruto da beleza inigualável do rapaz. No depoimento, no poema e na biografia de Jesuíno, por sua vez, encontra-se uma espécie de *narciso às avessas*, isto é, o reflexo, nesses casos, não causa deslumbramento, ao contrário, prefere-se evitar a imagem de si. O auto-ódio e a autodepreciação podem ocorrer quando o estigmatizado e um espelho estão frente a frente, de acordo com Erving Goffman.[97] Desse modo, longe do espelho, a mão é a única parte do corpo que se impõe ao olhar do poeta e de Jesuíno durante o trabalho de escrever e pintar, respectivamente. E, também contrariamente ao mito, o narciso às avessas ao não experimentar o excesso da autofascinação, não morre, mas cria.

Em "Reconhecimento de Nêmesis", o "bardo mestiço", como se classifica o sujeito lírico n' "A meditação sobre o Tiête"[98] (v. 281), transfigura a mão morena em incômodo e assombração, mas também como desejo de "fazer as pazes" com seu destino. Ao lançar a hipótese de que Padre Jesuíno não pintaria anjinhos mulatos se não fosse ele próprio um mestiço, confirma-se a estratégia alcançada pelo pintor para vingar-se das violências raciais que alcançam diferentes instituições da sociedade brasileira, nesse caso desde a igreja à elite artística.

Sendo Padre Jesuíno, em grande medida, o personagem criado por Mário de Andrade biógrafo, assim como o menino da mão morena pelo poeta, ambos manifestam a problemática social do racismo no Brasil. Ambos os textos não afirmam a síntese de raças como salvação para uma sociedade ideal, ao contrário, a produção de Mário de Andrade reúne outras complexidades do negro brasileiro, experimentadas e estudadas por ele e transfiguradas na literatura e nos ensaios de sua autoria. Dito de outro modo, Mário de Andrade reconhece que,

---

97. Goffman, Erving. *Estigma*: *Notas sobra a manipulação da identidade deteriorada*. Trad. Márcia Bandeira de Mello Leite Nunes. Rio de Janeiro: LTC, 1963, p. 17.
98. Andrade, Mário de. "A meditação sobre o Tiête". In: "Lira paulistana". In: *Poesias completas*, v. 1, op. cit., p. 541.

em diferentes instâncias da sociedade brasileira, o negro pode ter a voz tolhida e a ascensão social prejudicada pelo olhar discriminatório. Essas experiências ligam-se ao racismo, em que a denúncia do escritor enxerga uma sociedade que determina o valor dos homens pela cor. Nesses textos, porém, o autor propõe o devir artístico como meio de superação da condição do oprimido; pela arte, e a possibilidade de interpretações polissêmicas, o considerado subalterno conquista autonomia e liberdade para falar e também negar imposições.

Sobre o personagem da biografia, o ensaísta afirma: "Jesuíno não representa síntese nenhuma. É um conjunto desesperado de espécies contraditórias. Ele não adere à mestiçagem brasileira, antes é um protótipo de grupo abatido que se revolta."[99] O biógrafo reconhece no pintor um negro insurgente na manifestação artística, onde encontra autonomia completa, livre de estigma, o que, no entanto, não lhe garante conforto.

A comparação entre o sujeito poético e o personagem Jesuíno mostra que ambos, sob o padecimento do *estigma*,[100] são tomados pela raiva de si mesmos nos momentos de solidão, sobretudo durante o trabalho em que as mãos lembram ao pintor e ao poeta a cor da pele. Ressalta-se, contudo, que nos textos, a violência do personagem e do eu poético contra eles mesmos é ultrapassada, pois em ambos há uma revolta declarada contra o opressor. As mãos negras elaboram respostas à violência sofrida, a arte permite-lhes construir saídas: "Jesuíno, nunca que refletisse estar se vingando dos brancos Tercei-

---

99. Idem. *Padre Jesuíno do Monte Carmelo*, op. cit. p. 228.

100. Conceito cunhado por Erving Goffman: "Em todos esses exemplos de estigma, entretanto, inclusive aqueles que os gregos tinham em mente, encontram-se as mesmas características sociológicas: um indivíduo que poderia ter sido facilmente recebido na relação social quotidiana possui um traço que pode-se impor à atenção e afastar aqueles que ele encontra, destruindo a possibilidade de atenção para outros atributos seus. Ele possui um *stigma,* uma caraterística diferente da que havíamos previsto." Goffman, Erving, op. cit., p. 14.

ros, lhes impondo santos que não eram de 'pura raça caucásia'."[101] Na biografia, Jesuíno, alter ego de Mário de Andrade, opta por escurecer a pele dos anjos barrocos, tanto para explicitar a consciência do racismo sofrido como para marcar a autonomia do artista que não se dobra aos desmandos do poder.

---

101. Andrade, Mário de. *Padre Jesuíno do Monte Carmelo*, op. cit. p. 223.

III. “Poemas da Negra”: Raça, gênero e afeto no auge do lirismo amoroso de Mário de Andrade

Poemas da Negra

I

Não sei por que espírito antigo
Ficamos assim impossíveis...

A lua chapeia os mangues
Donde sai um favor de silêncio
E de maré.
És uma sombra que apalpo
Que nem um cortejo de castas rainhas.

Meus olhos vadiam nas lágrimas.
Te vejo coberta de estrelas,
Coberta de estrelas,
Meu amor!

Tua calma agrava o silêncio dos mangues.

II

Não sei se estou vivo...
Estou morto.

Um vento morno que sou eu
Faz auras pernambucanas.

Rola rola sob as nuvens
O aroma das mangas.
Se escutam grilos,
Cricrido contínuo
Saindo dos vidros.
Eu me inundo de vossas riquezas!
Não sou mais eu...

Que indiferença enorme...

III

Você é tão suave,
Vossos lábios suaves
Vagam no meu rosto,
Fecham meu olhar.

Sol-posto.

É a escureza suave
Que vem de você,
Que se dissolve em mim.

Que sono...

Eu imaginava
Duros vossos lábios,
Mas você me ensina
A volta ao bem.

IV

Estou com medo...
Teu beijo é tão beijo,
Tua inocência é dura,
Feita de camélias.

Ôh, meu amor,
Nós não somos iguais!
Tu me proíbes
Beber água após...

Eu volto à calma
E não te vejo mais.

V

Lá longe no sul,
Lá nos pés da Argentina,
Marulham temíveis os mares gelados,
Não posso fazer mesmo um gesto!

Tu me adivinhas, meu amor,
Porém não queres ser escrava!

Flores!
Apaixonadamente meus braços desgalham-se,
Flores!
Flores amarelas do pau-d'arco secular!

Eu me desgalho sobre teu corpo manso,
As flores estão caindo sobre teu corpo manso,
Te cobrirei de flores amarelas!

Apaixonadamente
Eu me defenderei!

VI

Quando
Minha mão se alastra
Em vosso grande corpo,
Você estremece um pouco.

É como o negrume da noite
Quando a estrela Vênus
Vence o véu da tarde
E brilha enfim.

Nossos corpos são finos,
São muito compridos...
Minha mão relumeia
Cada vez mais sobre você.

E nós partimos adorados
Nos turbilhões da estrela Vênus!...

VII

Não sei porque os tetéus gritam tanto esta noite...
Não serão talvez nem mesmo os tetéus.
Porém minha alma está tão cheia de delírios
Que faz um susto enorme dentro do meu ser.

Estás imóvel.
És feito uma praia...
Talvez estejas dormindo, não sei.

Mas eu vibro cheinho de delírios,
Os tetéus gritam tanto em meus ouvidos,
Acorda! ergue ao menos o braço dos seios!
Apaga o grito dos tetéus!

VIII

Nega em teu ser primário a insistência das coisas,
Me livra do caminho.

Colho mancheias de meus olhares,
Meu pensamento assombra mundos novos,
E eu desejava estar contigo...

Há vida por demais neste silêncio nosso!
Eu próprio exalo fluidos leves
Que condensam-se em torno...
Me sinto fatigantemente eterno!

Ah, meu amor,
Não é minha amplidão que me desencaminha,
Mas a virtuosidade...

IX

Na zona da mata o canavial novo
É um descanso verde que faz bem;
É uma suavidade pousar a vista
Na manteiga e no pelo dos ratos;
No mais matinal perfume francês
A gente domina uma dedicação;
Apertando os dedos no barro mole
Ele escorre e foge,
E o corpo estremece que é um prazer...

Mas você é grave sem comparação.

X

Há o mutismo exaltado dos astros,
Um som redondo enorme que não para mais.
Os duros vulcões ensanguentam a noite,
A gente se esquece no jogo das brisas,
A jurema perde as folhas derradeiras
Sobre Mestre Carlos que morreu.
Dir-se-ia que os ursos
Mexem na sombra do mato...
A escureza cai sobre abelhas perdidas.
Um potro galopa.
Ponteia uma viola
De sertão.

Nós estamos de pé,
Nós nos enlaçamos,
Somos tão puros,
Tão verdadeiros...
Ôh, meu amor!
O mangue vai refletir os corpos enlaçados!
Nossas mãos já partem no jogo das brisas,
Nossos lábios se cristalizam em sal!
Nós não somos mais nós!
Nós estamos de pé!
Nós nos amamos!

XI

Ai momentos de físico amor,
Ai reentrâncias de corpo...
Meus lábios são que nem destroços
Que o mar acalanta em sossego.

A luz do candeeiro te aprova,
E... não sou eu, é a luz aninhada em teu corpo
Que ao som dos coqueiros do vento
Farfalha no ar os adjetivos.

XII

Lembrança boa,
Carrego comigo tua mão.

O calor exausto
Oprime estas ruas
Que nem a tua boca pesada.
As igrejas oscilam
Por cima dos homens de branco,
E as sombras despencam inúteis
Das botinas, passo a passo.

O que me esconde
É o momento suave
Com que as casas velhas
São róseas, morenas,
Na beira do rio.

Dir-se-ia que há madressilvas
No cais antigo...
Me sinto suavíssimo de madressilvas
Na beira do rio.

Em “A poesia de Mário de Andrade”, Gilda de Mello e Souza ao tratar dos “Poemas da Negra” assinala que há neles “uma atitude inédita na poesia brasileira".[102] A estudiosa verifica que na correspondência de Mário e Manuel Bandeira, o poeta de "Irene no céu" resiste aos versos do amigo paulista, este lhe assegura que a dificuldade de aceitação decorre do fato de que a negra está, nos poemas, retirada do campo exótico. Para compreender essa afirmação, que explica o ineditismo, Gilda sugere que se compare os versos do modernista com a tradição da poesia erótica ligada ao senhor de engenho, a qual se habituou a sensibilidade nacional.[103] Motivada pela indicação, há alguns anos investigo imagens da mulher na poesia brasileira, desde a literatura colonial à contemporânea, para compreender, inclusive, a ruptura dos "Poemas da Negra" na tradição literária brasileira/ocidental/patriarcal.

Nesse sentido, faz-se necessário traçar um breve percurso pela poesia brasileira para dimensionar o lugar ocupado pelos doze poemas, os quais traduzem também o ápice da lírica amorosa mariodeandradiana, tanto no âmbito do losango negro quanto no conjunto da produção poética do modernista. A princípio, vale a colocação de alguns questionamentos: quais corpos de mulheres figuram com mais ou menos mobilidade social? Quem ocupa o lugar de mucama e quem o de senhora? No amor, quem é vista como digna de afeto? Quem encarna o papel de lasciva ou casta? Quem tem acesso, ainda que restrito, à sala de estar e quem é confinada às margens da casa grande? Em que medida esses valores têm sido repetidos à exaustão no Brasil mesmo que ganhando novas roupagens?

A poesia do senhor de engenho participa de um sistema mais amplo de discursos e práticas que sustentam e naturalizam a ordem social do patriarcado. Repete na literatura valores e modos de comportamento fixamente atribuídos à mulher de modo a contribuir pa-

---

102. Souza, Gilda de Mello, op. cit., pp. 27-36.
103. Ibidem, p. 29.

ra a manutenção de um dispositivo ideológico que reforça hierarquias sociais. Ao encenar a organização dessa estrutura, essa poesia molda concepções, como de trabalho e de sexualidade, de forma previsível ao patriarcado, pois seus versos, sem questionamentos, reafirmam lugares impostos à mulher. Trata-se de uma estética que metaforiza a dimensão simbólica e ideológica que permeia a literatura brasileira, refletindo imposição e disputas de poder nas relações de gênero. Contudo, o rompimento com essa tradição desestabiliza esse dispositivo, revelando deslocamentos na tradição literária. Portanto, a depender da manutenção ou ruptura com ela, independente do momento ou região geográfica, ela pode servir tanto ao fortalecimento de valores e representações, como também a questionamentos sobre as estruturas de poder na sociedade. No contexto da poesia do senhor de engenho, a estética desempenha um papel crucial na construção e na legitimação de uma visão de mundo patriarcal e hierárquica, mas também o rompimento contribui para a figuração de um campo de contestação e resistência.

Para evitar o risco de uma rotulação, a poesia do senhor de engenho deve servir como conceito menos para a leitura de uma obra completa de um(a) escritor(a) e mais para identificação de parcelas dessa obra que, conscientemente ou não, mantêm ou rompem com violências de matriz patriarcal. Por isso, ainda que predominantemente encontrada em autoria de homens, dada a posição de domínio que eles ocupam na publicação de obras literárias e nas estruturas sociais, sua presença não se limita a essa autoria, podendo se manifestar também nas obras de mulheres, de forma mais ou menos evidente, dependendo da posição da artista em relação a questões de gênero, raça e classe. Bem como, vale destacar, que um posicionamento político (ultra) conservador do(a) poeta evidentemente coaduna com a perspectiva de tradição da poesia do senhor de engenho, mas não significa que uma visão progressista se defina como ruptura, pois a obra de um(a) artista pode ser composta por contestações a diferentes ordens, mas manter, em maior ou menor medida, a do patriarcado. Em outras palavras, o machismo, enquanto atitude e comportamento individual, segue perpetuando estereótipos que servem a desigualdades de gênero, seja de forma explícita ou sutil. Na contraposição à tradição da poesia de senhor de engenho entendo, de acordo com Judith Butler,[104] que a mulher deve ser compreendida como uma construção dinâmica, sujeita a variações e interpretações que reflitam transformações sociais, culturais e políticas ao longo do tempo.

Em relação à mulher branca e à mulher negra na lírica amorosa erudita brasileira, localiza-se a negra de forma esparsa, pois, em geral, o poeta escolhe a branca para ocupar o papel de musa. Segundo Gregory Rabassa: "De início, as negras apareciam na literatura geralmente como criaturas exóticas, lascivas e descritas em cores fortes, nunca como objetos de sentimentos profundos da parte do poeta."[105] De fato, o descendente de africano escravizado, e tomado como mercadoria, ao longo da história da literatura erudita brasileira, pouco figurou como herói, musa ou em papel que o enaltecesse.

Eduardo de Assis Duarte, em seu estudo sobre o estereótipo da mulata na literatura brasileira, considera que "a condição do corpo disponível vai marcar a figuração literária da mulata: animal erótico por excelência, desprovida de razão ou sensibilidade mais acuradas, confinada ao império dos sentidos e às artimanhas e trejeitos da sedução". Desse modo, ainda segundo o estudioso: "Via de regra desgarrada da família, sem pai nem mãe, e destinada ao prazer isento de compromissos, a mulata construída pela literatura brasileira tem

104. Butler, Judith. *Problemas de gênero: Feminismo e subversão da identidade*. Trad. João Alexandre Peschanski. São Paulo: Editora 34, 2003.
105. Rabassa, Gregory. *O negro na ficção brasileira: Meio século de história literária*. Rio de Janeiro: Edições Tempo Brasileiro, 1965, p. 87.

sua configuração marcada pelo signo da mulher *fornicaria* da tradição europeia, ser noturno e carnal, avatar de meretriz."[106]

Poemas, como os atribuídos a Gregório de Matos, versam a negra e a mulata, pontuando diferenças relacionadas ao tom da pele, aspectos que se repetirão ao longo da poesia do senhor de engenho, seja ela "erudita" ou "popular". Em um dos poemas, "Anatomia horrorosa que faz de huma negra chamada Maria Viegas", a mulher combina traços de sensualidade exacerbada ao aspecto fisicamente repulsivo:

> Dize-me, Maria Viegas
> qual é a causa, que te move,
> a quereres, que te prove
>
> todo o home, a quem te entregas?
> jamais a ninguém te negas,
> tendo um vaso vaganau,
> e sobretudo tão mau,
> que afirma toda a pessoa,
> que a fornicou já, que enjoa,
> por feder a bacalhau.[107]

Em outro texto, o poeta, após deitar-se com a mãe, faz o elogio à filha dela:

> Por vida do meu Gonçalo,
> Custódia formosa e linda,
> que eu não vi Mulata mais linda,

---

106. Duarte, Eduardo de Assis. "Mulheres marcadas: literatura, gênero, etnicidade". *Terra roxa e outras terras. Revista de Estudos Literários*. vol. 17-A, dez. 2009, p. 6. Disponível em: http://www.uel.br/pos/letras/terraroxa/g_pdf/vol17A/TRvol17Aa.pdf.
107. Matos, Gregório de. *Obra poética*. Preparação e notas: Emanuel Araújo. Rio de Janeiro: Record, 1992, v. 1, p. 439.

que me desse tanto abalo:
quando vos vejo, e vos falo,
tenho pesar grande, e vasto
do impedimento, que arrasto,

porque pelos meus gostilhos
fora eu Pai dos vossos Filhos
antes que vosso Padrasto.[108]

Esses versos exemplificam alguns dos estereótipos da mulher de ascendência africana transmitidos na tradição poética nacional: a mulata tem a beleza enaltecida, mas necessariamente unida à lascívia e a mulher de pele mais escura é relacionada à feiura, à inveja, à intriga ou à bondade submissa. Algumas vezes os adjetivos utilizados não seguem necessariamente essa ordem; a mulata pode aparecer como bonita e invejosa, e a negra surge como feia e propensa à luxúria, como Maria Viegas. Importa ressaltar que, desde a literatura colonial, raramente a imagem da negra, principalmente quando escrita por poetas não negros, está livre de características pejorativas.

No Brasil, o negro na sátira barroca, como explica João Adolfo Hansen, carrega estereótipos "condensados pelo discurso da moral que encena o aparato jurídico, efetuando o 'negro' como /bestialidade/, pela maledicência e ridicularização". Ou seja, pela linguagem, molda-se um padrão que encena o sexo e a hierarquia: "É o que se dá, por exemplo, no procedimento de fusão das características de 'puta', 'mulata' (ou 'negra'), e 'animal', perpassada de valores afetivos e mercantis." [109]

---

108. "Huma graciosa mulata filha de outra chamada Maricotta com quem o poeta se tinha divertido, e chamava ao filho do poeta seu marido." Ibidem, p. 533.
109. Hansen, João Adolfo. *A sátira e o engenho*. São Paulo: Companhia das Letras, 1989, pp. 322-3.

Vale ressaltar que a indígena também não escapa de falsas generalizações. O poema épico de Santa Rita Durão, *Caramuru*, em 1781, antecipa traços do romantismo, como a idealização que impõe à heroína o padrão de beleza das musas ocidentais:

> Paraguaçu (tal nome teve)
> Bem diversa de gente tão nojosa;
> De cor tão alva como a branca neve;
> E donde não é neve, era de rosa:
> O nariz natural, boca mui breve,
> Olhos de bela luz, testa espaçosa;
> De algodão tudo o mais, com manto espesso,
> Quanto honesta encobriu, fez ver-lhe o preço.

O poeta equipara, na palavra, os dotes de Paraguaçu ao recato da mulher europeia. Diferentemente da imagem que se espera de uma indígena, a musa tem a beleza associada à pele branca ou, no limite, rosa, característica que revela um paradoxo em relação aos outros indígenas que chegam a provocar-lhe nojo. Paraguaçu torna-se a mulher digna ao cobrir o corpo com o manto que remete à veste de uma santa cristã, o que lhe define o destino. Ela será a escolhida de Diogo Álvares que a levará para França onde, batizada, tendo como madrinha a rainha Catarina de Médicis, passa a se chamar Catarina Álvares. Quando o casal volta ao Brasil, essa brasileira europeizada tem uma visão da Virgem Santíssima que lhe pede a restituição de uma imagem roubada por um "selvagem". Em suma, a tupinambá perde a identidade de seu povo, à medida que a aparência e o comportamento dela fazem-na semelhante às mulheres francesas católicas, vislumbrado pelo regime patriarcal no Brasil; a construção heroica de Paraguaçu pauta-se na assimilação de padrões europeus e na ausência de aspectos que possam reconhecer de forma valorativa possibilidades vindas de cosmologias indígenas.

No romantismo, destaco a prosa poética *Iracema* que, diferentemente da musa de Santa Rita Durão, define traços que remetem à mulher que se aproxima, de fato, ao fenótipo da indígena, contudo, é interessante notar o epíteto "virgem" dado à personagem. Antes de se encontrar com Martim, com quem mais tarde terá um filho, o termo é reiterado cinco vezes no segundo capítulo, composto de duas páginas: "a virgem dos lábios de mel", "a morena virgem", "A graciosa ará [..] chama a virgem pelo nome", "ergue os olhos a virgem", "porém a virgem lançou de si o arco".[110] Iracema, que entra na literatura como elemento central que simboliza a formação nacional, tem como destaque a virgindade entre seus atributos edificantes, chancelando a presença, na literatura, daquilo que se espera da boa conduta da mulher solteira na sociedade patriarcal. Por outro lado, para ressaltar uma hipersexualidade da indígena, e assim justificar o início da miscigenação em solo brasileiro, há textos históricos e sociológicos que mascaram o encontro de forma lúbrica. Para Gilberto Freyre, por exemplo, essas mulheres "por qualquer bugiganga ou caco de espelho estavam se entregando, de pernas abertas, aos 'caraíbas' gulosos de mulher".[111]

A discussão sobre a indígena na literatura ultrapassa, evidentemente, a fronteira de gênero, dado que a violência e a expulsão de territórios aos povos originários foram absorvidos de modo restrito na literatura. A imagem exaltada na literatura romântica, ainda que falseada, difere-se daquela dada à população negra brasileira. Clovis Moura afirma que "em toda essa produção [literária] nenhum personagem negro entrou como herói. [...] Quando surge a literatura nacional romântica, na sua primeira fase, surge exatamente para

110. Alencar, José de. *Iracema*. In: *Obras completas*. Rio de Janeiro: Ed. José Aguillar, 1958, v. 3, pp. 238-40.
111. Freyre, Gilberto. *Casa grande & senzala*. Edição crítica. Coordenadores: Guillermino Giucci et al. Madri, Barcelona, La Habana, Lisboa, Paris, México, Buenos Aires, São Paulo, Lima, Guatemala, São José: ALLCA XX, 2002, p. 38.

negar a existência do negro, quer social, quer esteticamente". Para o sociólogo, "tudo o que acontece na nossa literatura tem que enaltecer os padrões brancos, ou de exaltação do índio, mas um índio distante, europeizado, quase um branco naturalizado índio".[112]

Com o advento da escravidão, o branco, entre outras estratégias de dominação, associa ao negro inúmeros traços perniciosos para afirmar que os escravizados possuem um rebaixamento moral baseado em condutas duvidosas. Para a mulher, a situação é ainda mais complexa, pois escravizada no regime patriarcal, torna-se também mercadoria sexual. Como explica Sônia Maria Giacomini, a sociedade patriarcal e escravista exerce maior brutalidade com a mulher escravizada, pois se, na lógica da escravidão, o corpo não pertence à pessoa, ela também sofrerá a exploração sexual: "A possibilidade da utilização dos escravos como objeto sexual só se concretiza para a escrava porque recaem sobre ela, enquanto mulher, as determinações da sociedade, que determinam e legitimam a dominação do homem sobre a mulher."[113]

Há exceções, como o poema "A escrava", de Gonçalves Dias, que dá protagonismo para uma mulher congolesa, em terra brasileira, que, em estado de banzo, relembra seu trágico destino. Os versos transfiguram o sentimento de desterro sofrido por um eu poético feminino, ou seja, Alsgá, ainda que não seja a musa a quem o poeta dedica o mais sublime amor, tem a voz em primeira pessoa.[114]

---

112. Moura, Clovis. "Repete-se na literatura a imagem estereotipada do pensamento social". In: *Sociologia do negro brasileiro*. São Paulo: Ática, 1988, p. 26.
113. Giacomini, Sonia Maria. "A mulher escrava enquanto objeto sexual". In: *Mulher escrava: Uma introdução ao estudo da mulher negra no Brasil*. Petrópolis: Vozes, 2008, p. 65.
114. É preciso reconhecer a presença do negro na poesia de Gonçalves Dias, segundo Marisa Lajolo: "Tem-se estudado muito pouco os poemas e textos gonçalvinos nos quais os negros se fazem presentes. [...] Em 'A Escrava' encontram-se traços fortes de oralidade, de ocidentalização da identidade africana em uma estrutura de narrativa teatralizada, recurso que o poeta também lança mão no arquiantológico e belíssimo poema "I-Juca Pirama" que, por assim dizer, condensa os principais traços da obra deste poeta mestiço: inte-

Os versos, entremeados pelo melodioso refrão, em redondilha maior, trazem a angústia daquela que padece da separação amorosa forçada e que jamais voltará ao seu lugar de origem — "Oh! Doce país do Congo,/ Doces terras d'além mar!/ Oh Dias de sol formoso! Oh! Noites d'almo luar!".[115]

Ainda no século XIX, o texto em discurso baixo, "Aos negreiros", da poesia fescenina, ou pornográfica, de Francisco Moniz Barreto, merece ser aqui destacado. Na dedicatória, apresenta-se: "Aos que fornicam, e gostam de fornicar negras; e não aos ímpios que traficam em carne humana, de pele preta, assim denominados; que com estes, pela abominação que lhes voto, não quererei eu palestras jamais". Nas duas primeiras estrofes, provoca:

> Quem diz que não fode negras,
> Que a elas tem aversão.
> E, quando as vê, faz carrancas,
> Ou quer enganar as brancas,
> Ou mente, ou não tem tesão.
>
> Negra, crioula, ou da Costa,
> É sultana da Guiné;
> Seio duro, bunda chata
> Rivaliza a mulata
> A pôr o caralho em pé.[116]

---

resse pelas componentes não brancas e não hegemônicas da cultura brasileira, construção da *americanidade* da nossa cultura, artesanato poético e resgate da oralidade." Lajolo, Marisa. "Gonçalves Dias". In: Duarte, Eduardo de Assis (org.). *Literatura e afrodescendência no Brasil*: *Antologia crítica*. Belo Horizonte: Editora UFMG, v. 1, p. 99.

115. Dias, Gonçalves. *Poesias*. Rio de Janeiro: Livraria Garnier, s.d., v. 2.

116. Barreto, Francisco Muniz. "Aos negreiros". In: Bueno, Alexei (org.). *Antologia pornográfica*: *De Gregório de Mattos a Glauco Mattoso.* Rio de Janeiro: Nova Fronteira, 2004, pp. 152-4.

No contexto da tradição poética de heranças dos cancioneiros populares, espaço de maior possibilidade de elaboração do discurso baixo, o poeta inova ao equiparar a negra, a crioula e a mulata, mas, por outro lado, não as retira do campo da sexualidade. O poema distancia-se do elogio à negra, pois, ainda que escrito em contexto abolicionista e que elabore um recado ao branco escravocrata que finge não desejar mulheres afrodescendentes, mantém o sentido de lascívia atribuído secularmente à mulher escravizada.

É na poesia de Luiz Gama que se vê, pela primeira vez, o rompimento de fato desse aspecto lascivo da negra na poesia brasileira. Em "Lá vai verso", o poeta clama pela negra no sentido metonímico da inspiração. Dessa forma, o poeta nivela a negra às musas da poesia clássica ocidental, clamadas desde Homero:

> Ó musa de Guiné, cor de azeviche,
> Estátua de granito denegrido,
> Ante quem o Leão se põe rendido
> Despido do furor de atroz braveza;
> Empresta-me o cabaço d'urucungo,
> Ensina-me a brandir tua marimba,
> Inspira-me a ciência da candimba;
> Às vias me conduz d'alta grandeza.[117]

Segundo Lígia Fonseca Ferreira, Luiz Gama afirma-se como o primeiro poeta brasileiro a publicar versos amorosos, elogiando a negra: "Às pálidas musas gregas, ele prefere a 'Musa de Guiné', 'cor de azevi-

---

117. Gama, Luiz. "Lá vai verso!". In: Fonseca, Ligia Ferreira (org.). *Com a palavra, Luiz Gama: Poemas, artigos, cartas e máximas.* São Paulo: Imprensa Oficial, 2011, p. 49.

che' cujos poderes mágicos o farão penetrar no mundo invisível, ou melhor não visível aos olhos dos brancos ou dos mulatos insensíveis aos elementos e à linguagem próprios da cultura africana."[118] Além disso, o abolicionista inova ao eleger a negra a musa no sentido não só da inspiração, mas também da mulher real, amada pelo poeta. De forma análoga, assim como Mário de Andrade, ambos personificam a beleza da noite no corpo de suas amadas. Em "Poemas da Negra", nos versos — "Te vejo coberta de estrelas,/ Coberta de estrelas,/ Meu amor!" (Poema I, v. 9-11) — ao buscar o transcendente, o modernista reverseja a imagem de "Meus amores", do poeta romântico:

> Meus amores são lindos, cor da noite
> Recamada de estrelas rutilantes;
> Tão formosa crioula, ou Tétis negra,
> Tem por olhos dois astros cintilantes. (v. 1-4)[119]

Em relação à branca, localizar o lugar dela na literatura contribui, de forma comparativa, para compreender a condição atribuída à negra. Ainda que alguns estudos sinalizem que nem sempre a descendente de europeus viveu sob o manto do recato e enclausurada,[120] como lemos na lírica amorosa; o fato é que em nossa literatura canônica, escrita majoritariamente por homens brancos, ela tem lugar privilegiado de musa, concorrendo algumas vezes com a morena — denominação que pode referir-se a negras, mas também a brancas de cabelos escuros.

---

118. Ferreira, Ligia Fonseca. "Luiz Gama, o primeiro poeta afro brasileiro". *Com a palavra, Luiz Gama*: *Poemas, artigos, cartas e máximas*, op. cit., p. 40.
119. Gama, Luiz. "Meus amores", op. cit., p. 80.
120. Cf. Venâncio. Renato Pinto. "Nos limites da sagrada família: Ilegitimidade e casamento no Brasil colonial". In: Vainfas, Ronaldo (org.). *História e sexualidade no Brasil*. Rio de Janeiro: Graal, 1986, pp. 107-24.

De modo geral, imposta à condição de casta, espera-se que a mulher adote uma conduta semelhante à da Virgem Maria, figura central do catolicismo durante a reforma religiosa na Idade Média, que influenciou profundamente o pensamento colonial brasileiro. Nesse contexto, a mulher branca é não apenas vista como casta e bondosa, mas também eleita como modelo de beleza hegemônica, um ideal que se mantém até os dias atuais.

Essa representação desenha-se nos versos coloniais de Gregório de Matos — "Se és neve, como queimas com porfia?/ Mas ai, que andou Amor em ti prudente!"—,[121] passando pelos árcades — "Eu não vejo as graças, de que forma/ Cupido o teu tesouro,/ vivos olhos e faces cor da neve, com crespos cabelos fios de ouro" —,[122] chega à poesia romântica —"Mas não te nodoei: que ficasses/ Casta assim mesma, — e sábia [...] Os alvos braço — êmulos de jaspe —/ Cá para o sul onde eu habito estendes"[123] e à parnasiana:[124]

121. Matos, Gregório de. "Aos afetos e lágrimas derramadas na ausência da dama a quem querias bem". In: Brayer, Sonia (org.). *A poesia no Brasil*. Rio de Janeiro: Civilização Brasileira, 1981, p. 26, versos 10, 11.
122. Gonzaga, Tomas Antonio. "Marília de Dirceu". In: *A poesia no Brasil*, op. cit., p. 113, parte 11, v. 13-16.
123. Freire, Junqueira. "Ela". In: *A poesia no Brasil*, op. cit., p. 207; 209, v. 11-12; 73-74.
124. Vale destacar que no mesmo período, o simbolista Cruz e Souza dedica versos à mulher negra, como se lê na última estrofe do soneto "Rosa Negra": "Rosa negra da treva, Flor do nada/ Dá-me essa boca acídula, rasgada,/ Que vale mais que os corações proibidos". (v. 13-15). Ou ainda, no poema em prosa, "Tenebrosa", no trecho: "Olhos grandes, largos, profundos, cheios de tropical sensualismo africano e abertos como estrelas no céu de refulgente noite escura de ébano polido do rosto redondo — alta, alta e negra, de uma quase gigantesca altura — lembras também o astro nublado, caliginoso da Paixão, girando na órbita eterna dolência da Carne, como mancha na luz, ou soturna mulher da Abissínia, cujos luxuriosos sentimentos panterizados sinistramente gelaram e petrificaram na muda esfinge dos secos areais tostados". Cruz e Souza, João da. *Cruz e Souza: Obra completa*, op. cit., pp. 291-556.

E envolvida de tua virgindade
De teu pudor na cândida armadura,
Foges o amor, guardando a castidade,

Como as montanhas, nos espaços francos
Erguendo os altos píncaros, a alvura
Guardam da neve que lhes cobre os flancos. (v. 9-14)[125]

Na expressão popular, um ditado recolhido por Mário de Andrade, e também por Gilberto Freyre, sinaliza as acepções da branca, da mulata e da negra que frequentam igualmente a literatura: "Branca para casar, mulata para f...[ornicar] e negra para trabalhar."[126] A sociedade patriarcal brasileira reserva à branca o lugar de senhora, à negra, a prestação de serviços braçais e à mulata, o encontro erótico/sexual. Esses estereótipos contribuem também para a construção da rivalidade entre brancas e negras que disputam, assim lemos na literatura e em relatos da escravidão, o afeto do patriarca. Teófilo Queiróz Junior, em seu estudo sobre a mulata na literatura brasileira, analisa que sem correr riscos de desmoralização: "O senhor branco soube recorrer ao argumento da irresistibilidade e à amoralidade da mulher de cor como eficazes elementos justificadores de impulsões extraconjugais masculinas."[127] No modernismo, "Essa negra Fulô" de Jorge de Lima, publicado em 1928, ainda que se possa reconhecer elementos afirmativos de insubmissão ao branco, os versos exploram sobretudo o ciúmes da senhora branca que dá voz

125. Bilac, Olavo. "VII. Via-Láctea". In: *Poesias*. São Paulo: Livraria Francisco Alves, 1942, p. 50
126. Freyre, Gilberto. *Casa grande & senzala*, op. cit, p. 38. Andrade, Mário de. "Linha de cor", op. cit. Nesse artigo, há uma pequena variante: "As brancas são para casar,/ As mulatas para.../ E as negras para servir."
127. Queiroz Jr, Téofilo. *Preconceito de cor e a mulata na literatura brasileira*. São Paulo: Ática, 1975, p. 21.

ao poema, bem como atribui-se à escravizada Fulô estereótipos da sensualidade exacerbada e atrevimento que resultam na exigência de castigo a ser proferido pelo senhor de engenho. Na disputa, Fulô sairia "ganhando":

O Sinhô foi açoitar
sozinho a negra Fulô.
a negra tirou a saia
e tirou o cabeção,
de dentro dele pulou
nuinha a negra Fulô.

Essa negra Fulô!
Essa negra Fulô!

Ó Fulô? Ó Fulô?
Cadê, cadê teu Sinhô?
Que nosso Senhor me mandou?
Ah! Foi você que roubou,
Foi você, negra Fulô?

Essa negra Fulô! (v. 75-88)[128]

Escritos no mesmo momento de "Poemas da Negra", os versos de Jorge de Lima, assim como os de Mário de Andrade, inovam ao usar a denominação negra, e não mulata. Contudo, Jorge de Lima não subverte para além da escolha do termo, pois mantém a lascívia exagerada e a disputa entre a negra e a esposa do "sinhô", evidentemente branca. No mesmo período, outros modernistas, como Manuel Bandeira no conhecido "Irene no céu", e Cassiano Ricardo

128. Lima, Jorge de. "Essa negra Fulô". *Antologia poética*. Seleção de Paulo Mendes Campos. Rio de Janeiro: Livraria José Olympio, 1978, p. 49.

em "Mãe Preta", mantêm as negras em papéis de subordinação. Lembrando-se ainda que também Raul Bopp, o poeta de *Urucungo*, recorre ao estereótipo da lascívia, como analisa Jorge Schwartz: "Apesar de sua preocupação em também fazer de sua poesia instrumento de denúncia das arbitrariedades cometidas contra os negros, Raul Bopp não se liberta inteiramente dos preconceitos relativos à sensualidade e à indolência da raça negra, como se pode notar em 'Marabaxo'." No poema referido, o eu poético descreve: "Numa preguiça lasciva as fêmeas de carne sedosa, em ronda,/ rengueiam bambas, num balanço lento". [129]

A reprodução da violência ultrapassa o campo da literatura e alarga-se no espaço social/temporal, *fixa o discurso* à medida que se repete anos a fio e legitima, inclusive na camada popular, heranças do nosso passado escravagista ao longo da história e do cotidiano do país. Nesse sentido, é preciso destacar a importância da literatura de autoria negra contemporânea que se contrapõe a imagens poéticas canônicas. Oliveira Silveira, por exemplo, parodia Jorge de Lima, pois ao recriar Fulô subverte a lascívia e a subordinação impostas à negra.[130]

---

129. Schwartz, Jorge. *Vanguardas latino-americanas*: *Polêmicas, manifestos e textos críticos*. São Paulo: Edusp, 2008, p. 661.

130. "Outra nega Fulô// O senhor foi açoitar/ A outra nega Fulô/ — ou será que era a mesma?/ A nega tirou a saia,/ A blusa e se pelou,/ O sinhô ficou tarado,/ Largou o relho e se engraçou./ A nega em vez de deitar/ Pegou um pau e sampou/ Nas guampas do sinhô./ — Essa negra Fulô!/ Esta nossa Fulô!,/ Dizia intimamente satisfeito/ O velho pai João/ Pra escândalo do bom Jorge de Lima,/ Seminegro e cristão./ E a mãe-preta chegou bem cretina/ Fingindo uma dor no coração./ — Fulô! Fulô! Ó Fulô!/ A sinhá birra e besta perguntou/ Onde é que tava o sinhô/ Que o diabo lhe mandou./ — Ah. Foi você que matou!/ — É sim, fui eu que matou —/ Disse bem longe a Fulô/ Pro seu nego, que levou/ Ela pro mato, e com ele/ Aí sim ela deitou./ Essa nega Fulô!/ Essa nega Fulô!". Silveira, Oliveira. "Outra nega Fulô". In: Bernd, Zilá (org.) *Antologia de poesia Afro-brasileira: 150 anos de consciência negra no Brasil*. Belo Horizonte: Mazza Edições, 2011, p. 133.

Vale lembrar também que versos dedicados à negra como amada do poeta atravessam a obra de poetas como Solano Trindade — "Meu canto de amor à mulher negra/ não é preconceito de cor/ é poesia de amor".[131] Considero, contudo, que a efetiva mudança da construção da imagem poética da mulher na poesia brasileira vem da autoria de mulheres negras contemporâneas, em versos que trazem à tona existências que desfazem a fixidez de estereótipos e multiplicam escrevivências,[132] como na obra de de Conceição Evaristo.

Versos de poetas contemporâneas têm multiplicado, de fato, o existir da mulher negra e convergem para o apagamento de mais outros tantos estereótipos de origem colonial. De acordo com Eduardo de Assis Duarte, "o texto afro-brasileiro inscreve a mulher num outro diapasão, no qual o corpo mais do que nunca expressa sua condição de vítima de uma ordem social calcada na exploração e no preconceito".[133] Por sua vez, poetas negros como Luiz Gama e Solano Trindade dão à negra um novo lugar como a amada do poeta e, nesse sentido podemos compreender a ruptura com a poesia do senhor de engenho, alcançada também por Mário de Andrade nos "Poemas da negra".

---

131. Trindade, Solano. "Canto à mulher negra". In: *Solano Trindade o poeta do povo*. São Paulo: Ediouro, 2008, p. 41, v. 1-3.
132. O conceito de escrevivência foi desenvolvido pela escritora e intelectual Conceição Evaristo para descrever uma escrita que nasce da experiência de vida, sobretudo da vivência de mulheres negras, em um processo em que memória, oralidade e identidade se entrelaçam. Para Evaristo, a escrevivência não é apenas um relato pessoal, mas uma forma de construção coletiva do saber e da resistência. Evaristo, Conceição. "Escrevivência: A escrita de nós". *Revista Palavra*, v. 14, n. 2, 2017, pp. 115-29.
133. Duarte, Eduardo de Assis. "Mulheres marcadas: literatura gênero, etnicidade". *Terra roxa e outras terras. Revista de estudos literários*. V. 17-A, dez. 2009, p. 17.

O etnógrafo e o poeta: Pesquisa e ruptura com a tradição da poesia de "senhor de engenho"

> Não parece de alguma importância isso? Estou muito interessado. A negra e a mulata, enfim consentidas, não como objeto de Amor e de família, mas de vazão sexual.
>
> — MÁRIO DE ANDRADE em carta a Sérgio Buarque de Holanda[134]

Neste momento, atenho-me a documentos identificados como possível parcela do arquivo da criação dos "Poemas da Negra". Trata-se de determinadas notas de trabalho encontradas no estudo etnográfico *Preto*. Nelas estão, principalmente, indicações bibliográficas que se reportam à biblioteca do escritor — vale ressaltar que os manuscritos de Mário de Andrade não se restringem ao seu arquivo. As estantes desse especial leitor indicam matrizes, na presença de determinados títulos anotados ou não, portadoras de elos com a criação do poeta e do ensaísta. As leituras, portanto, plasmam diálogos entre o escritor e sua biblioteca, que, por sua vez, se entrelaçam com o conteúdo de determinados documentos do arquivo, processo que se evidencia na criação dos "Poemas da Negra".

Como mencionado, a maioria das notas de trabalho do manuscrito *Preto* aponta indicações bibliográficas, em conjuntos que se prendem a diferentes temas organizados pelo etnógrafo. Destaco, neste momento, "Mulher de cor", formado por dezesseis notas. Essa denominação[135] toma emprestada uma expressão da época, empregada, aliás, pelo próprio Mário de Andrade, na conferência "Cinquentenário da Abolição": "Cornélio Pires, nos seus *Sambas e cateretês*, regis-

134. Cf. Monteiro, Pedro Meira (org.), op. cit., p. 139.
135. Cf. Grillo, Angela Teodoro. "Processo de criação do estudo *Preto*: Um inédito de Mário de Andrade". Dissertação de Mestrado. Orientação: Profª Drª Telê Ancona Lopez. FFLCH- USP, 2010.

trou ainda três recortados de caipiras paulistas, que são caçoadas cruéis à *mulher de cor*" [grifo meu].[136]

Para estudar o conjunto "Mulher de cor" — formado de indicações bibliográficas — como parte do arquivo da criação de "Poemas da Negra", na biblioteca do escritor, há obras, anotadas ou não, que podem insinuar matrizes e instauram a interdisciplinaridade da criação.[137] Desse modo, ainda que não haja marcas textuais explícitas que se liguem aos "Poemas da Negra", a análise das notas, conjugada com a verificação das obras a que elas remetem, na biblioteca do escritor, pretende mostrar que a imagem encontrada na criação do poeta transgride a tradição da poesia brasileira, pois a exaltação da Negra, como musa, ignora o vitupério a ela, surpreendido pelo leitor etnógrafo.

A reunião dessas leituras sublinha que interessou a Mário investigar, principalmente na literatura popular, mas também na erudita, diferentes denominações dadas a mulheres afrodescendentes considerando diferentes tons da pele e denominações — negra, preta, mulata, mestiça e crioula. A verificação dos documentos revela que nos textos apontados, a negra, a preta e a crioula estão quase sempre sujeitas a "caçoadas", isto é, à ridicularização e ao desprezo, subvalorizadas como grotescas ou invejosas; por outro lado, quanto mais clara a pele, em geral indicada pelo termo mulata, a mulher é mais gratificada pelos poetas.

Dentre as dezesseis notas de Mário de Andrade, oito delas recolhem referências à mulata, sendo que sete dizem respeito a passagens elogiosas, como na nota 348:

136. Andrade, Mário de. "Estudos sobre o negro". In: *Aspectos do folclore brasileiro*, op. cit.

137. Lopez, Telê Ancona. "A biblioteca de Mário de Andrade: Seara e celeiro da criação". In: Zular, Roberto (org.). *Criação em progresso*: *Ensaios de crítica genética*. São Paulo: Iluminuras, 2002, pp. 48-9.

MA-MMA-97-348
Preto
(Mulata)
nº 89 p 88
nº 400 e
p 96 nº 410

Ao grafar "Preto", Mário remete ao dossiê para o qual deve seguir a nota de trabalho, nascida na leitura da obra nº 89 de sua biblioteca:[138] o *Cancioneiro popular português e brasileiro* de Nuno Catarino Cardoso, de 1921, que guarda à página 88 um traço de destaque a grafite, no trecho:

Não há coisa mais faceira
Que a mulata do Brasil:
Tem um olhar feiticeiro
Que ilude a mais de mil.[139]

Como se vê, a mulata, embora enaltecida, não escapa à imagem de sedutora. Mas ela pode ser desenhada também com traços grotescos, como denuncia a nota de trabalho de Mário de Andrade de número 356, autógrafo a grafite em folha destacada de bloco de bolso, transcrita a seguir:[140]

---

138. Os números referentes às obras, assinalados por MA nas notas de trabalho, organizam a bibliografia realizada por ele para a obra projetada e inacabada "Na pancada do Ganzá". Cf. Andrade, Mário de. "Bibliografia de na Pancada do ganzá e do Dicionário Musical Brasileiro". In: Alavarenga, Oneyda; Tony, Flávia Camargo (orgs.). *Dicionário Musical Brasileiro*. Belo Horizonte: Itatiaia, 1989.
139. Obra consultada na Biblioteca de Mário de Andrade: Cardoso, Nuno Catharino. *Cancioneiro popular português e brasileiro*. Lisboa; Rio de Janeiro: Companhia Editora Americana, 1921, p. 88.
140. Autógrafo a grafite em folha destacada de bloco de bolso. *Preto*. Série Manuscritos Mário de Andrade. Arquivo Mário de Andrade (IEB-USP).

Preto
Versos depreciando até a mulata
nº339, p. 257
(mas isso é raríssimo, Graças
a Deus!)

A nota aponta para os versos colhidos por Silvio Romero em *Estudos sobre a poesia popular do Brazil*, de 1888:

Estava de noite
Na porta da rua
Proveitando a fresca
Da noite da lua.

Quando vi passar
Certa mulatinha,
Camisa gomada,
Cabelo entrançadinho.

Peguei o capote,
Saí atrás dela,
No virar do beco
Encontrei com ela.

Ela foi dizendo:
"Senhor o que quer?
Eu já não posso
Estar mais de pé."

Olhei pras orelhas,
Tinham uns brincos finos,
No rastão da lua.
Estavam aluzindo.

Olhei pro pescoço
Vi um belo colar,
Estava mulatinha
Boa pra se amar.

Olhei pros olhos
Vi bem foi remela,
De cada um torno
Bem dava uma vela.

Olhei pra cara
Não lhe vi nariz,
No meio do rosto
Tinha um chafariz.

Olhei pro rosto
Não tinha um só dente,
Era o diabo
em figura de gente.

Olhei pros peitos
Eram de marmota,
Pareciam bem
Peitos de uma porca.

Olhei pras pernas
Eram de vaqueta,
Comidas de lepra
E cheias de greta.

Olhei pros pés
Benzi-me de medo,
Tinha uns cem bichos
Em cada um dedo.[141]

É possível aproximar os recentes estudos de *racismo recreativo*,[142] de Adilson Moreira, do interesse de Mário de Andrade pelas relações

---

141. Romero, Silvio. *Estudos sobre a poesia popular do Brasil.* Rio de Janeiro: Laemmert & C., 1888, p. 257.
142. Moreira, Adilson. *Racismo recreativo.* Coleção feminismos plurais, coordenação de Djamila Ribeiro. São Paulo: Sueli Carneiro; Polém, 2019, p. 24.

raciais no Brasil da primeira metade do século XX. Para o jurista, trata-se de uma forma específica de opressão racial baseada "na circulação de imagens derrogatórias que expressam desprezo por minorias raciais na forma de humor, fator que compromete o *status* cultural e o *status* material dos membros desses grupos".[143] O racismo recreativo, portanto, flagrado por Mário de Andrade etnógrafo, traduz a frustração do ímpeto sexual do homem branco que eclode na descrição pejorativa, extremando o grotesco. Se este caso é uma raridade no tratamento dado à imagem da mulata, nenhuma exceção ocorre nos trechos demarcados pelo leitor/pesquisador em que aparecem as denominações "negra" ou "preta", ligados a imagens construídas de modo caricatural, visando rebaixar. Como no exemplar de *Contos populares portugueses* de Thomas Pires, de 1916, cujo traço a grafite do leitor destaca o conjunto de quadrinhas:

> Tomei amor com uma preta
> com tenção de zombar dela
> E por mal dos meus pecados
> fazem-me casar com ela.
>
> Tomei amor com uma preta
> que era até cozinheira
> Tinha os beiços tostados
> De lamber a frigideira.[144]

Ao que se percebe, quando Mário de Andrade procura identificar na literatura o vitupério à negra, localiza trechos que alcançam diferentes níveis depreciativos à medida que a cor da pele é mais escura. Em outra nota de trabalho, de número 357, anota a grafite: "Preto/ nº348 – I – 369", a indicação aponta para a gradação flagrada

---

143. Ibidem, p. 24.
144. Pires, Antonio Tomas. *Contos populares portugueses recolhidos da tradição oral*. Elvas: Typ. Progresso, 1916, p. 264.

no *Cancioneiro popular português* organizado por Teóphilo Braga, em 1911, onde o leitor/pesquisador faz um traço lateral a grafite e escreve o escólio "Preto (Brasil)", à margem da quadra:

A branquinha é prata fina,
A mulata cordão de ouro;
Caboucla, cestos de flores,
A negra surrão de couro.[145]

Ao estudar esse cancioneiro de Portugal, Mário de Andrade anota "Brasil". Vale lembrar que para ele, no artigo "A superstição da cor preta" (1938), o preconceito de cor não se origina no Brasil colônia, mas equivale à uma herança por "via ibérica".[146] Em outra fonte, indicada pela nota 349, autógrafo a grafite, folha destacada de bloco de bolso, é encontrada uma acepção da negra no cancioneiro brasileiro semelhante à do português (MA-MMA-97-349, Preto/ n. 97 p.192 e 194).

A nota remete ao capítulo "O humorismo na poesia popular" do *Cancioneiro de trovas do Brasil*, organizado por Americano do Brazil e publicado em 1926, no qual se encontra o poema "As negras". Esses versos respondem com vigor ao meu interesse de ler, nos arquivos da criação dos "Poemas da Negra", textos que podem ter valido ao poeta como postura a ser repugnada. A hipótese se reforça na escolha do título que, ao gosto da época, não denomina "Poemas da Mulata"; Mário mantém a mesma denominação do cancioneiro, mas realiza uma inversão semântica, pois os versos amorosos não chancelam a imagem da negra violentada. Por isso, proponho a comparação de "As negras" com o terceiro texto dos "Poemas da Negra":

145. Braga, Teófilo. "Versos geraes". In: *Cancioneiro popular português*. Lisboa: J. A. Rodrigues, 1911, v. 1, p. 369.
146. Andrade, Mário de. "A superstição da cor preta". *Publicações Médicas*. São Paulo, jun.-jul. 1938.

As negras

As negras
Eu não amo a negra,
A negra me ama,
Eu corro da negra,
A negra me chama.
Olhar de negra
É olhar de gralha,
Arretira negra
Não me atrapalha.
Trabalha muito,
O lucro é pouco,
Cabelo é curto
E não dá coco.
As negras juntam
Para ir na festa,
Amarram cabelo,
Repucham a testa.
Amarram cabelo
Maciam lã,
Cabelo de negra
É quebra de pente.
Amarra o cabelo
E anela o cacho,
Fica parecido
Macaco macho.

Poemas da Negra

III

Você é tão suave, Vossos
lábios suaves Vagam no meu
rosto, Fecham meu olhar.

Sol-posto.

É a escureza suave
Que vem de você,
Que se dissolve em mim.

Que sono...
Eu imaginava
Duros vossos lábios, Mas
você me ensina
A volta ao bem.

A representação hiperbolicamente grosseira do primeiro texto contrapõe-se à exaltação embelezadora do segundo. Neste, a imagem e o sentido, reforçados na sonoridade, a aliteração nas palavras em "s" em todo o poema, realçam a leveza, como em: "Você é tão suave,

Vossos lábios suaves/ vagam no meu rosto/ Fecham meu olhar.// Sol-posto" (v. 1-5). Em "As negras", contrariamente, a aliteração no "r", repetida em 20 dos 23 versos, marca a aspereza do texto: "Olhar de negra/ É olhar de gralha/" (v. 5-6).

No poema de Mário, a escuridão é bela, cósmica, une-se ao sujeito lírico: "É a escureza suave/ Que vem de você,/ Que se dissolve em mim." (v. 6-8); no cancioneiro, a negra é expulsa como um empecilho grotesco: "Arretira negra/ Não me atrapalha." (v. 7-8). As imagens do corpo, ou melhor, das partes do corpo feminino negro, permitem mais comparações entre os textos. No cancioneiro, por exemplo: o cabelo da negra é "quebra de pente", reiterando o estereótipo do cabelo "duro", oposto à brandura que se desejaria no amor; no poema modernista, a mulher é descrita por meio de qualificativos que expressam delicadeza ("Você é tão suave/ Vossos lábios suaves"). Curiosamente, como os cabelos na voz do cancioneiro, o sujeito lírico qualifica os lábios da Negra "duros", mas neste caso o preconceito revelado supera-se; "Eu imaginava/ Duros vossos lábios/ Mas você me ensina/ A volta ao bem." (v. 10-12).

Acompanha-se ainda, na leitura de Mário do texto do cancioneiro, o *rebaixamento* da negra em uma série de imagens como feiura: "olhar de gralha" e "repuxam o cabelo"; pobreza: "trabalha muito/ ganha pouco", até compará-la grotescamente a um "macaco macho". Já nos versos do poeta Mário de Andrade, mais uma vez, de modo oposto, a negra é *elevada*, seu corpo alcança alturas celestes. Nesse poema, o primeiro beijo dá início à noite; simbolicamente é a Negra, que une o casal na plenitude de um amor cósmico "Sol-posto// É a escureza suave/ que vem de você/ Que se dissolve em mim." (v. 5-8).

A mulher transfigurada na beleza da noite opõe-se à imagem da escuridão como geradora do medo, recorrente na literatura ocidental, associação encontrada pelo etnógrafo em contos infantis portugueses, como mostra a transcrição da nota de trabalho 351, um autógrafo a grafite em folha destacada de bloco de bolso:

MA. MMA. 97. 351
Preto
A história das 3 cidras,/ aceitavelmente mí/tica,
a ~~donzela~~ mo/ça bonita e branca,/ é substituída
da ~~pela~~/ por uma preta (a/ noite, simbolica-
mente) ~~e o~~ com que o rei/ casa apesar de/ preta
e feia./ nº 141 p. XLV e/ p. 108 (As Nozes) e 110/
(3 Cidras)

A indicação leva aos *Contos tradicionais do povo portuguêz*, de 1914, organizados por Theófilo Braga,[147] onde se encontram "As 3 cidras" e "As nozes". Ambas narram a história de uma moça branca, escolhida pelo príncipe para casar, mas que, pouco antes de chegar ao castelo onde se realizaria a cerimônia, é enganada por uma jovem descrita como negra e feiticeira. Esta, movida pela inveja, transforma a pretendida em uma pomba. Ao se encontrar com o príncipe, a negra afirma ser ela a noiva branca, justificando que sua pele fora queimada pelo sol no trajeto até o palácio. O noivo, mesmo achando-a feia e arrependido da escolha, não rompe a promessa. Prestes a se casar, o feitiço é descoberto e quebrado. Como consequência, a branca, bastante desagradada, ordena a morte da rival e, além disso, que a pele da negra seja transformada em tambor e os ossos em uma escada pela qual a verdadeira princesa chegaria diariamente ao jardim.

Mário de Andrade etnógrafo coletou imagens da mulher "preta" e "feia" como símbolo da noite, no sentido assustador da palavra, recorrente em contos infantis, isto é, como o momento a ser evitado porque provoca horror e perigo. A noite adversa, nos versos populares, assim como no conto português, é metáfora da pele negra, porém, nos "Poemas da Negra" revela-se um elemento de beleza

147. Braga, Theóphilo (org.). *Contos tradicionais do povo portuguez*. Lisboa: J.A. Rodrigues & C., 1914.

transcendental, como se lê no poema 'XI" — "É como o negrume da noite/ Quando a estrela Vênus/ Vence o véu da tarde/ E brilha enfim." Relembro ainda o Cabo Machado, do *Losango cáqui*, ele "É como se a madrugada andasse na minha frente" (v. 4).

Ainda que não tenham marcas textuais que certifiquem a ligação entre as notas de trabalho "Mulher de cor", no manuscrito *Preto*, e os "Poemas da Negra", a relação aqui estabelecida elucida o trabalho do etnógrafo crítico do *status quo*, criação do poeta transgressor de tópicas poéticas e o rompimento dele com a poesia do senhor de engenho.

Outras musas: Maria e Amiga, imagens poéticas de sofrimento e de gozo amorosos

Às vésperas da publicação de *Remate de males*, em carta de 15 de julho de 1930, Mário de Andrade escreve a Manuel Bandeira:

> Agora estou organizando o *Remate de Males* pra imprimir. Este livro me assusta, palavra. Tem de tudo e é a maior mixórdia de técnicas, tendências e concepções díspares. Mas gosto disso bem. "Eu sou trezentos, sou trezentos e cinquenta" como digo num dos poemas. Terá "Danças", "Tempo da Maria" (alguns só), "Poemas da negra", "Poemas da amiga" e uma série de poesias soltas que ainda não denominei e estou achando dificuldade pra batizar. Há no livro alexandrinos parnasianos, decassílabos românticos, simultaneidade, surrealismo quase, coisas inteligibilíssimas e poemas absolutamente incompreensíveis. Talvez uma exuberância excessiva. Mas é que pretendo me livrar da poesia para todo o sempre.[148]

Mário de Andrade, consolidado como escritor modernista, lança em 1930 seu quarto livro de poemas, uma coletânea de versos escri-

148. Moraes, Marcos Antonio de (org.), op. cit., p. 452.

tos de 1924 até o ano da publicação. O título *Remate de males* sugere um acerto de contas do poeta consigo mesmo. Em "Eu sou trezentos", por exemplo, o sujeito lírico brada o tom multifário de sua obra e, nas "Danças", coreografa o gesto de desprezo pela opinião alheia: "Tu só conheces a dança do ventre/ a dança do ombro é muito melhor!" (v. 201-202).[149] Nessa nova fase, servindo-se de diferentes temas — político, familiar, amoroso —, não pretende que a sua poesia agrade ao público.

O amor como tema, em distintas experiências, apresenta-se em *Remate de males* em três conjuntos que, unidos, compõem a maior parte do livro. De forma sucinta, em "Tempo da Maria" (1926) infere-se a paixão idealizada e irrealizada; nos "Poemas da Negra" (1929) ocorre o encontro com a exaltação e a plenitude do amor e, por último, nos "Poemas da Amiga" (1929-1930), o poeta revela o desejo realizado no plano erótico/sexual, seguido do sentimento de insatisfação. Vale analisar os conjuntos "Tempo da Maria" e "Poemas da Amiga", na perspectiva do *losango negro*, para captar outras possibilidades do amor na poesia de Mário de Andrade, as quais contribuem para a compreensão dos "Poemas da Negra".

Em "Tempo da Maria", primeiro dos conjuntos, composto de sete poemas,[150] o sujeito lírico encontra-se diante do sentimento não recíproco. Ocorre nos poemas o oposto daquilo que Emil Staiger identifica como o máximo do lírico amoroso, quando o eu poético e a amada amam-se mutuamente e formam "um coração e uma alma". Para o crítico, o amor não correspondido "diz um 'você' que o eu sabe não terá eco".[151] Esta imagem é usada coincidentemente por Mário

149. Em "Reconhecimento de Nêmesis", o poeta também faz a dança dos ombros: "Segunda vez me irritou./ Fui covarde, fui perverso,/ Peguei no tal, lhe ensinei/ A indecente dança-do-ombro." (v. 89-92).
150. Os poemas são: "I- Moda do Corajoso"; "II- Amar sem ser amado, ora pinhões!"; "III- Cantiga do ai"; "IV- Lenda das mulheres de peito chato"; "V- Eco e descorajado"; "VI- Louvação da Tarde" e "VII- Maria".
151. Staiger, Emil. "Estilo lírico: A recordação". In: *Conceitos fundamentais da poética*. Trad. Celeste Aída Galeão. Rio de Janeiro: Edições Tempo Brasileiro, 1997, p. 49.

de Andrade no poema "Eco e descorajado", com a personificação do "eco"[152] como resposta negativa da amada:

Pois então, eco bondoso,
Você que sabe a razão
Porque deixando o tumulto
De Pauliceia, aqui vim:
Eco, responda bem certo,
Maria gosta de mim?...
E o eco me responde: — Não! (v. 8-14)

O eu poético está consciente de que se encontra em um estado amoroso que terá fim, aspecto que indica uma transgressão da tópica amorosa. Maria, ainda que inalcançável, como as musas da tradição, não recebe a promessa de amor eterno, ao contrário, a temporalidade do sentimento é prevista desde o título, no substantivo que no singular referenda a contingência: "Tempo" e não "Poemas da Maria". Refém do momento, resta ao eu poético a resignação, sublimada na criação, na qual o instrumento musical — a viola — transfigura o corpo da mulher:

Que bonita que ela é!... Não
Me esqueço dela um momento!
Porém não dou cinco meses,
Acabarão as fraquezas
E a paixão será arquivada.
Maria será arquivada.
Por enquanto isso é impossível.
O meu corpo encasquetou
De não gostar senão de uma...

---

152. Na mitologia grega, Eco é uma ninfa que falava em demasia e desejava sempre dar a última palavra nas conversas. Certa vez, a deusa Hera descobre que seu marido Zeus a traía com outras ninfas, Eco tenta distraí-la com sua conversa, mas provoca ainda mais a raiva de Hera que a castiga, tornando-a capaz de falar apenas o que os outros dissessem.

Pois, pra não fazer feiura,
Meu espírito sublima
O fogo devorador.
Faz da paixão uma prima,
Faz do desejo um bordão,
E encabulado ponteia
A malvadeza do amor.

Maria, viola de amor!...[153] ("Moda do corajoso"; v. 15-31)

Para a criação de "Tempo da Maria", de acordo com Cristiane Rodrigues de Souza, o poeta faz uso da composição musical das modas de viola.[154] O ritmo trazido pelos portugueses colonizadores era sobretudo executado no instrumento que acompanhava os cantos dedicados às mulheres da terra distante, aspecto observado por Mário de Andrade etnógrafo em "O sequestro da dona ausente". Acrescento que, diferentemente da experiência amorosa com a Amiga e com a Negra, de certa forma, Maria é também uma "dona ausente", pois com ela a relação física também não se consuma — "Isto, em bom português, é amor platônico..." ("Louvação da Tarde"; v. 82).

Antonio Candido, ao estudar "Louvação da Tarde", aproxima o modernista brasileiro da poesia romântica inglesa, principalmente no que tange à temática "louvação" na literatura ocidental. Para o crítico, Mário de Andrade bebe nas fontes do romantismo para propor uma nova poesia: "Não se trata de recuo ou de apostasia, e sim de uma demonstração de validade do modernismo por meio de seu entroncamento na tradição."[155] Antonio Candido observa que, pela

153. Andrade, Mário de. "Moda do corajoso". In: "Remate de males". In: *Poesias completas*, op. cit., v. 1, pp. 315-16.
154. Souza, Cristiane Rodrigues de. *Remate de males: A música de poemas amorosos de Mário de Andrade*. Tese de doutorado. Orientador: Alcides Celso de Oliveira Villaça. FFLCH-USP, 2009, p. 16.
155. Candido, Antonio. "O poeta itinerante". In: *O discurso e a cidade*, op. cit., p. 234.

primeira vez na literatura, o passeio bucólico, tão caro aos românticos e repetido pelo modernista, é realizado em um automóvel. Mário de Andrade, contudo, não faz apologia da velocidade, como um Marinetti, porque, ainda que insira elementos de sua época, neste caso, a máquina, ela não se sobressai à natureza.

Como crítico literário, Mário de Andrade interessa-se pela poesia romântica brasileira; nela investiga o amor vinculado ao medo da relação amorosa.[156] Conclui que houve, da parte dos poetas, uma repulsa generalizada ao sexo; assustados, eles fugiam ante à possibilidade do encontro carnal. Em "Tempo da Maria", ironiza o lirismo romântico no título "Amar sem ser amado, ora pinhões!" que parodia "Amar e ser amado"[157] do poema de Castro Alves.

Assim como os poetas brasileiros do século XIX, o sujeito lírico de "Tempo da Maria" não se realiza, mas, no seu caso, não seria pelo medo do sexo, e sim, segundo a leitura do presente estudo, porque há uma barreira social entre o sujeito lírico e Maria: mulher casada, rica e branca. Desiludido, ele busca inutilmente algum conforto:

> Poeta sossegue, ela é casada...
> Pois sim. Pensemos em outra coisa.
> No que será?... Negro de suéter,
> Que engraçado! ... mas... que tristeza!
> Esta vida não vale nada!...
> Vou cantar a Louvação do Éter![158]
> ("Amar, sem ser amado, ora pinhões!", v. 98-103)

---

156. Andrade, Mário de. "Amor e medo". In: *Aspectos da literatura brasileira*. Belo Horizonte: Itatiaia, 2002, pp. 221; 251.
157. MA estudou com afinco os poetas românticos. Em sua biblioteca se encontra, por exemplo, o exemplar, com muitas anotações do leitor de: Alves, Castro. *Obras Completas*. Compilação de Afrânio Peixoto. Rio de Janeiro: Livraria Francisco Alves, 1921, v.1 e 2.
158. Andrade, Mário de. "Amar sem ser amado, ora pinhões!". In: "Remate de males". In: *Poesias completas,* op. cit., v. 1, p. 320.

Estes versos remetem, de certa forma, ao poema "XV" de *Losango cáqui*, comentado anteriormente, em que o soldado/poeta, ao encontrar a amada, descreve a ela o pelotão:

Abro tua porta inda todo úmido do orvalho da manhã.
Estávamos tão bonitos hoje...
Os filhos dos fazendeiros
Os filhos dos italianos...
Tinha também alguns com a pele morena por demais
Como deve ser ridículo um negro passeando em Versalhes!

Detestável Paris![159] (v. 1-7)

Em *Losango cáqui*, o sujeito lírico vê no ambiente externo, por ele invectivado —"Detestável Paris!" —, a razão do preconceito que impossibilita o ser humano ser visto igualmente. O "negro de suéter", no poema "Tempo da Maria", reafirma a crítica contra a sociedade que se deseja branca/europeia.

Em "Amar sem ser amado, ora pinhões!", duas vozes do mesmo eu poético dialogam e planejam uma forma de fugir do sofrimento. A saída é olhar para o negro de suéter, isto é, distrair-se. Mas ao buscar o escape, encontram o paradoxo engraçado/triste que conduz a uma cena grotesca relacionada à origem racial. O platônico amante depara-se com o conflito em si mesmo. A pista para essa interpretação advém da multiplicidade do poeta, reafirmada em "Louvação da tarde" —"Não sou eu, sou eus em farranchos" (v. 26). O negro de suéter, falsamente externo, é uma construção hiperbólica do sujeito poético negro do *losango negro* que aparece "atenuado" em outros poemas, como nas expressões "mão morena" e "bardo mestiço". "Tempo da Maria" e "Reconhecimento de Nêmesis" são escritos no mesmo ano, 1926; no primeiro, os versos tratam do amor irrealizável

159. Idem. "XV". In: "Losango cáqui". In: *Poesias completas*, v. 1, op.cit., p. 155.

por uma mulher rica e branca; no segundo, o sujeito lírico indispõe-se com os homens "donos da vida".[160] Em ambos, encontra-se um mesmo recurso, qual seja, a projeção da cor do sujeito lírico em outro, isto é, no menino moreno de "Reconhecimento de Nêmesis" e, nesse caso, no negro de suéter: que são todos ele mesmo. Dessa forma, a partir de um modelo de defesa primário, ainda que seja um recurso saudável do ego, o sujeito projeta, em uma outra pessoa ou em um objeto, desejos e repulsas que não consegue deslindar em si mesmo.[161]

Adélia Bezerra de Menezes, ao discutir o trabalho do crítico literário pautado em elementos psicanalíticos, retoma a questão axial do fazer hermenêutico ancorada nas reflexões de Leo Spitzer: "Pode-se definir a alma de um determinado escritor através de sua linguagem particular? É a alma de sua época". A autora concorda com o estudioso vienense para o qual a literatura é o documento mais revelador da alma de um povo.[162] Na passagem do poema de Mário de Andrade é possível reconhecer, na projeção do negro de suéter, um sentimento de inferioridade de um sujeito lírico negro provocado pelo racismo no Brasil; o poeta transfigura na arte uma tônica dos negros brasileiros de sua época: a barreira social que separa brancos e negros de forma dissimulada.

Em *Veneno remédio: O futebol e o Brasil*, José Miguel Wisnik escolhe como fio condutor, para sua análise sobre a sociedade brasileira, o mais popular dos esportes do país e circunda o estudo com personalidades, também da literatura, como Machado de Assis. Um dos aspec-

160. Expressão usada por MA para se referir àqueles que mantém o poder na sociedade. Andrade, Mário de. "1944-Acusa Mário de Andrade: 'Todos são responsáveis!". In: Lopez, Telê Ancona (org.). *Entrevistas e depoimentos: Mário de Andrade.* São Paulo: T.A. Queiroz, 1983, p. 108.
161. Roudinesco, Elisabeth; Plon, Michel. *Dicionário de psicanálise*. Trad. Vera Ribeiro e Lucy Magalhães. Rio de Janeiro: Zahar, 1997, p. 603.
162. Meneses, Adélia Bezerra de. "Sob o signo de Hermes". In: Passos, Cleusa Rios P.; Rosebaum, Yudith (orgs.). *Interpretações: Crítica literária e psicanálise*. São Paulo: Ateliê, 2014, p. 32.

tos abordados na obra retrata a herança do escravismo que resultou em uma representação funesta e disfarçada, em que "o mulato é o não rejeitado e o não admitido que guarda o segredo inconfessável do todo";[163] ao negro que se disfarça cabe-lhe um lugar restrito, limitado pelos brancos, mas não por eles verbalizado.

O espaço, destinado àqueles com a pele menos escura e, por isso, passíveis de serem disfarçados, é fruto dessa "herança" exemplificada, por Wisnik, na história de dois jogadores de futebol, Friedenreich e Manteiga, ambos contemporâneos de Mário de Andrade, a qual vale ser retomada. O primeiro, contratado por um grande time paulistano, tem a cor da pele que lhe permite disfarçar-se em "não mulato — esticando o cabelo e usando gorros, ou cobrindo a pele com pó de arroz";[164] o segundo, negro retinto, foi também admitido, mas em seguida rejeitado "a partir da recusa de seus próprios companheiros do time".[165] Infere-se que o negro de pele mais escura é automaticamente excluído, como Manteiga; o outro, na condição de negar e disfarçar seus traços, não é expurgado, como no caso de Friedenreich, o que não lhe garante, contudo, uma completa aceitação dos brancos, nem de si mesmo.

É possível comparar o sujeito lírico de "Tempo da Maria" com Friedenreich;[166] ambos ocupam um lugar *sui generis* em uma elite majorita-

163. Esta ideia é retomada em outros momentos do livro, cito uma das passagens. Wisnik, José Miguel. *Veneno remédio: O futebol e o Brasil.* São Paulo: Companhia das Letras, 2008, p. 198.
164. Ibidem, p. 198.
165. Ibidem.
166. Wisnik aproxima Friedenreich com os versos "Garoa do meu São Paulo": "Nas partidas anuais comemorativas do 13 de maio disputadas no final dos anos 20 entre seleções de jogadores pretos e brancos de São Paulo, Friedenreich jogava sempre no time dos brancos, pelo qual várias vezes fora capitão. Em 1929, no entanto, jogou num time de negros de São Paulo em um amistoso contra um combinado carioca. Ugo Giorgetti observou a mesma ambivalência de mulato filho de alemão no zagueiro do Bauer, do São Paulo e da seleção de 1950, ao qual aplica com precisão os versos de Mário de Andrade, que tam-

riamente formada por brancos, isto é, fazem parte dela, na condição de se manterem disfarçados. Mas o eu poético, ao aproximar-se amorosamente da mulher branca, torna-se um negro como Manteiga, explicitamente negado. A situação gera um conflito na representação de si mesmo, a ponto de lhe ser necessário projetar-se na imagem de um outro.

O *narciso às avessas*, discutido no capítulo anterior, que não suporta encarar-se no espelho, imagina que seu reflexo seja um outro, algo externo que explicaria a não consumação do amor, ou seja, ainda que o negro faça uso de elementos da elite — veste-se com traje cujo nome remete a uma elegância, nos moldes ocidentais, marcada pelos ingleses, de onde vem o termo *sweater* — ele continua visto socialmente como inferior ao branco. Nos anos de 1930, conforme analisa Lilia Moritz Schwarcz, o mestiço torna-se ícone nacional, simbolizando a identidade miscigenada brasileira, mas em um tipo de redenção "que não se concretiza no cotidiano: a valorização é acima de tudo uma retórica que não encontra contrapartida fácil na valorização das populações mestiças e negras, que continuam a ser discriminadas nas esferas da justiça, do direito, do trabalho e até do lazer".[167] No artigo "Linha de cor" de 1939, Mário de Andrade etnógrafo reconhece o racismo no Brasil *avant la lettre*:

> Ao correr das minhas leituras e aventuras o problema do preconceito de cor, no Brasil, foi um dos que me interessou muito, e sobre ele reuni farta documentação. Não quis, como em geral se tem feito sobre o assunto, observar apenas a superfície. Não há dúvida que por esta superfície poder-se-ia concluir que negros e brancos vivem entre nós naquela paz diluvial em que a corça tigre viveram na arca de Noé e na "Queimada"

bém serviriam para Friedenreich: "Garoa do meu São Paulo/ Timbre triste de martírios/ Um negro vem vindo, é branco!/ Só bem perto fica negro/ Passa e torna a ficar branco".

167. Schwarcz, Lilia Moritz. *Nem preto nem branco, muito pelo contrário*: *Cor e raça na sociabilidade brasileira*. São Paulo: Claro Enigma, 2012, p. 28.

> de Castro Alves. Os ecos ainda tradicionais da campanha abolicionista, a consequente libertação dos escravos, [...] seriam provas concludentes de que no Brasil não existe linha de cor. Mas se formos auscultar a pulsação mais íntima da nossa vida social e familiar, encontraremos entre nós uma linha de cor bastante nítida, embora o preconceito não atinja nunca, entre nós, as vilanias sociais que pratica nas terras de influência inglesa. Mas, sem essa vilania, me parece indiscutível que o branco no Brasil concebe o negro como um ser inferior.[168]

Em "Tempo da Maria", entre as mulheres nos três conjuntos de *Remate de males,* Maria é a única descrita como branca: "ela é quieta e clara, ela é rosicler" ("Cantiga do ai"; v. 15). Segundo Frantz Fanon, em sua análise dos conflitos do homem martinicano na França, o negro, diante do afeto amoroso com uma branca, encontra na relação a possibilidade de ser recebido como branco em uma cultura em que ele não consegue se (re)conhecer como negro. A busca da superação de um estado anteriormente insatisfatório, e não resolvido, gera, ainda que a branca compartilhe o estado amoroso, o que Fanon chama de "La névrose d'abandon" [neurose do abandono]. Resumidamente, o homem, vítima de frustações que o acompanharam desde a infância, vivida em um ambiente hostil ao negro, não se permite vivenciar com a branca um relacionamento que possa recompensar seu passado. O estudo de Fanon indica que a experiência amorosa com uma branca pode significar, para o negro, o acesso parcial a uma cultura, o que representa para ele uma humilhação.[169] De fato, como vimos em "Tempo da Maria", o sujeito lírico mais do que sofrer pelo amor não correspondido, toma-se como "ridículo" por não se encaixar no modelo branco/europeu, desejado pela elite brasileira.

---

168. Andrade, Mário de. "Linha de cor". *O Estado de S. Paulo*. São Paulo, 29 de março de 1939.
169. Fanon, Frantz. "L'homme de couler et la blanche". *Peau noire masques blanches*. Paris: Éditions du Seuil, 1952, pp. 59-60.

Partindo para os "Poemas da Amiga", nesse conjunto, o amor surge sem sofrimento e não idealizado, aspectos que podem ser vistos como mais uma transgressão da tópica amorosa. Além disso, a descrição da mulher não se assemelha a um modelo tradicional da musa branca e pura:

> Vossos olhos são um mate costumeiro.
> Vossas mãos são conselhos que é indiferente seguir.
> Gosto da vossa boca donde saem as palavras isoladas
> Que jamais não ouvi.
> Porém o que eu adoro sobretudo é vosso corpo
> Que desnorteia a vida e poupa as restrições. ("X", v. 1-6)

Trata-se aqui de um amor erótico/sexual e realizado. Os olhos castanhos da mulher, "mate costumeiro", sem enigma, assim como as mãos benfazejas e o mistério das palavras não cativam o poeta que não visa ultrapassar a experiência sexual; ela lhe é puro erotismo. Nos "Poemas da Amiga", é possível dizer que existe a progressão no desejo "Se acaso a gente se beijasse uma só vez.../ [...] Sei que era um riacho e duas horas de sede,/ Me debrucei, não bebi." ("II"; v. 1, 4-5), até a realização do sexo, sugerida no poema "III":

> Agora é abril, ôh minha doce amiga
> Te reclinaste sobre mim, como a verdade,
> Fui virar, fundeei o rosto no teu corpo.
>
> Nos dominamos pondo tudo no lugar.
> O céu voltou a ser por sobre a terra,
> As laranjeiras ergueram-se todas de-pé
> E nelas fizemos cantar o primeiro sabiá.
>
> Mas a paisagem foi-se embora
> Batendo a porta, escandalizadíssima.

Ainda que tenha o desejo sexual realizado, instala-se imediatamente no sujeito lírico a insatisfação. Após os versos que transfiguram o encontro íntimo do casal, o poema seguinte inicia-se com o lamento: "Ôh! Trágico fulgor das incompatibilidades humanas!/ Que tara divina pesa em nosso corpo vitorioso/ Não permitindo que jamais a plenitude satisfeita/ Descanse em nosso lar como alguém que chegou!..." ("IV"; v. 1-4). E ao orgasmo sucede a possibilidade de outra experiência amorosa: "Um pensamento se dissolve em mel e à porta/ Do meu coração há sempre um mendigo moço esmolando..." (v. 13-14).

Maria Rita Kehl explica que, entre as aspirações de satisfação total ou parcial das pulsões que a vida permite, há uma parte excessiva de energia que o indivíduo não descarrega, "um excedente de excitação que não se aquieta porque não encontra o que o satisfaça plenamente",[170] conteúdo que, para a psicanálise, poderá ser reprimido ou sublimado pelo indivíduo. No poema, ainda que não alcance a plenitude do encontro amoroso, a companhia dessa mulher para o sujeito lírico é agradável e ele alcança a sublimação: "Gosto de estar ao seu lado/ Sem brilho" ("VIII", v.1-2); "Eu tenho liberdade em ti./ Anoiteço feito um bairro/ Sem brilho algum" (v. 6-8).[171] Adianto que nos "Poemas da Negra", o sujeito lírico, ao tocar na pele da mulher, torna-se ele mesmo um "brilho", alcança uma satisfação plena.

O termo "amiga" remete a seu sinônimo "amante", consignado no dicionário e na voz popular na época do escritor. Sendo essa "Amiga" talvez casada, esconde a interdição determinada por uma regra social. Consequentemente, o ocultamento da relação recorre a um espaço de utopia:

---

170. Kehl, Maria Rita. "A psicanálise e o domínio das paixões". In: *Os sentidos da paixão*. Organização Sergio Cardoso et al. São Paulo: Companhia das Letras, 1997, p. 480.

171. Nos "Poemas da Negra" o "brilho" é acentuado no poema "VI": "É como o negrume da noite/ Quando a estrela Vênus/ Vence o véu da tarde/ E brilha enfim." (v. 5-8). E "Minha mão relumeia/ cada vez mais sobre você." (v. 11-12).

Contam que lá no fundo do Grão Chaco
Mora o morubixaba chiriguano Caiuari,
Nas terras dele nenhum branco não entrou.
São planos férteis que passam a noite dormindo
Na beira dum lagoão calmo de garças.
Enorme gado pasta ali, o milho plumeja nos cerros,
E os homens são todos bons lá onde o branco não entrou.

Nós iremos parar nesses desertos...
Viajando através de fadiga e miséria,
Os dias ferozes nós descansaremos abraçados,
Mas pelas noites suaves nossos passos nos levarão até lá.
E ao vivermos nas terras do morubixaba Caiuari,
Tudo será em comum, trabucaremos como os outros e por todos,
Não haverá hora marcada para comer nem pra dormir,
Passaremos as noites em dança, e na véspera das grandes bebedeiras
Nos pintaremos ricamente a riscos de urucum e picumã.
Pouco a pouco olvidaremos as palavras de roubo, de insulto e mentira,
[...]
Ôh, doce amiga, é certo que seríamos felizes
Na ausência desse calamitoso Brasil!... ("V"; v.1-17; 20-21)

Adna Candido de Paula, em seu estudo sobre alteridade na poesia mariodeandradiana, afirma que esses versos marcam uma "visão mítica do paraíso" onde não existe o bem e o mal. O pronome "nós" não contempla apenas o poeta e sua "Amiga", há um desejo de comunhão que abarca todos os homens: "O seu desejo amplo, é do espaço [idílico] para todos".[172] Essa dimensão marca também uma outra

---

172. Paula, Adna Candido de. *Poesia e alteridade*: *A outra margem marioandradina*. Tese de doutorado. Orientadora: Profª Suzi Frankl Sperber. IEL-UNICAMP, 2005, p. 173.

diferença entre este conjunto e os "Poemas da Negra", pois nestes o sujeito lírico constrói um espaço *restrito* ao casal. Outro aspecto que diferencia a Amiga de Maria e da Negra é o fato de que a primeira é aquela a quem não cabe referência à cor da pele.

Ao anunciar a temporalidade do amor por Maria, realizar o encontro erótico com a Amiga e eleger como musa maior a Negra, Mário de Andrade rompe com a tradição poética amorosa que conhece bem, como mostra sua biblioteca. Ou seja, o poeta não repete os ícones das musas ocidentais, amadas brancas, intocáveis e eternas como Laura, de Petrarca, e Beatriz, de Dante Alighieri. Sublinho que o desdém do modernista por esse modelo europeu anunciara-se em *Clã do jabuti*:

> Meu Deus como ela era branca!...
> Como era parecida com a neve...
> Porém não sei como é a neve,
> Eu nunca vi a neve,
> Eu não gosto da neve!
> E eu não gostava dela...[173]
> ("Lembranças do Losango cáqui")

Ainda em *Clã do jabuti,* em "Sambinha", o sujeito lírico, ao passear pelo Centro de São Paulo, é atraído pela visão de duas jovens que andam na rua das Palmeiras — localizada no bairro de Santa Cecília, próxima à Barra Funda, onde o escritor morava à rua Lopes Chaves. As moças mestiças figuram como metonímia da beleza da mulher brasileira:

173. "Lembranças do Losango Cáqui". In: "Clã do jabuti". In: *Poesias completas*, op. cit., v. 1, p. 232.

Fiquei querendo bem aquelas duas costureirinhas...
Fizeram-me peito batendo
Tão bonitas, tão modernas, tão brasileiras!
Isto é...
Uma era ítalo-brasileira.
Outra era áfrico-brasileira.
Uma era branca.
Outra era preta. (v. 18-25)

Em todo o poema, ambas são tomadas de forma igual, andam de braços dados e quase todos os adjetivos estão no plural; anuncia-se a diferença entre elas nos termos "ítalo" e "áfrico" para alcançar a antítese: "Uma era branca,/ Outra era preta". Infere-se que as duas moças, com tons contrastantes de pele, único motivo que as diferencia, são igualmente bonitas.

Vale ressaltar que Mário de Andrade, em "Sambinha", assim como nos "Poemas da Negra", não adota o termo "mulata", comumente escolhido pelos escritores para elogiar a beleza da mulher afro-brasileira. Ao escolher os termos "áfrico-brasileira", "Preta" e "Negra", e exaltá-los, o escritor não deixa dúvida em relação à tez da mulher.[174]

O amor nos versos de Mário de Andrade é livre de estereótipos, o poeta encontra em diferentes brasileiras a possibilidade do afeto: Laura Moura,[175] Negra, Maria e Amiga — nesta não há referência à cor da pele — são algumas das mulheres que compõem a galeria de amor do poeta.

---

174. Uma das referências mais antigas da literatura escrita, em que se identifica uma provável referência à mulher negra, está na passagem bíblica "Cântico de Salomão". Mas, segundo Gregory Rabassa, não se pode ter certeza justamente porque no verso "trigueira, mas formosa, ó filhas de Jerusalém", "trigueira" faz referência à pele escura, mas não necessariamente negra. Rabassa, Gregory, op. cit., p. 37.
175. Cf. "Melodia moura", de 1928.

A musa de azeviche: O amor como completude

> Así, el amor es simultánea revelácion del ser y de la nada. No una revelación pasiva, algo que se hace y deshace ante nuestros ojos, como una representatión teatral, sino algo en lo que nosostros participamos, algo que nosotros nos hacemos: el amor es creación del ser.[176]
> — OCTAVIO PAZ. "La revelación poética"

Como foi apontado por Gilda de Melo e Souza,[177] em dezembro de 1930, Manuel Bandeira, ao ter recebido *Remate de males*, declara seu entusiasmo pela obra, mas afirma: "Ainda não sei gostar dos 'Poemas da Negra', embora nada haja ali que me desgoste."[178] Alguns dias depois, Mário de Andrade responde ao amigo

> Mas talvez haja no poema sobretudo pela falta de exotismo com que valorizei, humanizei uma negra fazendo-a sair das facilidades da concepção baudelaireana, talvez haja uma naturalidade nova que você, irredutível pessoal, inda não concedeu aos poemas.[179]

O poeta está consciente de que em seus versos há uma imagem poética nova e, por isso, de difícil compreensão, até mesmo para um poeta modernista, como Manuel Bandeira, que rompe com outros paradigmas literários. Vale lembrar que no mesmo ano dessa conversa epistolar, o poeta recifense publicara *Libertinagem*, com

---

176. "Assim, o amor é simultaneamente revelação do ser e do nada. Não uma revelação passiva, algo que se faz e desfaz diante de nossos olhos, como uma representação teatral, mas algo do qual participamos, algo que nós mesmos fazemos: o amor é criação do ser" [tradução minha].
177. Souza, Gilda de Mello, op. cit., pp. 27-36.
178. Moraes, Marcos Antonio de (org.), op. cit., p. 475.
179. Ibidem, p. 476.

inovação de forma e conteúdo. Versos livres poetizam criticamente o cotidiano brasileiro; por outro lado, "Irene no céu" pouco subverte a imagem da negra, em versos que mantêm a tradição da *poesia do senhor do engenho*, visto que o poema figura Irene como submissa, ou seja, mesmo depois de morta, continua a pedir licença e somente no céu tem autorização para não mais se escusar.[180] Mário, contrariamente, dá à negra um lugar inesperado na poesia brasileira ao elegê-la musa; na mesma carta a Bandeira, provoca: "Você não chegar até os meus 'Poemas Da Negra', ara... Confesso que isso me dói, muito embora só possa me admirar da franqueza de alma com que você ou eu erramos na apreciação possível desses poemas." E conclui: "Essas coisas se dão mesmo, uma incapacidade, que tanto no caso pode ser de você como minha, de atingir a verdade de uma coisa, que é estranha a nós."[181]

Sigmund Freud, no ensaio "O estranho", discorre sobre uma atmosfera estranho-familiar, presente em textos literários. Ao tratar de um elemento psíquico, assustador, que remete a um lugar muito conhecido e longamente familiar, o "estranho" pode ser desvelado como algo reprimido que retorna ao consciente.[182] Liv Sovik, servindo-se dos estudos de Miriam Chnaiderman, faz uma aproximação desse conceito freudiano em seu estudo sobre branquitude no Brasil; ambas lançam mão dessa ideia para uma interpretação da psicologia do racismo brasileiro. Pensam que a reação provocada pelo estranho

---

180. "Irene no céu// Irene preta/ Irene boa/ Irene sempre de bom humor// Imagino Irene entrando no céu:/ — Licença, meu branco!/ E São Pedro bonachão:/ — Entra, Irene. Você não precisa pedir licença." Bandeira, Manuel. *Libertinagem & Estrela da manhã*. Rio de Janeiro: Nova Fronteira, 2009, p. 63.
181. Moraes, Marcos Antonio de (org.), op. cit., p. 476.
182. Freud, Sigmund. "O estranho". In: *Edição standard brasileira das obras psicológicas de Sigmund Freud*. Trad. e notas Jayme Stranchey. Rio de Janeiro: Imago, 1969, v. XVII, pp. 275-315.

familiar deve ser "compreendida como intolerância de uma semelhança excessiva, de uma humanidade comum".[183]

Desse modo, a relutância de Bandeira pode ser interpretada como uma reação coletiva, do brasileiro, conforme indicação do próprio Mário de Andrade ao afirmar "algo estranho a nós" [grifo meu], em outras palavras, ao não "chegar" aos poemas, isto é, o estranhamento traduz, inconscientemente, a recusa de retirar a negra do ambiente em que se está acostumado a vê-la e de pensá-la em um outro espaço social.

Marcos Antonio de Moraes, ao organizar a correspondência, intuiu que para outro leitor/correspondente, Prudente de Moraes, neto, ainda que de forma menos relutante, a tomada de sentido dos poemas veio de forma obscura e paulatina:

> Impossibilitado de "escrever inteligentemente", analisando os "Poemas da Negra", Prudente permanece no âmbito da empatia, "da adesão poética, não racional, adesão de sensibilidade, adesão emotiva". Tenta ir além: "Manu não sente esses versos. Eu sinto (ou creio que sinto). Me parecem eles poéticos como os mais sejam na sua obra [...]. Os poemas prestam-se muito pouco à imitação. Pertencem à corrente de poesia mais pessoal, mais subjetiva [...]. Estes poemas são muito fechados; se não são totalmente herméticos e inacessíveis, ao menos se entregam dificilmente."[184]

No nível estético, evidentemente, os poemas são admirados, mas o que provocaria a incapacidade imediata desses leitores de adesão completa aos versos, senão uma resistência relacionada à lírica amorosa brasileira acerca do uso e recepção do termo "negra" como a amada de um poeta? Ainda que não tenha aderido prontamente aos poemas, mais tarde Bandeira afirma:

---

183. Sovik, Liv. *Aqui ninguém é branco*. Rio de Janeiro: Aeroplano, 2010, p. 47.
184. Cf. nota 78: Moraes, Marcos Antonio de (org.), op. cit., p. 477.

A esperança de Mário cedo se realizou: Os "Poemas da negra" acabaram insinuando-se no meu espírito e no meu coração, e eu mesmo não podia compreender, no fim de algum tempo, como não havia gostado à primeira vista! Hoje considero-os mesmo, com os "Poemas da amiga", das melhores coisas de Mário na lírica. São realmente, como diz aqui [na carta], "poemas azuis", de uma serenidade deliciosa.[185]

Observa-se, no entanto, uma reação diferente, uma adesão imediata aos "Poemas da Negra" vinda de Cícero Dias, a quem é dedicado o conjunto. Mário de Andrade passara o carnaval de 1929 com ele e o poeta Ascenso Ferreira na capital de Pernambuco, no final da segunda viagem etnográfica do Turista Aprendiz. Voltando o amigo a São Paulo, o pintor envia-lhe carta[186] cujo texto funde-se à expressão plástica.

---

185. Ibidem, nota 76, p. 477.

186. Transcrição: "Mário,/ você não calcula como fiquei contente com os Poemas da negra/ Te vejo coberta de estrelas,/ Coberta de estrelas, / Meu amor!//Tua calma agrava o silêncio dos mangues// Eu lhe escrevi mas pela falta de resposta vejo que ela tomou outro rumo/ Eu gostei como diabo do seu livro/ Eu achei ótimo,/ Na zona da mata o canavial novo/ É um descanso verde que faz bem;/ Você quando aparece aqui no Rio?/ Venha sentir um pouquinho do calor que está de dar delírios./ Eu tenho trabalhado bastante/ Noutro dia fiz um desenho se você visse havia de gostar bastante./ As bananas voaram e jogaram as cascas nas faces do meu amor./ Como vai o nosso amigo Prestes?/ Ontem vi no *Illustração Musical* uma crônica de S. Paulo... J. A. Ferreira Prestes/ é o nosso poeta doido?/ Você sempre com muito trabalho não é sem ao menos ir matar as minhas saudades/ lá no Heidelberg./ No meio daquela choupalhada gostosa./ E de política nós ainda teremos outra fuzarca?/ Eu li aquela crônica sobre Murilo Mendes e você errou quando disse que ele/ fechou com alguma chave de ouro o ano de livros e poetas e poesias foi você/ Mário que fechou tudo com os Poemas da Negra./ Você fechou tudo com/ Ôh, brinca, brinca, minha melodia!/ Sabiá da mata que canta a meio dia/ Olha o coco, Sinhá!/ Cícero Dias/ Rio – 1930." Documento na Série Correspondência Mário de Andrade. IEB/USP. Reproduzido In: Batista, Marta Rossetti, et al (org.). *Coleção Mário de Andrade: Artes plásticas.* São Paulo: IEB-USP, 1998, p. 68.

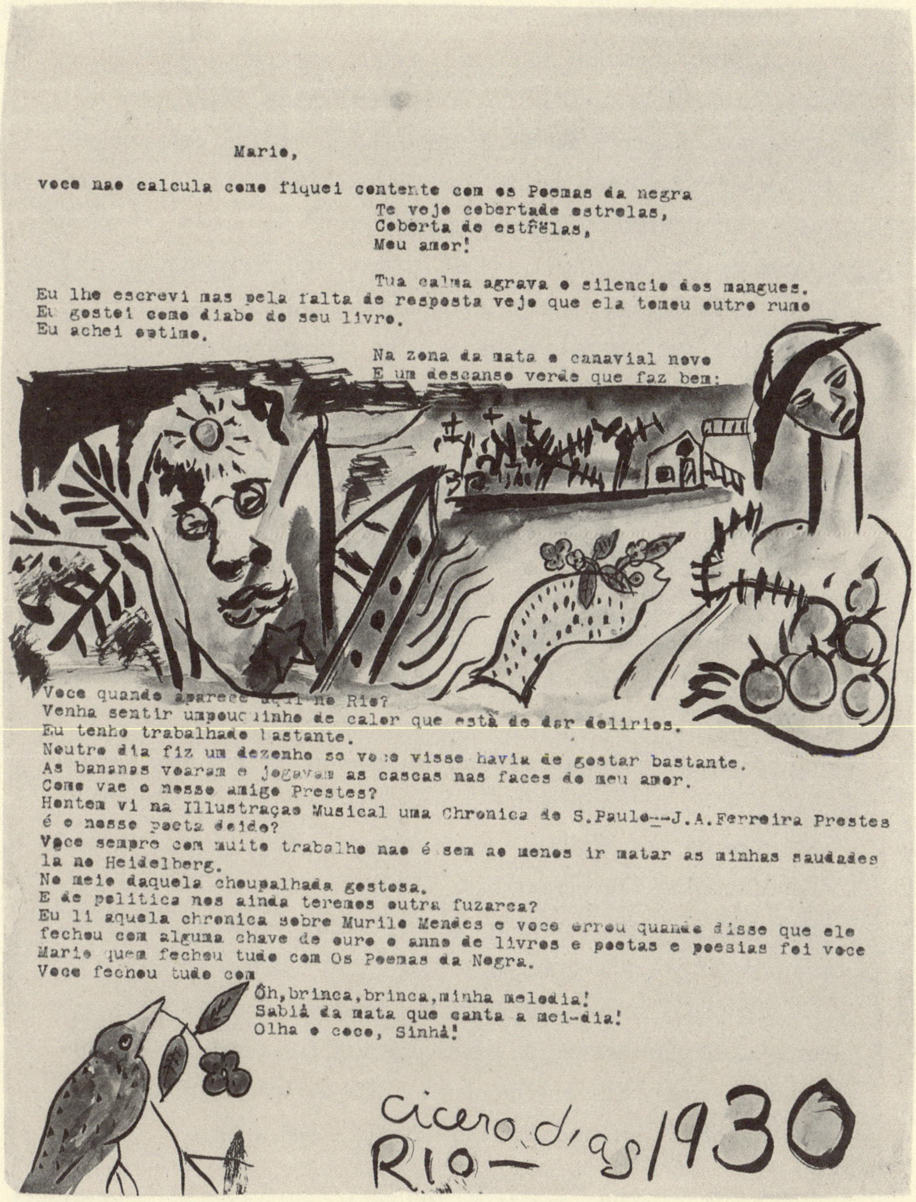

Mario,

voce nao calcula como fiquei contente com os Poemas da negra

Te vejo cobertado estrelas,
Coberta de estrêlas,
Meu amor!

Tua calma agrava o silencio dos mangues.

Eu lhe escrevi mas pela falta de resposta vejo que ela tomou outro rumo
Eu gostei como diabo do seu livro.
Eu achei otimo.

Na zona da mata o canavial novo
E um descanso verde que faz bem:

Voce quando aparece aqui no Rio?
Venha sentir umpoucquinho de calor que está de dar delirios.
Eu tenho trabalhado bastante.
Noutro dia fiz um dezenho se voce visse havia de gostar bastante.
As bananas voaram e jogavam as cascas nas faces do meu amor.
Como vae o nosso amigo Prestes?
Hontem vi na Illustraçao Musical uma Chronica de S.Paulo---J.A.Ferreira Prestes
é o nosso poeta doido?
Voce sempre com muito trabalho nao é sem ao menos ir matar as minhas saudades
la no Heidelberg.
No meio daquela choupalhada gostosa.
E de politica nos ainda teremos outra fuzarca?
Eu li aquela chronica sobre Murilo Mendes e voce errou quando disse que ele
fechou com alguma chave de ouro o anno de livros e poetas e poesias foi voce
Mario quem fechou tudo com Os Poemas da Negra.
Voce fechou tudo com

Ôh,brinca,brinca,minha melodia!
Sabiá da mata que canta a mei-dia!
Olha o coco, Sinhá!

Cicero dias
RIO— 1930

Carta de Cícero Dias a Mário de Andrade (Rio de Janeiro, 1930).

Cícero Dias mescla aos "Poemas da Negra" os versos "Ôh, brinca, brinca, minha melodia!/ Sabiá da mata que canta a meio dia/ Olha o coco, Sinhá!" do texto "XII" dos "Poemas da Amiga". Assim procede, talvez, porque a carta declara a duplicidade de sentido posta no desenho: a imagem une a natureza nordestina à mulher que carrega os cocos que valem como seios multiplicados.

Nos outros desenhos na carta, Cícero Dias recria o mote dos "Poemas da Negra", o amor e a sexualidade em um plano elevado. No retrato, une o poeta e o sujeito lírico, ao expor o queixo grande que caracteriza a face de Mário. Ao figurar a expressão de plenitude, a testa em que o sol se queda e o queixo "coberto" por uma estrela, sugere o início e o fim da narrativa presente nos poemas, isto é, no rosto do homem está o ciclo noturno, o sol retira-se e a noite nasce na parte inferior e escurecida do rosto. Essa cabeça está no mangue, no cais que compõe o cenário do poema, assim como a praia, lugar do encontro, e a cidade à distância, para onde voltará o sujeito lírico — tudo envolvido em tom cinza azulado que remete à noite de luar que "chapeia" o ambiente.

O pássaro — "Os tetéus gritam tanto em meus ouvidos" (Poema "VII", v. 9)— carrega uma flor, provável referência aos versos: "Dir-se-ia que há madressilvas/ No cais antigo.../ Me sinto suavíssimo de madressilvas/ Na beira do rio." (Poema "XII", v. 15-18); flor que, repetida, enfeita até mesmo um peixe. O pintor retrata a metáfora e, como nos versos, a Negra é flor.

Cícero Dias captou o fundamental do poema ao figurar o êxtase amoroso, além de escapar da representação carregada de sexualidade da mulher negra, diferentemente da edição especial de 1976 de *Poemas da Negra*,[187] ilustrada por Emiliano Di Cavalcanti.

187. Andrade, Mário de. *Poemas da Negra*. Desenhos de Emiliano Di Cavalcanti. Rio de Janeiro: Ed. Alumbramento, 1976.

Dois dos nove desenhos de Di Cavalcanti que compõem o conjunto representam apenas a mulher, nos outros sete, o casal; neles a mulher está sempre em primeiro plano, há um destaque para o corpo. Evidentemente, o plano sexual importa nos poemas como forma, inclusive, transgressora, pois o sexo ascende o plano cósmico nesse encontro amoroso entre o homem e a mulher. Os poemas ultrapassam o sexo casual, pois ambos passam por uma transformação semelhante ao que Leo Spitzer define, em ensaio sobre o êxtase amoroso, como o estado de duas almas que sobressaem de seus corpos para fundir-se tão completamente que se tornam uma.[188]

Os "Poemas da Negra" podem ser lidos como uma narrativa lírica que dura uma noite na qual as doze partes têm uma ligação cronológica. A ação do poema parte do único encontro com uma prostituta, pressuposta pelo cenário do poema — o mangue, tradicionalmente espaço da prostituição em cidades portuárias, como Recife. Além disso, os versos "Tua inocência é dura,/ feita de camélias" (Poema "IV", v. 3, 4) fazem provável alusão à cortesã protagonista de *A dama das Camélias* de Alexandre Dumas Filho, de 1848.[189] O poeta brasileiro também serve-se de flores para a construção da imagem de sua amada — "Dir-se-ia que há madressilvas no cais antigo" (Poema "XII", v. 15-16). Ao qualificar a inocência como "feita de camélias", o poeta não apenas aproxima a Negra da prostituta francesa, mas também cria a antítese "inocência dura", rompendo com o senso comum, pois atribui e reconhece a possibilidade de candura em uma mulher estigmatizada pela impureza.

O poeta transgride, ainda, ao lançar mão de um tom elevado no conjunto; pelo discurso alto, retira a mulher da condição de um ofício

---

188. Spitzer, Leo. *Três poemas sobre o êxtase*: *John Donne, San Juan De La Cruz, Richard Wagner*. Trad. Samuel Titan Jr et al. São Paulo: Cosac Naif, 2003, p. 40.
189. A personagem do romance coloca camélias entre os seios para enfeitar-se e também para avisar aos homens se está ou não menstruada, de acordo com a cor das flores.

julgado socialmente como desprezível e a transforma na musa do amor pleno de sua obra poética. Os versos transcendem a realidade dela na comparação e nos adjetivos que a afastam de sua condição: ao enaltecê-la dá-lhe o lugar esperado de amada. Se Beatriz, exemplo das musas da tradição ocidental, branca, casta e eterna, símbolo do amor espiritual, guia o poeta renascentista pelo paraíso cristão, os versos do modernista brasileiro, pela vez deles, subvertem ao não separar o amor espiritual e carnal. A musa negra, metaforizada na noite, leva o poeta às entranhas do Nordeste brasileiro. O primeiro texto de "Poemas da Negra" marca, além do início do encontro, a construção do tom elevado que acompanhará toda a série:

> Não sei por que espírito antigo
> Ficamos assim impossíveis...
>
> A lua chapeia os mangues
> Donde sai um favor de silêncio
> E de maré.
> És uma sombra que apalpo
> Que nem um cortejo de castas rainhas.
>
> Meus olhos vadiam nas lágrimas.
> Te vejo coberta de estrelas,
> Coberta de estrelas,
> Meu amor!
>
> Tua calma agrava o silêncio dos mangues. (Poema "I")

Proponho um esquema de termos ambivalentes na sociedade patriarcal: na coluna da esquerda estão aqueles fora do poema em que se pode inferir a visão diante de uma prostituta; à direita, termos transcritos ou depreendidos do poema:

Prostituta	Amada do poeta
Corpo	Sombra
Toque	Cortejo (olhar)
Vulgar	Rainha
Objeto sexual	"Meu Amor!"
Alvoroço	Calma

A comparação permite dizer que as escolhas do poeta levam à inversão de sentidos e, consequentemente, ao enaltecimento e à valorização da amada. Há ainda outro deslocamento que vale ser destacado: o sujeito lírico, ao tomar pra si o verbo "vadiar", retira da mulher a conotação sexual estereotipada da prostituta; são os olhos dele, mergulhados em comoção, e não ela, que andam de um lado para o outro — "Meus olhos vadiam nas lágrimas" (v. 8).

Os dois primeiros versos do Poema "I", "Não sei porque espírito antigo/ Ficamos assim impossíveis...", anunciam que um acontecimento será revivido, indicado pelas reticências e o único uso, em toda a série, de um tempo verbal no passado: "ficamos". Há, no entanto, uma ambivalência que contribui para a construção do sentido, a forma da terceira pessoa do plural do verbo "ficar" é a mesma no pretérito perfeito e no presente, dessa forma o eu poético carrega, além da lembrança do ocorrido, uma permanência atemporal do encontro amoroso; não apenas se transporta para o passado, como o passado vive nele. A partir dessa primeira estrofe, todos os verbos conjugam-se no presente do indicativo e o leitor acompanha simultaneamente o encontro.

O ciclo inicia-se com uma presença imaterial, de forma análoga a "Reconhecimento de Nêmesis", cujos versos trazem também uma presença sobre-humana, o menino, espectro do sujeito lírico que simboliza ainda um outro, a visita da deusa da justiça e da vingança. Nos "Poemas da Negra", os versos iniciais remetem à presença do supranatural, mas neste caso, o "espírito antigo", lido como tropo de correspondência por metonímia, pode significar o condutor do encontro amoroso. Ele guiará também o leitor para observar o amor; não há cenas proibidas, que devam ser restritas a um lugar fechado, como nos "Poemas da Amiga" — "Mas a paisagem logo foi-se embora/ Batendo a porta, escandalizadíssima." (Poema "III", v. 8, 9). Nos "Poemas da Negra", ao contrário, a natureza anuncia-se como como cenário que testemunha o encontro dos amantes, as cenas se desenrolam ao ar livre, no silencioso mangue prateado pelo reflexo da lua.

Após anunciar a rememoração, o encontro inicia-se no nascer da lua, momento em que o sujeito lírico vê a Negra: "A lua chapeia os mangues/ Donde sai um favor de silêncio/ E de maré./ És uma sombra que apalpo." (Poema "I", v. 3-6) e termina ao amanhecer, quando o homem volta para a cidade: "Lembrança boa,/ Carrego comigo sua mão// O calor exausto/ Oprime as ruas/ Que nem tua boca pesada. As igrejas oscilam/ Por cima dos homens de branco, E as sombras despencam inúteis/ Das botinas, passo a passo." (Poema "XII", v. 1-9). A sombra é o marcador desses dois momentos; no primeiro poema é causada pela luz da lua, a sombra no último, pelo sol. Na volta solitária para a cidade, lê-se o paradoxo "carrego comigo sua mão", ainda que não esteja fisicamente com ela — a noite chegou ao fim — há uma permanência espiritual desse encontro amoroso no sujeito lírico.

Conforme reconhece Antonio Candido, a representação de elementos da natureza é basilar na poética de Mário de Andrade.[190] Identifico esse traço como fundamental também no desenrolar dos "Poemas da Negra", pois ocorre uma transformação paulatina do sujeito lírico na própria natureza nordestina para alcançar, no clímax da união, a metamorfose do casal. Mário de Andrade, transgressor de tópicas e conhecedor da poesia romântica inglesa, não constrói a imagem da amada a partir de símiles com a natureza, como se vê

190. Candido, Antonio. "O poeta itinerante". In: *O discurso e a cidade*, op. cit., pp. 225-44.

nos últimos versos do poema "And thou art dead, as young as fair" de Byron: "And thou wert lovely to the last;/ Extinguished, not decayed;/ As stars that shoot along the sky/ Shine brightest as they fall from high." (v. 24-27).[191] A Negra é absolutamente a noite "coberta de estrelas", "É a escureza suave/ que vem de você,/ Que se dissolve em mim" (Poema "III", v. 6-8). Além disso, a natureza é sobretudo um agente transformador do poeta e não da mulher.

No início do poema "II", instaura-se uma dúvida fundamental no eu poético "Não sei se estou vivo.../ Estou morto." (v. 1-2). Tal sensação ambígua pode ser comparada ao que Roland Barthes, em seu estudo sobre o amor, denomina como um "abismar-se": "Lufada de aniquilamento que atinge o sujeito apaixonado por desespero ou por excesso de satisfação";[192] no estado impreciso dado pela sensação de surgimento e anulação, vida e morte, o sujeito lírico dos "Poemas da Negra" abisma-se, por excesso de satisfação, para depois começar a transformação de si mesmo. A despersonificação dele inicia-se nos versos seguintes — "Um vento morno que sou eu/ Faz auras pernambucanas" (Poema "II", v. 3-4, grifo meu). Transfigurado em vento, o eu poético passeia pelo mangue, "Rola, rola sob as nuvens/ O aroma das mangas" (v. 5-6), "Se escutam grilos,/ Cricrido contínuo/ Saindo dos vidros" (v. 7-8), absorve as sensações do espaço do mangue nordestino. Paulatinamente passa por um processo simbiótico com o cheiro das frutas e o som dos insetos — aliterado nos fonemas "gri" e "cri" — e admite "eu me imundo de vossas riquezas!" (v. 10). O pronome vós, segunda pessoa do plural, é usado para plasmar-se a todo o ambiente, não só à mulher. Imerso

191. Tradução: "E foste encantadora até o fim; Extinta, porém sem se degradar/ Como a estrela, que o céu riscando/ Resplende mais quando tombando". Byron, George Gordon. "E morreste tão jovem e formosa". In: *Poemas*. Trad. e organização Péricles Eugênio da Silva Ramos. São Paulo: Hedra, 2008, p. 75.
192. Barthes, Roland. *Fragmentos de um discurso amoroso*. Trad. Hortência dos Santos. Rio de Janeiro: Francisco Alves, 1991, p. 9.

na paisagem, reconhece: “Não sou mais eu.../ Que *indiferença enorme*” (v. 11-12, grifo meu).

Nesta passagem, ocorre um *verso re-versejado*, aspecto que Victor Knoll[193] analisa como recorrente na poesia de Mário de Andrade, ou seja, a retomada de imagens, de outros poemas, de outras obras em novo contexto. A “indiferença enorme” havia sido cantada em “Acalanto do seringueiro”, poema em que o ser humano e a natureza se fundem e o paradoxo acentua a união. Desse modo, a imagem, anteriormente, servira ao desejo de aproximação com outro brasileiro; o eu lírico paulista busca estreitar laços de amizade com o distante seringueiro: “Porém eu sou seu amigo/ E quero ver se consigo/ Não passar na sua vida/ Numa indiferença enorme”.

É noite firmada, “Você é tão suave/ Vossos lábios suaves/ vagam no meu rosto/ Fecham meu olhar.// Sol-posto” (Poema “III”, v. 1-5); a imagem da suavidade figurada pelas aliterações em “s” e “v”, repetidas em onze dos treze versos do poema “III”, remete também ao sopro do vento, típico dessa região nordestina, e completa-se no toque dos lábios macios da mulher que apaziguam o eu poético. A partir de então o encontro dos corpos será impulsionado sobretudo pelo desejo dele que não se exaure “Ôh meu amor,/ Nós não somos iguais!/ Tu me proíbes/ Beber água após// Eu volto à calma e não te vejo mais” (Poema “IV”, v. 4-10).

A metamorfose do sujeito lírico continua. Ele se transforma em um centenário ipê amarelo — “Flores! Apaixonadamente meus braços desgalham-se,/ Flores!/ Flores amarelas do pau d’arco secular!// Eu me desgalho sobre teu corpo manso,/ As flores amarelas estão caindo sobre o teu corpo manso,/ Te cobrirei de flores amarelas” (Poema “V”, v. 7-13) —, ao construir a imagem pictórica de uma florida árvore que “abraça” a noite.[194] O encontro da noite e da árvore, do

193. Knoll, Victor. *Paciente arlequinada*: *Uma leitura da obra poética de Mário de Andrade*. São Paulo: Hucitec, 1983.

194. Em carta de 8 de maio de 1926 a Carlos Drummond de Andrade, MA serve-se da imagem da árvore para falar de si mesmo: “É isso: quero arranjar

homem e da mulher, finaliza-se com o desejo de entrega e proteção; ainda que o tom seja de medo, não está sugerindo fuga, mas permanência: "Apaixonadamente/ Eu me defenderei!" (v. 14-15).

A despersonificação do sujeito lírico gradualmente ultrapassa a atmosfera terrena/nordestina para iniciar a transformação do eu poético em elementos cósmicos a partir do poema "VI". Dos braços transfigurados em galhos, surge a mão que se encosta no corpo da amada, amplitude da noite; a mão transforma-se em brilho, o eu poético deixa de ser árvore e torna-se um astro: "Quando/ minha mão se alastra em vosso grande corpo, Você estremece um pouco.// É como o negrume da noite/ Quando a estrela Vênus/ vence o véu da tarde/ E brilha enfim." (Poema "VI", v. 1-4). A aliteração em "v" remete ao voo dos corpos que ocorre ao toque da mão transformada em estrela que brilha sobre a noite, o corpo negro.

A imagem da "mão" como sinédoque do corpo é ressignificada nos "Poemas da Negra". Se em "Reconhecimento de Nêmesis", e na biografia romanceada *Padre Jesuíno do Monte Carmelo*, a mão simboliza a presença de si mesmo para o poeta, o que lhe causa incômodo, por outro lado, nos "Poemas da Negra", o eu poético é conduzido pela "mão" ao clímax do encontro com o amor. A luz do eu poético, refletida na mão — "Minha mão relumeia/ Cada vez mais sobre você!// E nós partimos adorados/ Nos turbilhões da estrela Vênus!..." — reforça a referência ao brilho e à pureza absolutos que se plasmam no mais belo "negrume da noite", antíteses que se completam, mas não como branco e negro. Não se trata de um encontro com a cor branca, ho-

---

um pouco de largueza pra viver mais interiormente, não vê! Vida me aperta e meus amigos longínquos e meus trabalhos ficam vivendo dentro de mim uma vida silenciosa de raiz, uma vida vegetal que a gente percebe, não para nunca, porém não põe reparo nela. Em todo caso é isso que está sustentando a árvore, meu caro, senão ela caía, te garanto." Santiago, Silviano. *Carlos & Mario*: *Correspondência completa entre Carlos Drummond de Andrade (inédita) e Mário de Andrade*. Rio de Janeiro: Bem-te-vi, 2002.

mem europeu, com a Negra; o brilho é produzido pela reflexão, transmissão ou emissão de todos os tipos de luz que conjuntamente levam a um aspecto luminoso destituído de qualquer matiz distinguível.[195]

Alcançamos a metade da narrativa. A mulher metaforizada na noite estrelada é a tranquilidade, não o medo e a insegurança, outra imagem noturna recorrente na literatura, conforme apontada anteriormente. Mário de Andrade escolhe a noite do mangue nordestino para compor o cenário de calma e beleza dos "Poemas da Negra". Leitor de Rainer Maria Rilke, ele guarda em sua biblioteca, entre outras obras do poeta, um exemplar de *Das Stunden-Buch* de 1920.[196] No terceiro poema desse "livro das horas", pode-se testemunhar que o poeta alemão também alcançou no escuro, não as trevas e o terror, e sim um mundo agradável a ser desvelado. Vale traduzir: "Mas na obscuridade tudo se contém:/ As formas e as chamas, os animais e eu também/ nela que consorcia/ existências e energias" (v. 7-10).[197] Ambos os sujeitos líricos, em Rilke e em Mário, encontram no ambiente noturno a beleza do universo. Nos "Poemas da Negra" a mulher, símile da noite, é calma, e traz consigo o *silêncio* — figurado em quatro momentos do conjunto. É preciso discorrer com profundidade sobre o tema, ainda que seja necessário voltar brevemente a alguns versos iniciais, para interpretar a segunda metade do conjunto.

Nos "Poemas da Negra", assim como na composição musical, o silêncio surge como ausência de qualquer batimento para alcançar

---

195. De forma semelhante, Telê Ancona Lopez leu os versos "Me sinto só branco, só branco em minha vida crivada de raças" do poema "Improviso do mal da América". Para a estudiosa, não se trata de apologia à cor europeia: "o 'branco', sínteses de cor, tem o valor de síntese no poema, não síntese das Américas, mas dos seus principais problemas empatizados pelo poeta". Lopez, Telê Ancona. "Nacionalismo e América". In. *Mário de Andrade*: *Ramais e caminho*, op. cit., p. 226.

196. Rilke, Rainer Maria. *Das Stunden-Buch*. Leipzig: Insel-Verlag, 1920.

197. Idem. "De o livro de horas". In: *Poemas*. Trad. José Paulo Paes. São Paulo: Companhia das Letras, 2012, p. 61.

a forma suprema da harmonia. O primeiro texto repete notas que marcam um andamento *largo*, representado pelas consoantes "n" e "m" — "A lua chapeia os ma**n**gues/ Do**n**de sai u**m** favor de silê**n**cio e de maré" (Poema "I", v. 3, 4), que culmina na combinação do ambiente com a chegada da mulher: "Tua calma agrava o silêncio dos mangues." (v. 12), marcando a ausência de som. Para Blaise Pascal, o silêncio vale mais do que a linguagem: é necessário que ela seja interrompida, pois existe eloquência no silêncio que penetra mais fundo do que a linguagem.[198] Após o encontro sexual, narrado até o poema "VI", "E nós partimos adorados/ Nos turbilhões da estrela Vênus!..." (v. 13,14), nos versos do poema seguinte está a antítese do silêncio, que marca o início da segunda parte do conjunto, o momento *allegro*, quando na aliteração em "t" e "d" ressoa a alma inquieta e desejosa de mais prazer do eu poético, metaforizada na imagem dos tetéus — pássaros também conhecidos como quero-quero — que não se calam, enquanto a mulher dorme: "Não sei porque os **t**e**t**éus gri**t**am **t**an**t**o es**t**a noi**t**e.../ Não serão **t**alvez nem mesmo os **t**e**t**éus. Porém minha alma es**t**á **t**ão cheia de **d**elírios/ Que faz um susto enorme **d**entro do meu ser.// [...] Mas eu vibro cheinho de **d**elírios,/ Os **t**e**t**éus gri**t**am **t**an**t**o em meus ouvi**d**os, Acor**d**a! Ergue ao menos o braço dos seios! Apaga o gri**t**o dos **t**e**t**éus!" (Poema "VII", v. 8-11, grifos meus). Os sons provocam o despertar da mulher e uma nova união dos corpos.

No Poema "VIII" instala-se novamente a calma e o eu poético reconhece: "Há vida por demais nesse silêncio nosso/ Eu próprio exalo fluídos leves/ Que condensam-se em torno" (v. 6-8); o silêncio aqui é sinestésico, mistura-se ao olfato e ao tato e leva o eu poético à dúvida da perenidade na antítese "Me sinto fatigantemente eterno" (v. 9).

---

198. Pascal, Blaise. *Discours sur le passions de l'amour.* Paris: Mille et une nuits, 1995, p. 20. MA guarda em sua biblioteca três obras de Blaise Pascal: *Pensées* (s/d); *Pensées choisies* (s/d) e *Discours sur les passions de l'amour* (1920).

Antes que tudo se torne extraordinário, o Poema "X" faz uma espécie de alusão a uma pausa no som do universo "Há um *mutismo* exaltado dos astros" (v. 1, grifo meu) para entoar, em seguida, o "som redondo enorme que não para mais" (v. 2). A primeira luz do dia — "Os duros vulcões ensanguentam a noite" (v. 3) — testemunha os sons e imagens várias que se seguem. O ciclo do mundo, onde o casal será o centro, é preenchido por uma sequência de imagens e sonoridades, as folhas da jurema que caem sobre mestre Carlos — referência à religião afro-indígena cultuada no Nordeste —, os animais que fazem ruídos na floresta [que deixa de ser apenas tropical], mexem-se os ursos, voam as abelhas e galopa o potro.

> A gente se esquece no jogo das brisas,
> A jurema perde as folhas derradeiras
> Sobre mestre Carlos que morreu.
> Dir-se-ia que os ursos
> Mexem na sombra do mato...
> A escureza cai sobre abelhas perdidas.
> Um potro galopa.
> Ponteia uma viola
> De sertão. (Poema "X", v. 6-12)

Ao som do ponteio, o homem e a mulher, a natureza, os astros e a noite fundem-se e fixa-se o apoteótico e último encontro dos corpos:

> Nós estamos de pé,
> Nós nos enlaçamos
> Somos tão puros,
> Tão verdadeiros...
> Ôh, meu amor!
> O mangue vai refletir os corpos enlaçados!
> Nossas mãos partem nos jogos da brisas,

Nossos lábios se cristalizam em sal!
Nós não somos mais nós!
Nós estamos de pé!
Nós nos amamos! (Poema "X", v. 13-23)

Entremeado pelo silêncio, o poeta cria um majestoso concerto. Lembrando Pascal, no amor, o homem tem a impressão de viver uma outra alma, tudo se torna grandioso, por isso é necessário que tudo tenha uma grande proporção.[199] Octavio Paz, por sua vez, aponta que a alegria diante da presença do amado é uma via de acesso à revelação de nós mesmos.[200] Ambos servem à leitura dos versos no sentido de dimensionar a imagem amorosa construída pelo poeta.

A separação inicia-se no texto "XI"; de volta à praia, quando o eu lírico, como um náufrago, começa a se separar do corpo da amada: "Meus lábios são que nem destroços/ Que o mar acalanta em sossego." (Poema "XI", v. 3-4); a beleza dela é reposta ao ambiente nordestino, onde o encontro começara, "A luz do candeeiro te aprova,/ E... Não sou eu, é a luz aninhada em teu corpo/ Que ao som dos coqueiros do vento/ Farfalha no ar os adjetivos" (v. 6-8).

Depois do encontro, terminada a noite, o sujeito lírico leva espiritualmente a Negra com ele — "Lembrança boa,/ Carrego comigo tua mão" (Poema "XII", v. 1-2) — repete-se mais uma vez a imagem da mão, o poeta cumpre o que prometera em "Reconhecimento de Nêmesis" —"Nesta rua Lopez Chaves/ Terá um homem concertando/ As cruzes de seu destino" (v. 187-188). As mãos que concertam o destino, a arte, o conduzem, nos "Poemas da Negra", ao encontro com Eros e não mais com a vingativa Nêmesis. Pode-se dizer que o auge do lirismo amoroso de Mário de Andrade, ou nas palavras de

199. Pascal, Blaise, op. cit., p. 22.
200. Paz, Octavio. "La revelatíon poetica". In: *El arco y la lira*. México: FCE, 2013, p. 151.

Manuel Bandeira, nos seus "poemas azuis", ocorre quando o bardo mestiço encontra na Negra uma identificação. Mário de Andrade, leitor de Pascal, faz ressoar, nos "Poemas da Negra", o pensamento do filósofo francês, para quem, no amor, os seres procuram alguém com quem se assemelham. Dessa forma, a beleza, ao causar uma sensação agradável, consiste não somente na conveniência, mas também na similitude.[201]

Além disso, penso que o amor nos "Poemas da negra" não se trata do mito das metades que foram separadas, e procuram se encontrar, contado por Aristófanes. Assemelha-se ao amor de Diotima, repetido por Sócrates, em suma: o encontro amoroso seguido da falta.[202] Os "Poemas da Negra" culminam na separação dos corpos, na falta por completo, mas o eu poético sublima o sofrimento com a construção da lembrança: carrega com ele a mão da amada, metonímia da recordação do amor pleno, realizado.

201. Pascal, Blaise, op. cit., p. 12.
202. Platon. "Le banquet ou de l'amour". In: *Oeuvres complètes*. Paris: Gallimard, 1950, pp. 693-762.

IV. O losango negro ultrapassa a criação poética

A escolha da poesia como fio condutor para o estudo no campo das relações raciais na obra de Mário de Andrade se dá, principalmente, pela possibilidade que a lírica oferece de adentrar em um universo individual, na construção particular de uma linguagem, e de buscar ouvir a expressão de uma voz poética que mantém uma relação com o sujeito coletivo.[203] Os versos de Mário de Andrade solicitam uma leitura atenta para a compreensão do pensamento dele que, segundo Gilda de Mello e Souza, "sempre aflora camuflado através de símbolos, metáforas, substituições" e, além disso, configura-se como "expediente impenetrável para quem não possui um conhecimento mais profundo, tanto da realidade brasileira, como da biografia do autor".[204]

Como vimos no segundo capítulo, em 1926, no poema "Reconhecimento de Nêmesis", o eu lírico deseja "concertar a cruzes do destino", metáfora interpretada como promessa/projeto de elaborar, pela arte, a reação contra a violência do racismo. De fato, logo em seguida, na obra de Mário de Andrade, ainda que não explicitamente, dá-se início ao concerto que se prolongará até a morte; a cultura negra brasileira alimenta o olhar do escritor, do Turista Aprendiz, que viaja pelo Norte e Nordeste brasileiros, e do pesquisador que trabalha à roda de sua biblioteca. A galeria dos personagens em textos ficcionais de Mário de Andrade conta com negros e negras protagonistas; a

---

203. Adorno, Theodor W. "Palestra sobre lírica e sociedade". In: *Notas de literatura I*, op. cit., pp. 78-89.
204. Souza, Gilda de Mello, op. cit., p. 31.

cultura e a história da população negra ocupa importante lugar na práxis do Diretor de Departamento de Cultura da Municipalidade de São Paulo e, o ensaísta, dedicado a interpretar aspectos culturais brasileiros, constata, na contramão da democracia racial, em voga na época, o racismo no país.

Desse modo, proponho um breve percurso por algumas criações de Mário de Andrade, principalmente na prosa, na pesquisa e na práxis do primeiro Diretor do Departamento de Cultura da cidade de São Paulo. O famigerado personagem Macunaíma, por exemplo, "preto retinto e filho do medo da noite",[205] ainda que se torne branco, serve de metáfora — não apologética — da miscigenação no Brasil. *Macunaíma*, publicado no modernismo de 1928, pode ser lido como uma alegoria racial, isto é, o desejo do brasileiro de ter para si, e para o outro, a pele branqueada, fruto de uma ideologia que desvaloriza a população negra desde o Brasil colônia.

No capítulo "Piamã", em que os três irmãos entram negros nas águas encantadas que transformam Macunaíma em branco de olhos azuis, Jiguê em índio bronze, e, por último, clareiam apenas a palma das mãos e a planta dos pés de Maanape, Macunaíma o "consola": "Não se avexe, mano Maanape, não se avexe não, mais sofreu nosso tio Judas!"[206] Assim se expressando, Macunaíma prende-se àquilo que, bem mais tarde, seria sistematizado por Mário de Andrade a respeito dos apodos ligados ao negro, caçoadas e invectivas que acentuam a condição marginal na sociedade brasileira, na chave do preconceito de cor. Ademais, a transformação ironiza o privilégio de ser branco na sociedade brasileira. O fenômeno contemporaneamente denominado de branquitude está presente no romance de 1928, pois, ao ter a pele

205. Andrade, Mário de. *Macunaíma, o herói sem nenhum caráter.* Estabelecimento de texto: Telê Ancona Lopez e Tatiana Longo Figueiredo. Rio de Janeiro: Agir, 2007, p. 13.
206. Ibidem, p. 50.

branca e os olhos azuis, mais portas se abrem ao "herói de nossa gente" que tem a missão de resgatar a muiraquitã no Sudeste do Brasil.

O questionamento repete-se na biografia romanceada *Padre Jesuíno do Monte Carmelo*, embora já tenha sido abordado no estudo de "Reconhecimento de Nêmesis", vale retornar ao texto sobre o pintor do barroco paulista/alter ego de Mário de Andrade, historiador de arte. O "defeito de cor" que impede o padre de subir na hierarquia religiosa metaforiza-se nas mãos do pintor. Nas diferentes versões do texto, dos anos de 1930 e 1940,[207] as mãos de Jesuíno retomam, de certa forma, a mão escura como *leitmotiv;* e no capítulo "A vida", as mãos do personagem repetem-lhe a consciência da mestiçagem: "Jesuíno Francisco tenta continuar a tela. Mas na sua frente enxerga aquela mão pintando. Ele era um pardo...".[208] Ao observarem suas próprias mãos, escritor criador e personagem pintor conscientizam-se de suas origens e também de ações direcionadas contra o negro. Ainda que lance mão dos termos "moreno" em 1926 e "pardo" em 1944, Mário de Andrade denuncia a dor individual e barreiras raciais impostas tanto pela elite artística como pela religiosa brasileiras.

No ensaio dedicado à obra de Aleijadinho, em 1935, Mário valoriza a expressão do mais conhecido artista do chamado barroco brasileiro e afirma que "[Antônio Francisco Lisboa] coroa, como gênio maior, o período em que a entidade brasileira[209] age sob a influência

---

207. A pesquisa iniciada em 1937 culminou na obra que o autor deixou praticamente pronta em janeiro de 1945, conforme relata Maria Silvia Ianni Barsalini em "Mário e Jesuíno nos caminhos de um texto". In: Andrade, Mário de. *Padre Jesuíno de Monte Carmelo*. Estabelecimento de texto: Maria Silvia Ianni Barsalini e Aline Nogueira Marques. Rio de Janeiro: Nova Fronteira, 2012, pp. 11-2.
208. Ibidem, p. 49.
209. No contexto da obra de MA, a entidade brasileira pode ser vista como um conceito que ultrapassa a simples ideia de nação ao considerar a possibilidade de compreender uma essência brasileira que nos diferenciaria de outros povos.

de Portugal. É a solução brasileira da Colônia. É o mestiço e é logicamente a independência".[210] O reconhecimento da mestiçagem para Mário de Andrade não é tomado de forma acrítica, como mera propaganda do Estado Novo, ao contrário, o escritor a entende como fato inexorável da formação do Brasil, com consequências mais ou menos violentas a depender do tom da pele e da classe social.

Belazarte, personagem altruísta, uma espécie também de alter ego de Mário de Andrade, narra, em "Túmulo, túmulo, túmulo",[211] na posição de patrão, a história do criado Ellis, jovem negro cativante, que apesar do sentimento de amizade declarado do/pelo patrão, no plano do convívio cotidiano, a relação disfarça a sujeição e mesmo a hierarquia entre eles.

> Ellis tomou conta de mim duma vez. Piorar, não piorou não, mas já estava difícil de dizer quem era o criado de nós dois. Sim, porque, afinal das contas quem é o criado? Quem serve ou quem não pode mais passar sem o serviço, digo mais, sem a companhia do outro?[212]

O desfecho trágico da narrativa reitera e denuncia a condição do pobre e negro numa sociedade de raça e classe. Por sua vez, o conto "Foi sonho"[213] narra o pedido de reconciliação feito por um homem à mulher que por ele foi traída. Escrito em 1933, Mário de Andrade, ao transliterar, no monólogo, a fala de um homem negro e pobre, dá a ele voz em primeira pessoa e, como Macunaíma, esse seu personagem desdenha os padrões morais da sociedade, o que bem se vê na justificativa por ele apresentada:

---

210. Andrade. Mário de. *O Aleijadinho e Álvares de Azevedo*. Rio de Janeiro: R. A., 1935.
211. Idem. "Túmulo, túmulo, túmulo". In: *Os contos de Belazarte*. Rio de Janeiro: Agir, 2008, pp. 83-97.
212. Ibidem, p. 86
213. Idem. "Foi sonho". In: *Os filhos da Candinha*. Estabelecimento de texto e notas João Francisco Franklin Gonçalves. Revisão de texto estabelecido: Aline Nogueira Marques. Rio de Janeiro: Agir, 2008, pp. 51-4.

> Tamém quantas veiz lá no trabaio, passa o bananêro, me dá 'ya vontade, "Óia aqui, me dá duzentão de banana", você zanga? diga! Pago, como, num trago niúma pr'ocê, você zanga? diga!... Hôme quano vê muié jeitosa, mermo que num seje sua mulé, vontade ele tem mêmo... Me deu vontade cumo das banana. Tamém cumi, paguei, num truxe nada pro ocê. E ocê zangô!...[214]

O conto "Será o Benedito!"[215] conta a amizade de um homem da cidade grande, sem menção à cor da pele, com um menino negro da zona rural. A relação bastante respeitosa com a criança, no entanto, não acolhe o pedido do menino de levá-lo para a cidade, gerando no adulto o remorso no final da história ao saber que a criança havia morrido acidentalmente alguns dias depois. Em resenha publicada em 2008[216] sobre a edição ilustrada por Odilon Moraes, Antonio Gonçalves Filho refere-se à história como uma crônica antirracista. Há, de fato, no encontro entre o adulto e intelectual da cidade com a criança negra e iletrada da fazenda a ênfase de dois mundos que tentam mas não se encontram.

Em 1932, Mário de Andrade publica "A negrada", trecho do seu romance inacabado *Café*.[217] Na descrição das Associações dos Negros de São Paulo, a ironia dá o tom, como também na descrição dos personagens imigrantes europeus na mesma obra e nos comentários sobre a elite paulistana (no *Banquete*, por exemplo). Tatiana Longo Figueiredo, em seu estudo sobre *Café*,[218] descobriu no arquivo do es-

---

214. Ibidem, p. 52.
215. Idem. "Será o Benedito!". *O Estado de S. Paulo*. Suplemento literário, outubro de 1939.
216. Filho, Antonio Gonçalves. "A interação racial vista por Mário de Andrade". *O Estado de S. Paulo*. Caderno 2, 17 abr. 2008.
217. Andrade, Mário de. *Café*. Estabelecimento do texto, introdução, posfácio e seleção de imagens por Tatiana Longo Figueiredo. Rio de Janeiro: Nova Fronteira, 2015.
218. Figueiredo, Tatiana Maria Longo dos Santos e Nogueira. *Café: O trajeto da criação de um romance de Mário de Andrade*. Tese de doutorado. Orientadora: Profª Drª Therezinha A. P. Ancona Lopez. FFLCH, USP, 2009.

critor três diferentes versões de "A negrada", uma delas mostra que Mário de Andrade transcreveu trechos retirados da Imprensa Negra, como do jornal *O Frentenegrino* de fevereiro de 1932,[219] em que o escritor acrescenta o comentário:

> Documentos como estes, a criação curiosa e bastante ridícula dessa Frente Negra, viriam em breve testemunhar que de fato a gente negra se tornara consciente do seccionamento em que aos poucos principiara a viver neste século vinte. Si por 1928 fatos tão comprobantes assim ainda não tinham se passado, o fenômeno já rumorejava muito e se tornava perceptível a qualquer observador.

Para Márcio Barbosa há uma inclinação de uma "visão cristalizadora de que a Frente Negra era de direita"; o estudioso reconhece que esse ponto de vista vem principalmente do fato de que "o sr. Arlindo Veiga dos Santos, líder carismático, dedicado militante monarquista, nutria simpatias pelo fascismo e prezava, talvez demais, as regras de disciplina e autoridade".[220] Ainda que alguns de seus membros mantivessem um discurso alinhado com o movimento integralista — e Mário de Andrade, ao que parece, notara essa inclinação —, importa que o modernista apoia a denúncia do racismo.

219. Os dois textos ("BANDIDOS" e "AQUELES". *O Frentenegrino*. São Paulo, 16 de fevereiro de 1932) podem ser consultados na tese citada de Tatiana Longo Figueiredo. Transcrevo um deles, à p. 126: "'BANDIDOS'/ ELEMENTOS CORROMPIDOS DO POVO NEGRO,/ SALTEADORES DE NOSSA CLASSE.../ ENVERGONHADOS DO PASSADO./ — GENTE SEM INSTINTO, GENTE PERVERSA, GENTE SEM CORAGEM, GENTE DESANIMADA/ E PANDEMÔNIO DO POVO NEGRO./ OH! GENTE SEM CORAGEM, NÓS ESTAMOS EM LUCTA PARA O BEM E A MORAL/ DA RAÇA. E VÓS BANDIDOS SEM INSTINTOS CONTINUEIS A PARAR NAS ESQUI-/NAS DE PERNAS BAMBAS, DANDO CAMPO AO ATAQUE DA IMPRENSA E MESMO/ A DIFAMAÇÃO DO SEU PRÓPRIO POVO!.../ — BANDIDOS, REGENEREM-SE BANDIDOS".

220. Barbosa, Márcio (org.). *Frente Negra Brasileira: Depoimentos*, op. cit., p. 12.

Em relação à vertente etnográfica do polígrafo, vê-se, em 1928, o "Romance do Veludo",[221] artigo na *Revista de Antropofagia* que resgata a história de um palhaço negro que canta nas ruas de Araraquara, cidade do interior de São Paulo. A cantiga, no número seguinte da mesma revista, é objeto de transcrição e análise em "Lundu do escravo".[222] Os artigos de Mário antecedem brevemente a segunda viagem etnográfica do Turista Aprendiz ao Nordeste brasileiro, realizada de 27 de novembro de 1928 a 29 de março de 1929, na qual ele busca registrar em campo expressões artísticas populares e encontra música, dança e manifestações religiosas de matriz africana. Em 22 de dezembro, por exemplo, anota em seu diário: "O Nordeste, de Pernambuco ao Rio Grande do Norte pelo menos, é a zona em que essas influências raciais se misturam. Palavras, deuses, práticas se trançam. Em Pernambuco inda a influência negra é fortíssima."[223]

Mário de Andrade, em 1938, idealizou e organizou a Missão de Pesquisas Folclóricas. Para a tarefa de recolha de material, baseada nos métodos desenvolvidos pela Sociedade de Etnografia e Folclore, o Diretor do Departamento de Cultura indicou os nomes de Luís Saia, Martin Braunwieser, Benedito Pacheco e Antonio Ladeira. Apesar das dificuldades políticas, resultantes do Estado Novo, encontradas pelos integrantes, foi possível registrar, entre muitas outras manifestações, o "Xangô" em Pernambuco, o "Bumba meu boi", "Tambor de Mina" e "Tambor de crioula", no Maranhão.[224]

---

221. Andrade, Mário de. "Romance do Veludo". *Revista de Antropofagia*, a. 1, nº 4. São Paulo, ago. 1928, p. 5. O texto encontra-se reproduzido na íntegra nas pp. 217-25 deste livro.
222. Idem. "Lundu do escravo". *Revista de Antropofagia*, a. 1, nº 5. São Paulo, set. 1928, p. 6.
223. Idem. *O Turista Aprendiz*, op. cit., p. 216.
224. Segundo o pesquisador Álvaro Carlini: "A totalidade do material coletado pelas MPF é bastante vasta e variada, com documentos inter-relacionados entre si: cerca de 1500 melodias registradas em 169 discos de 78 rpm; 6 rolos cinematográficos silenciosos de 16 mm documentado 12 manifestações folclórico-musicais; 1060 fotografias contendo registros de arquitetura popular

Os estudos do etnógrafo sobre a cultura negra no Brasil podem ser colocados junto da monumental e inacabada obra *Na pancada do ganzá*, que corresponde aos estudos folclóricos. Grande parte desse trabalho deixado em ensaios e manuscritos transformaram-se, depois da morte do escritor, nos livros preparados por Oneyda Alvarenga — *Danças dramáticas do Brasil*, *Música de feitiçaria no Brasil*, *Melodias do boi* e *Os congos*.[225]

Enquanto colecionador, ou melhor, cultor da memória, ao lado da sua importante coleção de obras da arte moderna no Brasil,[226] Mário de Andrade amealhou peças da imaginaria religiosa cristã, do indígena e do negro, cuja riqueza se constata no catálogo analítico *Religião e magia/ Música e dança/ Cotidiano*, preparado por Marta Rossetti Batista.[227] Ali estão o *Bastão antropomorfo*, provavelmente originário do Congo; um Oxê de Xangô, em madeira polida e pintada de preto, e um Exu Sete Caminhos, em ferro batido, peça esta que, contam as fotografias, presidia a mesa de trabalho do escritor. Além disso, em relação ao interesse pelas danças dramáticas, Mário guardou peças de indumentária de Congada e Moçambique, além de instrumentos de percussão de origem africana. Marta Rossetti Batista aponta que: "Seu olhar [de Mário de Andrade] para arte indígena e afro-brasileira é manifesto, mas dirigido: estuda as culturas formadoras do brasi-

---

e religiosa [...]". Carlini, Álvaro. "A missão de pesquisas folclóricas (MPF)". In: *Cachimbo e maracá: O catimbó da missão* (1938). São Paulo: CCSP, 1993, p. 33. Oneyda Alvarenga preparou a edição de Danças dramáticas do Brasil (3 volumes) e Música de feitiçaria no Brasil , publicadas na década de 1950 pela Livraria Martins Editora. Na década de 1980, organizou Melodias do boi e Os congos (Livraria Duas Cidades).

225. Oneyda Alvarenga preparou a edição de *Danças dramáticas do Brasil* (3 volumes) e *Música de feitiçaria no Brasil*, publicadas na década de 1950 pela Livraria Martins Editora. Na década de 1980, organizou *Melodias do boi* e *Os congos* (Livraria Duas Cidades).

226. Batista, Marta Rossetti et al (org.). *Coleção Mário de Andrade: Artes plásticas*. São Paulo: IEB-USP, 1998.

227. Idem. *Coleção Mário de Andrade: Religião e magia, Música e dança, Cotidiano*. São Paulo: Edusp, 2004.

leiro, com interesse pelas tradições que se consolidaram nas manifestações populares."[228]

Celebração [interrompida] da Consciência Negra no Cinquentenário da Abolição

Dentre os documentos do manuscrito *Preto*, conjunto apresentado com minúcia na introdução deste livro e que serve como ponto de partida dos estudos do losango negro, encontra-se o ensaio que, pela ausência de título, foi batizado pela minha pesquisa "Cinquentenário da Abolição". Trata-se da versão, datada de 7 de maio de 1938, em um datiloscrito ocupando 16 fólios, numeração a máquina: "2-7" e "10-18" e numeração a grafite "8", com rasuras autógrafas a tinta preta, a lápis azul e vermelho. A análise mostra que os artigos "A superstição da cor preta" (1938) e "Linha de cor" (1939), ambos também guardados em *Preto*, derivam do datiloscrito que analisa uma parcela da documentação coletada por Mário de Andrade, interessado em refeletir sobre relações raciais da população negra brasileira. Segundo Mário de Andrade, trata-se de uma questão que não pode ser vista exclusivamente como um problema de classe, mas também como "preconceito de cor", o qual, conforme argumenta, tem origem "via ibérica" e advém de superstições de diversas culturas que, historicamente, associam a cor preta ao mal e a branca ao bem. Escrito em 1938, o texto, com forma e conteúdo de discurso/conferência, foi preparado para ser apresentado no ciclo de conferências na Comemoração do Cinquentenário da Abolição, ocorridas entre 27 de abril a 13 de maio de 1938, evento organizado por ele próprio enquanto diretor do Departamento de Cultura da Municipalidade de São Paulo. Um ano depois, em "Linha de cor", o diretor afastado forçosamente de seu

228. Ibidem. "Introdução. 1. O colecionador", p. 58.

cargo, em meio às celebrações do Cinquentenário da Abolição, avança em sua análise e afirma haver, de fato, racismo no Brasil.

Vale retornar ao fato de que três anos antes, em 31 de maio de 1935, Mário de Andrade fora convidado pelo então prefeito da cidade, Fábio Prado, para dirigir o recém-criado Departamento de Cultura da Municipalidade de São Paulo. Nomeado, logo em seguida, Chefe da Divisão de Expansão Cultural e Diretor do Departamento de Cultura da Municipalidade, sua atuação foi marcada por projetos que buscaram democratizar a cultura. Deixou legados como a criação de parques infantis, da Discoteca Pública e de casas culturais. Promoveu concursos no âmbito da música; contratou Dina Lévi-Strauss, antropóloga francesa, para ministrar curso de Etnografia e fundou com ela a Sociedade de Etnografia e Folclore. Em junho de 1937 promoveu, pelo Departamento de Cultura, o I Congresso de Língua Nacional Cantada. E, em 1938, organizou as Comemorações do Cinquentenário da Abolição.

No Arquivo Washington Luís, encontra-se uma solicitação de verba para organizar as comemorações do Cinquentenário da Abolição, assinada pelo Diretor do Departamento de Cultura, em 14 de fevereiro de 1938. Endereçada ao prefeito Fábio Prado, o requerimento obtém despacho favorável em 17 de fevereiro de 1938. No documento enviado ao prefeito, o Diretor expõe o programa completo: 1. Ciclo de conferências culturais sobre "O negro no Brasil" e publicação das mesmas na *Revista Arquivo do Município de São Paulo*; 2. Reconstituição de uma festa de Congada; 3. Realização de festejos em parques infantis e bibliotecas. Concertos especializados em música negra na Discoteca Municipal, teatros e salas de concertos. Porém, em 9 de maio de 1938, a situação política muda repentinamente: Fábio Prado é substituído, na Prefeitura, por Francisco Prestes Maia, nome escolhido pelo Estado Novo. Mário de Andrade é obrigado a renunciar no dia 11 e o novo prefeito nomeia Francisco Pati para dirigir o Departamento de Cultura.

Mário planejara 15 dias de consciência negra com encerramento apoteótico no dia 13 de maio, na Praça da Sé, com a apresentação da

Congada de Atibaia, onde o prefeito coroaria o rei negro. Contudo, Pati ao tomar posse, em meio às comemorações, reduz as três partes programadas a uma: as conferências. O evento iniciara no dia 27 de abril e encerrou, conforme a programação inicial, em 12 de maio de 1938. Conferencistas negros e brancos, convidados por Mário de Andrade, ocuparam o Palácio do Trocadero, sede do Departamento de Cultura, no centro de São Paulo, próximo ao Teatro Municipal. Compareceram nomes como do médico Arthur Ramos, o escritor Cassiano Ricardo, Francisco Lucrécio, fundador da Frente Negra Brasileira, Justiniano da Costa, ex-presidente da mesma, e o poeta Nilo Guedes. No dia 2 de maio ocorre uma sessão solene, organizada pelas Associações Negras, no Teatro Municipal; Mário de Andrade e Arthur Ramos compõem a mesa, dirigida por Justiniano da Costa. As notícias, na imprensa paulistana, mostram que o Departamento de Cultura e as Associações Negras de São Paulo estão realizando o evento em conjunto.

Vale lembrar, que o diretor do Departamento de Cultura convida congressistas negros que haviam sido fundadores e presidentes da Frente Negra Brasileira (FNB) e que o ano de 1938 foi um dos mais truculentos do Estado Novo, o qual, em 1937, decretara a ilegalidade de partidos políticos. A *Revista do Arquivo Municipal de São Paulo*, de maio de 1938, mostra-se um importante documento para a compreensão da política da nova gestão do Departamento de Cultura, principalmente para compreendermos o boicote ao Cinquentenário da Abolição e aos conferencistas negros. O número comemorativo, sob a responsabilidade do novo diretor Francisco Pati, absorve apenas cinco das dez conferências pronunciadas, conforme registradas na imprensa. São elas: "Negro e folclore cristão no Brasil", de Arthur Ramos; "Castigos de escravos" e "O espírito associativo do negro brasileiro", de Cassiano Ricardo, "O negro no bandeirismo Paulista", e "A Abolição", de Pedro Calmon. Nenhuma das conferências dos intelectuais negros foi publicada. Na seção Noticiários (pp. 251-254) da revista, lemos:

1º - A posse do novo prefeito de São Paulo, Prestes Maia, no dia 9 de maio de 1938.

2º - O ato de posse, no dia 11 de maio de 1938, do novo diretor do Departamento de Cultura, Francisco Pati, e o discurso de transferência de posse de Mário de Andrade, que homenageia o ex-prefeito Fábio Prado, como se vê no trecho:

"Sr. Dr. Francisco Pati. Tenho o maior prazer e honra em entregar nas mãos de V. S. a direção do Departamento de Cultura. Faço-o com verdadeira e intensa comoção. Esta comoção deriva exclusivamente do amor, da verdadeira paixão admirável que tenho e todos nós temos, funcionários do Departamento de Cultura, por esta instituição magnífica, criada pelo espírito de Fábio Prado. [...] E que minha derradeira palavra seja ainda uma lembrança grata a Fábio Prado, o criador deste instituto [...].

3º - Relato das comemorações do Cinquentenário da Abolição: conferências e conferencistas que se apresentaram no Palácio do Trocadero. Em 11 de maio, isto é, no mesmo dia da posse, o diretor Francisco Pati encerra as comemorações. Após a última palestra, da qual se encarregou o dr. Cassiano Ricardo, fez uso da palavra o Sr. Francisco Pati, diretor do Departamento da Cultura que, com breve discurso, encerrou as comemorações do cinquentenário da abolição.

Vemos, portanto, a inexistência de menção na revista da conferência redigida por Mário de Andrade e a omissão de um comunicado que explique os motivos da saída dele do Departamento de Cultura, situação ocorrida em meio, inclusive, ao evento por ele organizado. Ao acompanhar os jornais da época verifiquei que o ciclo de conferências ocorreu entre os dias 27 de abril a 12 de maio de 1938 e que Mário de Andrade presidiu quase todas as sessões, exceto, seguramente, três: a sessão solene no Teatro Municipal, no dia 2, bem como a do dia 9 de maio, no Palácio do Trocadero, que foram presididas por Justiniano Costa; e a sessão de 12 de maio, encerramento do ciclo, presidida por Francisco Pati, como novo diretor do Departamento de Cultura.

Pelo texto de Mário de Andrade, compreende-se que ele esperava apresentar-se no mesmo dia de Francisco Lucrécio, na sessão que se realizou em 10 de maio, véspera da posse de Francisco Pati. O manuscrito [Cinquentenário da Abolição] é datado de 7 de maio de 1938, um sábado. Pensando na apresentação no dia 10 de maio, escreve a conferência apesar de se encontrar em meio a um turbilhão de notícias e boatos. A consulta aos jornais historia a presidência das mesas, em todas as datas, com exceção do dia 11, quando se fica sem saber quem presidira a sessão do dia 10. O jornal *O Estado de S. Paulo* de 11 de maio informa que, na véspera, Francisco Lucrécio falara sobre "A liberdade é o negro". Mário de Andrade não é citado nos jornais, o que confirma a ausência dele na mesa em que apresentaria a conferência. A evidência de que ele tencionava comparecer nesse dia está no próprio texto:

> O Departamento de Cultura, nesta celebração do cinquentenário da lei Áurea, fez questão de trazer os negros para esta "sala de brancos", a um deles trazendo para este ciclo de conferência comemorativas. É o dr. Francisco Lucrécio, designado pelas associações negras e que vai nos falar agora.

Mário de Andrade guardou o planejamento das comemorações na cidade de São Paulo no manuscrito *Cinquentenário da Abolição* (Arquivo Mário de Andrade (IEB/USP)), cujo documento preservou os planos traçados para o festejo também no Rio de Janeiro. Trata-se de projetos ainda mais ambiciosos em comparação aos de São Paulo, mas também não levados a cabo na então capital federal. Mário de Andrade, a convite do ministro Gustavo Capanema, organiza no papel ideias para o festejo no Rio de Janeiro, trata-se de uma abrangente reflexão sobre o negro no âmbito cultural, etnográfico, antropológico, histórico. Para tanto, planeja conferências, apresentações artísticas de música, dança e exposições.

O primeiro plano mira São Paulo; um datiloscrito de onze fólios, cópia carbono azul, determina a participação de setores da Municipalidade — Diretoria de Expansão Cultural, Divisão de Turismo e Divertimentos Públicos, Parques Infantis e a Discoteca Pública; inclui a Sociedade de Etnografia e Folclore. Prevê conferências, concurso de peças para banda sobre a Abolição e concerto ao ar livre. Implica ainda uma grande apresentação sinfônica de música negra dirigida por Souza Lima e exposição iconográfica afro-brasileira. Os Parques Infantis encenariam a dança dramática dos Congos. A Congada de Atibaia desfilaria pelas ruas do centro de São Paulo, culminando com a Coroação do rei negro, na Praça da Sé, "pelo Prefeito, se ele tiver coragem", de acordo com manuscrito.

O segundo plano vale como resposta à carta de 23 de janeiro de 1938, na qual o Ministro da Educação e Saúde, Gustavo Capanema, como mencionado, consulta o Diretor do Departamento de Cultura: "Os seus trabalhos aí muito me interessam. Também eu vou preparar uma comemoração do Cinquentenário da Abolição. Não acha interessante que nos articulemos, para que todas as festas tenham uma certa unidade de sentido?". Em 26 de fevereiro, Mário é então convidado a "Fazer parte da comissão do programa de comemoração do Cinquentenário da Abolição, e escrever uma conferência sobre o negro em um determinado aspecto de nossa cultura". Entusiasmado, ele redige, para o Ministério de Saúde e Educação, suas *Sugestões para a comemoração do Cinquentenário da Abolição* — datiloscrito em seu arquivo, cópia carbono, com rasuras e lembretes de ordem pessoal a grafite, em 6 folhas de papel sulfite.

Ambos os planos são fundamentais para se dimensionar a multidisciplinaridade da discussão; o segundo, especialmente, alcançando todos os meios de comunicação da época. Na capital do país, além de conferências e concertos de música negra, haveria publicação de livros e revistas, programação especial nas rádios, exposições de objetos de arte, religiosos e ligados ao cotidiano da escravidão, assim como confecção de mapas estatísticos sobre a população negra brasileira. O encerramento, em uma sessão solene presidida pelo ministro, homenagearia os abolicionistas residentes no Rio.

Não encontrei no arquivo de Mário de Andrade resposta de Gustavo Capanema a suas propostas. Ao averiguar o que houve de fato naquela data, as festividades na capital do país em nada cumpriram o que sonhara o diretor do departamento de Cultura de São Paulo, como se deduz do Decreto Lei nº 427, assinado pelo presidente Getúlio Vargas e o ministro Gustavo Capanema, no *Diário Oficial* de 13 de maio de 1938:

> Regula a comemoração do cinquentenário da Lei áurea.
> O Presidente da República, usando das atribuições que lhe confere o art. 180 da Constituição, decreta:
> Art. 1º Será comemorado, no dia 13 de maio de 1938, o cinquentenário da lei áurea que aboliu o regime da escravidão em todo o território do País.
> Art. 2º Em sinal de reconhecimento da Nação para com a Princesa Izabel, augusta signatária da lei áurea, o Governo Federal, por intermédio do Ministério da Educação e Saúde, providenciará para que os seus restos mortais, bem como os do Conde d'Eu, seu preclaro consorte, sejam transferidos da Europa para o Brasil, e ainda, com a cooperação dos poderes municipais do Distrito Federal e dos particulares, para que lhe seja erigido, em praça pública, na capital do País, um monumento que recorde o glorioso feito a que se acha vinculado o seu nome.
> Art. 3º Em todas as escolas primárias, secundárias, normais e profissionais da República, em um dos dias da semana do cinquentenário da lei áurea, serão feitas preleções sobre as grandes figuras da história pátria, de cuja atuação e influência decorreu a abolição da escravatura, bem como sobre a significação política e moral desse magno acontecimento.
> Art. 4º Revogam-se as disposições em contrário.

Deve-se ressaltar que esses fatos muito provavelmente contribuíram para uma mudança no pensamento de Mário de Andrade em relação ao racismo no Brasil. Em 1938, isto é, quando da redação da conferência e da publicação do primeiro artigo, "A superstição da cor preta", Mário de Andrade apesar de ter constatado a existência do preconceito, separa-o do problema da linha de cor, ao ponto de afirmar: "Por felicidade, entre nós, negro que se ilustre pode galgar qualquer posição." No entanto, no ano seguinte, após ter visto seus planos ignorados, apura sua análise e, desde o título "Linha de cor", considera:

> Mas se formos auscultar a pulsação mais íntima da nossa vida social e familiar, encontraremos entre nós uma linha de cor bastante nítida, embora o preconceito não atinja nunca, entre nós, as vilanias sociais que pratica nas terras de influência inglesa. Mas, sem essa vilania, me parece indiscutível que o branco no Brasil concebe o negro como um ser inferior.

A republicação do artigo "A superstição da cor preta" no "Pensamento da América – Suplemento Panamericano" do jornal *A Manhã* de 27 de setembro de 1942 contribui com uma breve e importante declaração de Mário de Andrade à reportagem:

> *O Boletim da Sociedade Luso-Africana* do Rio de Janeiro, nº 24, dezembro de 1938, publicou "A superstição da cor preta", sintético, profundo e saboroso estudo etnográfico do grande poeta brasileiro Mário de Andrade, por tantos títulos admirado na América inteira. Perguntado agora sobre qual dos seus livros devia ser citado como a fonte deste trabalho, Mário de Andrade em carta de 29 de agosto último, assim respondeu ao diretor do *Pensamento da América*... "a 'Superstição da cor preta' não foi publicada em livro, nem sabia que fora transcrita no *Boletim da Sociedade Luso-Africana*, embora receba esse boletim quando não se perde pelo caminho. Minha nota foi publicada aqui, numa revista de propaganda de remédios, *Publicações médicas*. Fez parte do discurso inaugural das festas do Cinquentenário da Abolição, que promovemos no Departamento da Cultura em 1938. Mas isto se dava durante a mu-

dança de governo, eis que eu saía do meu lugar e o prefeito novo, aliás sob muitos aspectos admirável, acabou com o resto das celebrações, porque também sofria da superstição".

De acordo com o texto, de fato, o novo governo freara as comemorações planejadas e o estudo do texto, a que Mário de Andrade chama de discurso inaugural, oferece algumas questões relevantes. Como já se focalizou, o manuscrito data de 7 de maio e dialoga com o palestrante do dia 10 de maio, Francisco Lucrécio; a declaração de 1942 diz ter sido parte do discurso inaugural, mas não confere com a abertura das conferências, em 27 de abril. É possível que Mário de Andrade tenha se equivocado quanto à data do início das comemorações; de todo modo, o equívoco não interfere na hipótese mais plausível: a conferência foi redigida no dia 7 e planejada para ser apresentada no dia 10, mas isso não ocorreu.

O datiloscrito registra o diálogo com as conferências desde a primeira linha "na sessão solene realizada pelas associações negras de São Paulo no dia dois de maio passado [...]" e faz um balanço da atuação dos intelectuais negros durante o evento. Ou seja, descreve o contexto daqueles dias, mas nenhum jornal do dia 11 noticia a presença de Mário de Andrade e o nome do presidente da mesa na véspera. De fato, houve a mesa no dia 10, mas, diferentemente dos outros dias, não há menção a quem a presidiu, lugar que deveria ter sido ocupado pelo diretor do Departamento de Cultura. Diante das mudanças políticas, não foi possível a Mário de Andrade comparecer, nem apresentar a conferência e Francisco Pati, ao tomar posse em 11 de maio, teve a seu cargo o encerramento do evento, no dia 12.

É importante destacar as mudanças no desfecho da Comemoração do Cinquentenário da Abolição em São Paulo, as quais não seguiram o requerimento enviado e aprovado em fevereiro de 1938. Foi cancelada a apresentação da Congada de Atibaia, conforme se lê no jornal *O Estado de S. Paulo* de 14 de maio de 1938:

> Grande parte do programa organizado pelo Departamento Municipal de Cultura, em virtude dos últimos acontecimentos na capital da República, deixou de ser executado. A "congada", a coroação da rainha e do rei do Congo, que eram festas populares na época da escravidão e que o Departamento da Cultura premeditava reviver, não foram realizadas. Deixou também de realizar-se a grande parada dos homens de cor, na noite de ontem na Praça da Sé, pelo mesmo motivo.
>
> No entanto, depois de grande número de conferências promovidas pelo Departamento de Cultura, no Palácio do Trocadero e a sessão solene no Teatro Municipal, em continuação houve ontem a grande romaria ao túmulo de Luis Gama, Julio Mesquita e José Bonifácio, no cemitério da Consolação.
>
> Ao cemitério compareceram especialmente convidados o dr. Francisco Patti, diretor do Departamento Municipal de Cultura e o sr. Nicanor Miranda, diretor do Departamento de Educação e Recreação da Prefeitura Municipal, além dos presidentes de todas as associações negras de São Paulo e numeroso público.

Os "acontecimentos na capital", usados como motivo para o cancelamento dos festejos em São Paulo, referem-se, segundo outra matéria do mesmo periódico, à tentativa de "grupos integralistas" de invasão no Palácio do Guanabara e no Ministério da Marinha, no Rio de Janeiro, na noite de 11 de maio. Vale retomar que, na sua declaração de 1942, Mário de Andrade ironicamente revela o racismo como o real motivo do cancelamento: "O prefeito novo, aliás sob muitos aspectos admirável, acabou com o resto das celebrações, porque também sofria da superstição."

O tom ácido de Mário de Andrade no ensaio/conferência "Cinquentenário da Abolição", usado como provocação para aprimorar o rigor nas análises produzidas pelos intelectuais negros, atenua-se nos artigos "A Superstição da cor preta", em julho de 1938, e "Linha de cor", de 1939, dirigidos a um outro tipo de público. Os três textos, além de captarem a tensão do momento em que se inserem, discutem o preconceito de cor na esfera do folclore, assunto absolutamente novo. Encontra-se, no dossiê da presente edição, a transcrição da conferência/ensaio de Mário de Andrade, acompanhada de notas de pesquisa, e dos dois artigos mencionados. Segue também a transcrição dos manuscritos referentes aos planos das Comemorações do Cinquentenário da Abolição para os festejos em São Paulo e no Rio de Janeiro. Além disso, o dossiê disponibiliza a vasta bibliografia consultada por Mário de Andrade sobre o negro brasileiro e de outras partes do mundo.

O estudo genético dos manuscritos permitiu-me identificar que os três textos de autoria de Mário de Andrade, encontrados no manuscrito *Preto* formam "Estudos sobre o negro", segunda parte de *Aspectos do folclore brasileiro*, obra póstuma, publicada pela primeira vez em 2019.

"Estudos sobre o negro":[229] O racismo no Brasil na perspectiva de Mário de Andrade

A convite da Livraria Martins Editora, em 1943, o escritor planeja suas *Obras completas*. Éditos e inéditos perfazem uma primeira lista de dezenove títulos. No ano seguinte, divide a concretização desse plano com Oneyda Alvarenga, musicóloga por ele formada a quem confiara, em 1935, a direção da Discoteca Municipal. Ao final da vida, com vistas à reunião para a publicação da obra, os escritos literários ficam sob o cuidado do autor, e a matéria etnográfica, que ele reunira e estudara, torna-se encargo da discípula. Em 25 de fevereiro de 1945, Mário falece, sem que Oneyda tivesse resolvido certas dúvidas a respeito da parte que lhe cabia.

229. O dossiê presente neste livro disponibiliza, na íntegra, as três partes que perfazem os "Estudos sobre o negro" de MA (cf. pp. 227-82 deste livro).

O plano das Obras Completas, arquitetado por Mário de Andrade, mostra-se nos volumes lançados em junho, setembro e dezembro de 1944 —*Pequena história da música*, *Macunaíma* e *Amar, verbo intransitivo*. Compõe-se de:

I. *Obra imatura*
II. *Poesias completas*
III. *Amar, verbo intransitivo*
IV. *Macunaíma*
V. *Os contos de Belazarte*
VI. *Ensaio sobre a música brasileira*
VII. *Música, doce música*
VIII. *Pequena história da música*
IX. *Namoros com a medicina*
X. *Aspectos da literatura brasileira*
XI. *Aspectos da música brasileira*
XII. *Aspectos das artes plásticas no Brasil*
XIII. *Aspectos do folclore brasileiro*
XIV. *O baile das quatro artes*
XV. *Os filhos da Candinha*
XVI. *O sequestro da dona ausente*
XVII. *Contos novos*
XVIII. *Danças dramáticas*
XIX. *Modinhas e lundus imperiais*

Oneyda Alvarenga relata que, em meados dos anos de 1950, ela e Gilda de Mello e Souza tinham procurado na casa de Mário, na Barra Funda paulistana, soluções para problemas na execução do plano original das Obras Completas. Dessa busca resultara o compromisso da musicóloga: preparar *Aspectos do folclore brasileiro*, conforme a disposição do conteúdo anunciada no plano: "O folclore no Brasil", "Estudos sobre o negro" e "Nótulas folclóricas". Oneyda não consegue, porém, identificar os manuscritos da segunda parte:

> Os "Estudos sobre o negro", nº 2, não posso imaginar quais seriam e o exame dos arquivos nada revelou sobre eles. [...] Que restaria pois para formar esses "Estudos sobre o negro"? Nada, nem ao menos um plano de estudo a fazer. E sobre tanta obscuridade ainda paira uma pergunta sem resposta possível: seria incluída neles a conferência "Música de feitiçaria no Brasil", excluída do segundo plano do *Na pancada do Ganzá*, não mencionada no rol das Obras Completas, mas que Mário pretendia transformar em trabalho sério?[230]

Em 1963, os realizadores das edições póstumas, convencidos da inexistência dos "Estudos sobre o negro", pela primeira vez interferem na lista original das Obras Completas. O volume XIII, *Aspectos do folclore brasileiro*, torna-se *Música de feitiçaria no Brasil*, aberto por esta nota de um editor ciente da dificuldade enfrentada pela preparadora do texto:

> Na relação dos volumes que deveriam integrar esta edição das suas Obras Completas, Mário de Andrade destinou o nº XIII a um livro que iria chamar-se *Aspectos do folclore brasileiro* e compreenderia três partes:
>
> 1. "O folclore no Brasil"
> 2. "Estudos sobre o negro"
> 3. "Nótulas folclóricas"
>
> Dessas partes, a única positivamente identificável agora, e realizada, é a primeira, trabalho escrito para o *Manual bibliográfico de estudos brasileiros*, onde foi publicado (Rio [de Janeiro:] Gráfica Editora Sousa, 1949). A segunda não foi encontrada e parece não ter sido feita. Quanto às "Nótulas folclóricas", tudo leva a crer devessem ser formadas pela reunião e continuação de notas como as que Mário de Andrade publicou, com o título "Do meu diário", no seu rodapé "Mundo Musical", da *Folha da Manhã* de São Paulo.

230. Alvarenga, Oneyda. *Cartas*, op. cit., p. 20.

Pois que essas "Nótulas" e "O folclore no Brasil" são pequenos para formar sozinhos um livro, achou-se mais adequado: reservá-los para futuros volumes, em que possam ser conjugados a trabalhos afins, também de pequena extensão; destinar o volume XIII à conferência "Música de feitiçaria no Brasil" de que Mário de Andrade não fez menção aparente na lista das suas Obras Completas, e aos importantes documentos musicais de cuja colheita essa conferência resultou.

Ainda em 1964, *Modinhas imperiais e lundus*, o volume XIX, reduz-se às modinhas: uma nota do editor explica que Mário de Andrade não deixara os lundus devidamente prontos para o prelo.[231] Durante minha pesquisa, defrontei-me com os documentos que constituem, de fato, as três partes de *Aspectos do folclore brasileiro*. Estão em três diferentes dossiês que são *O folclore no Brasil*, *Preto* e *Anotações folclóricas*. É interessante relembrar que a palavra "aspectos", nas Obras Completas, significa reunião harmônica de trabalhos independentes. É assim que o escritor também organiza quatro outros volumes: *Aspectos da literatura brasileira*, *da música brasileira*, *das artes plásticas no Brasil* e *do folclore brasileiro*.[232]

Em suma, na primeira parte, "O folclore no Brasil", o escritor apresenta uma análise minuciosa dos estudos do populário em nosso país, denuncia a leviandade dos pesquisadores na recolha dos docu-

231. No livro, a nota do editor esclarece: "Mário de Andrade programou em suas obras completas um volume de *Modinhas imperiais e lundus*. No entanto, ele não chegou a organizar a parte relativa aos 'Lundus', razão porque apresentamos neste volume apenas as Modinhas, conforme edição de 1930". (Cf. Andrade, Mário de. *Modinhas imperiais*. São Paulo: Livraria Martins, 1964, p. 3).
232. *Aspectos da literatura brasileira* (1943), *Aspectos da música brasileira* (1965) e *Aspectos das artes plásticas no Brasil* (1965). Na "Advertência" de *Aspectos da literatura brasileira*, o único deles publicado em vida, Mário de Andrade explicita o sentido de *aspectos*: "Reuni neste volume alguns dos ensaios de crítica literária escritos mais ou menos ao léu das circunstâncias e do meu prazer. Espero que se reconheça neles, não o propósito de distribuir, que considero mesquinho na arte da crítica, mas o esforço apaixonado de amar e compreender."

mentos, pautada sobretudo por parâmetros de beleza, bem ao gosto burguês. Ele, por sua vez, elabora um ensaio teórico dedicado ao estudo do folclore como ciência, isto é, avesso ao exotismo e vinculado à proposta de lançar mão de trabalhos dedicados à interpretação de manifestações populares, como meio de pensar criticamente o Brasil. Quanto à terceira parte de *Aspectos do folclore brasileiro*, as "Nótulas folclóricas", trata-se de um autógrafo a tinta preta, rasuras a grafite e a tinta vermelha, ocupando 24 dos 103 fólios pautados de uma caderneta de capa preta (15,7 cm x 23,2 cm). O conteúdo reúne dezenove recolhas etnográficas, escritas em pequenas crônicas que formam o manuscrito de 1942.

Quanto à parte segunda do livro, "Estudos sobre o negro", a análise dos documentos componentes do dossiê *Preto*[233] evidencia ter sido essa a escolha do escritor, ainda que a vida não dera a ele tempo para levar o novo título ao manuscrito *Preto*. A escolha teria materializado, ali, a substituição de uma palavra do cotidiano da época — preto — pela denominação — negro, ao atribuir um novo título à pesquisa ali depositada. Além disso, o confronto de *Preto* com o dossiê *Música de feitiçaria no Brasil* apurou a existência de dois conjuntos autônomos, o que invalida a hipótese de Oneyda Alvarenga.

O título "Estudos sobre o negro", cabe especular, corresponderia ao propósito do autor de juntar e expandir, em um ensaio de fôlego, as cogitações expostas na conferência preparada para a comemoração do Centenário da Abolição da Escravatura, em 1938, e nos artigos "A superstição da cor preta" e "Linha de cor", mencionados anteriormente. Além disso, o dossiê *Preto* atesta: estavam à disposição desse

---

233. É ainda no final dos anos de 1920 que o MA etnógrafo começa a organizar o manuscrito *Preto*. Embora as notas de trabalho não sejam datadas, na conferência "Cinquentenário da Abolição", afirma que: "No correr das minhas leituras e viagens fui anotando os ditos, lendas, os provérbios, as quadrinhas insultantes ao negro". O escritor alude, muito provavelmente, às duas viagens do Turista Aprendiz, nos anos de 1927 e 1928.

projeto, em todas as fases detectadas na escritura e naquelas por ocorrer, 346 notas de pesquisa que derivam de diálogos do escritor-leitor com a etnografia; com autores que lhe apoiaram ideias ou lhe forneceram subsídios.

No projeto de Mário etnógrafo para o livro que ficou inédito, *Aspectos do folclore brasileiro*, o ensaísta inova ao pensar o folclore como uma possibilidade para interpretação social, e não apenas como manifestações do povo levadas à fruição dos espectadores. Os "Estudos sobre o negro", ou o losango negro nos estudos culturais, nas partes que o perfazem, oferecem uma visão absolutamente renovadora, estribada na farta recolha de apodos e de superstições concernentes à cor preta, visão originária da pesquisa dele em suas leituras e em campo. O pesquisador reconhece e analisa o cerne do preconceito de cor no Brasil, quando se demora na cor preta como sinônimo de medo da noite, do escuro, da feiura, exorcizado, desde tempos remotos, por meio dos bodes expiatórios – emissários ou ponte de ligação com os deuses. Levando em conta a realidade de dois personagens tão distintos, na história contemporânea, de alguma forma, o que Mário de Andrade verifica, aproxima-se das palavras do ativista negro Malcolm X (1925-1965), pronunciadas na década de 1960, nos Estados Unidos:

> Quem te ensinou a odiar a textura do seu cabelo? Quem te ensinou a odiar a cor da sua pele a tal ponto que você se alveja para ficar como branco? Quem te ensinou a odiar você mesmo da cabeça aos pés? Quem te ensinou a odiar os seus iguais? Quem te ensinou a odiar tanto a raça que vocês não querem estar mais perto uns dos outros?[234]

---

234. Fonte: Documentário *Autobiografia Malcom X*, de Alex Haley. Disponível em: https://www.youtube.com/watch?v=hnKzRMqmPEo. Último acesso 15/7/25.

Ambos concluem que a malícia extrema da dominação do homem branco teria sido ligar, ao negro, o mal e a degradação, temidos por todos, fazendo com que até o próprio negro assimilasse esse movimento de repulsa, isto é, dirigindo os vitupérios contra si próprio.

V. *Black lives matter* em "Nova canção de Dixie"

Nova Canção de Dixie[235]

Kenst du das Land
Où fleurit l'oranger?...
É a terra maravilhosa
Nascida duma barquinha
Flor de Maio se chamava,
Onde tudo o que é bom dava,
Que tudo o que é rico tinha...

Lá quem queira gozar goza
Com toda a felicidade,
É só passear pela rama,
É só não ser tagarela:
É a terra maravilhosa,
Parece com a liberdade
Pois já tem a estátua dela.

É a terra dos plutocratas,
Palácios de cem andares,
Você sai se faz questão,
Mas pode ficar nos ares,

235. Andrade, Mário de. "Nova Canção de Dixie". In: *Poesias completas*, op. cit., p. 277.

É só apertar o botão,
Que recebe tudo em latas
Pela quarta dimensão.
No. I'll never never be
In Colour Line Land.

Mas porque tanta esquivança!
Lá tem Boa Vizinhança
Com prisões de ouro maciço;
Lá te darão bem bom lanche
E também muito bom linche,
Mas se você não é negro
O que você tem com isso!

No. I'll never never be
In Colour Line Land.

É a terra maravilhosa
Chamada do Amigo Urso,
Lá ninguém não cobra entrada
Se a pessoa é convidada.
Depois lhe dão com discurso
Abraço tão apertado
Que você morre asfixiado,
Feliz de ser estimado.

No. I'll never never be
In Colour Line Land.

A versão datiloscrita de "Nova canção de Dixie", na série *Manuscritos Mário de Andrade*, recebe do escritor a data de 25 de janeiro de 1944 e será postumamente publicada no *Correio Paulistano*, em 24 de fevereiro de 1946, véspera do primeiro aniversário da morte do poeta. Anos mais tarde, Telê Ancona Lopez refere-se ao poema e o transcreve em *Mário de Andrade: Ramais e caminho*;[236] em 2013, ao lado de Tatiana Longo Figueiredo, as pesquisadoras o incluem no segundo volume das *Poesias completas.*[237]

Os versos tematizam o racismo nos Estados Unidos, a realidade do país, onde coexistem contraditoriamente a prática racista e ideais democráticos, serve ao poema que recorre, sobretudo, à ironia na criação dos versos. O artigo "Linha de cor",[238] identificado como parte dos "Estudos sobre o negro" e provável matriz de criação do poema, comparara em 1939 as relações raciais no Brasil com os EUA:

> Mas se formos auscultar a pulsação mais íntima da nossa vida social e familiar, encontraremos entre nós uma linha de cor bastante nítida, embora o preconceito não atinja nunca, entre nós, as vilanias sociais que pratica nas terras de influência inglesa. Mas, sem essa vilania, me parece indiscutível que o branco no Brasil concebe o negro como um ser inferior.

É importante destacar que ao comparar o Brasil aos Estados Unidos, Mário de Andrade pega mais uma vez a contramão da democracia racial, propagada pelo Estado Novo. Esta ideia concebe a possibilidade de convivência, em uma sociedade como a brasileira, em que pessoas de diferentes origens, descendentes de europeus, africanos, asiáticos, povos originários gozam das mesmas oportunidades, direitos e deveres. Apesar do aparente tom democrático, tal ideologia pautada na igualdade negligencia as consequências de violências racistas que aprofundam diferenças sociais no país. Na leitura oposta de uma democracia racial, o poeta retoma a expressão "Linha de cor",

---

236. Cf. Lopez, Telê Ancona. "O compromisso e a circunstância". *Mário de Andrade*: *Ramais e caminhos*, op. cit., pp. 228-9.
237. Andrade. Mário de. *Poesias completas*, op. cit.
238. Idem. "Linha de cor". *O Estado de S. Paulo*. São Paulo, 29 de março de 1939.

utilizada por ele em 1939 para refletir sobre o Brasil, mas, dessa vez, a expressão vem sem tradução e "Colour Line", em 1944, participa do refrão de "Nova canção de Dixie" – "No. I'll never never be/ In Colour Line Land" (v. 22, 23; 31, 32; 41, 42), versos que transfiguram a recusa categórica do sujeito lírico de ir aos Estados Unidos.

Os Estados Unidos, nos anos de 1930 e 1940, estão em meio à construção de uma nova política dirigida aos países latino-americanos: o presidente Franklin Roosevelt, desde o primeiro dos seus quatro mandatos consecutivos, esforça-se em uma estratégia diferente do governo anterior, que lançava mão da intervenção militar como forma de controle. A nova estratégia concentra-se em repercutir uma ideologia que aproxime os EUA dos outros países pela chamada Política da Boa Vizinhança, na qual o domínio deixa de basear-se na força bruta e adota uma aproximação predominantemente cultural, em que a música ocupa papel prioritário.

Como explica o musicólogo Carol A. Hess,[239] naqueles anos da Política da Boa Vizinhança, tendo o Brasil e o México como principais aliados dos EUA, a música serviu como elemento cultural unificador: através de intercâmbios, empréstimos e trocas de gentilezas, os norte-americanos aumentaram sua presença e influência junto aos países latinos. Grosso modo, podemos dizer que se, por um lado, uma das propostas do panamericanismo foi o (re)conhecimento das diferentes culturas dos países que compõem o continente americano, por outro, deu-se a implementação em massa dos valores estadunidenses para conter o nazismo, mas também outras culturas europeias, como a francesa, que ainda predominavam no continente.

A aproximação de estadunidenses a Mário de Andrade, no final dos anos de 1930, ocorre principalmente pela visibilidade que ganhara o trabalho dele como primeiro diretor do Departamento de Cultura da Municipalidade de São Paulo.

239. Hesss, Carol A. *Representing the Good Neighbor: Music, Difference and the Pan American Dream.* Nova York: Oxford Universty Press, 2013.

Como focalizado no capítulo anterior, Mário de Andrade atuou como o primeiro Diretor do recém-criado Departamento de Cultura do município de São Paulo; nome indicado por Paulo Duarte, chefe de gabinete do prefeito de São Paulo, Fábio Prado. Em carta de 11 de novembro de 1936 a Murilo Miranda, Mário afirma que o órgão efetiva, sob sua responsabilidade, "ações de iniciativas, de trabalhos objetivos, de luta pela cultura".[240] Ainda que as ações do Departamento tenham despertado algum interesse do ministro da Educação e Saúde, Gustavo Capanema, o mesmo não ocorria na esfera conservadora da cidade. Com a mudança da prefeitura de Fábio Prado para Francisco Prestes Maia, por conta da nova política, fruto do recrudescimento do Estado Novo, às vésperas de sua saída do Departamento, Mário de Andrade escreve, em tom de apelo, a Gustavo Capanema:

> Ora, para o seu governo lhe conto que Praga acaba de nos pedir a constituição e regulamento da nossa Discoteca Pública, para organizar a Discoteca Nacional da Tchecoslováquia; o arquivo de Fonogramas, do Museu de Ciência Folclórica de Berlim, acaba de nos propor a troca dos seus fonogramas ameríndio brasileiros pelos nossos.[241]

De fato, no debate internacional, nesses anos de 1930 e 1940, o nome de Mário de Andrade torna-se conhecido, conforme indicam os estudos de Lígia Fonseca Ferreira. Roger Bastide, por exemplo, remete-se a Mário de Andrade como "africanista". O sociólogo francês, ao chegar ao Brasil, procura o autor de *Macunaíma,* pois "reconhece Mário de Andrade como especialista em assuntos negros".[242]

---

240. Antelo, Raul (org.). *Cartas a Murilo Miranda (1934/1935).* Rio de Janeiro: Nova Fronteira, 1981, p. 38.
241. *Apud* Schwartzman, Simon et al. "Correspondência selecionada". In: *Tempos de Capanema.* São Paulo: Edusp, Paz e Terra, 1984, p. 368.
242. Ferreira, Lígia Fonseca. "Mário de Andrade, africanista". In: Andrade, Mário de. *Aspectos do folclore brasileiro,* op. cit., p. 172.

O afastamento do Departamento de Cultura, no entanto, não apaga o valor de renovação e rigor dos ali gestados projetos; Mário de Andrade continua, nos anos seguintes, a ser reverenciado por diferentes personalidades nacionais e internacionais, inclusive pelos estadunidenses que elegem o seu trabalho como referência para o estudo da cultura brasileira. O ensaio "O folclore no Brasil",[243] por exemplo, tem finalidade de publicação para o *Handbook of Brazilian Studies*, a convite dos coordenadores da obra, Rubens Borba de Moraes, diretor da Biblioteca Municipal de São Paulo e Subdiretor dos Serviços Bibliotecários da ONU, ao lado de William Berrien, professor da Universidade de Harvard e representante do American Council of Learned Societies,[244] entidade patrocinadora da publicação.

Apesar das mudanças políticas, Oneyda Alvarenga, a discípula de Mário que dirige a Discoteca Pública, dá continuidade a esse bem-sucedido projeto vinculado ao Departamento de Cultura e mantém contato com o ex-diretor. É com ela que, em 1939, tem início um intercâmbio, também acompanhado por ele, envolvendo os musicólogos Harold Spivacke,[245] ligado à Biblioteca do Congresso de Washington, e Carleton Sprague Smith,[246] da Biblioteca Nacional da capital dos EUA. Ambos conversam tanto com Oneyda, em São Paulo, quanto com o escritor, no Rio de Janeiro, onde ele vive do segundo semestre de 1938 ao início do ano de 1941.

---

243. Andrade, Mário de. "O folclore no Brasil". In: *Aspectos do folclore brasileiro*, op. cit., p. 172.
244. O site da associação informa: "ACLS, a private, nonprofit federation of 71 national scholarly organizations, is the preeminent representative of American scholarship in the humanities and related social sciences. Advancing scholarship by awarding fellowships and strengthening relations among learned societies are central to our work. Other activities include support for scholarly conferences, reference works, and scholarly communication innovations." Disponível em: http://www.acls.org/. Última consulta: 26/11/2023.
245. Harold Spivacke, chefe da Divisão de Música da Biblioteca do Congresso, com quem a Discoteca Pública de São Paulo planejava troca de gravações.
246. Diretor da seção de Musicologia da Biblioteca Nacional de Washington.

Em carta a Oneyda Alvarenga, de 17 de julho de 1940,[247] ao fim das coordenadas para a recepção de Carleton Sprague Smith em São Paulo, Mário explica: "Eu pedia a vocês meus amigos que o juncassem de amabilidade, é um tipo humano, apesar de acreditar que democracia é ou são os U.S.A., com linchamento, racismos, Chinatown,[248] Sacco e Vanzetti etc". [249] O comentário coloca em evidência a contradição encontrada por Mário de Andrade: Smith é um altruísta, mas acredita que os EUA seja um lugar democrático. Se por um lado o país combate o nazismo e serve como refúgio de intelectuais e artistas perseguidos na Europa por comungarem ideais democratas, socialistas, ou serem judeus, por outro lado, concomitantemente, pratica perseguições raciais contra negros, chineses, e, ainda, condena à morte anarquistas inocentes, conforme aponta a missiva de Mário de Andrade.

No Rio de Janeiro, William Berrien convida-o para apresentar a terceira conferência do ciclo "Lições da vida Americana", organizado pelo Instituto Brasil-Estados Unidos (IBEU). O conferencista considerado pelos estudiosos estadunidenses como uma referência da cultura brasileira, apresenta "A expressão da música dos Estados Unidos",[250] no auditório da Associação Brasileira de Imprensa, em

247. Andrade, Mário de; Alvarenga, Oneyda. *Cartas*. São Paulo: Duas Cidades, 1983, p. 240.
248. MA faz referência à lei federal norte-americana que excluía imigrantes de acordo com suas nacionalidades. A lei, além de barrar a imigração de qualquer chinês, não permitia a naturalização deles, mesmo os que já moravam no país.
249. Nicola Sacco (1891-1927) e Bartolomeo Vanzetti (1888-1927) anarquistas italianos que, nos EUA dos anos de 1920, foram presos e condenados. Acusados de assassinar um contador e um guarda de uma fábrica de sapatos, não foram absolvidos, nem mesmo depois de outro homem ter admitido o crime. São executados por eletrochoque, em 1927. No poema "America", Allen Ginsberg (1926-1997) refere-se ao caso: "America Sacco & Vanzetti must not die".
250. A conferência "A expressão musical dos Estados Unidos" é publicada, no mesmo ano de 1940, como opúsculo na coleção Lições da vida americana, nº 3.

12 de dezembro de 1940. Na ocasião, desenvolve uma análise da cultura dos EUA, e não do Brasil, interessada em compreender as matrizes do aspecto associativo da música do país; destaca a presença do protestantismo, e inclui na terceira parte "A contribuição do negro", considerando *avant la lettre* uma perspectiva cultural de identidade diaspórica negra: "Aqui convém lembrar uma outra força importantíssima que estava destinada a tingir toda a música atlântica das duas Américas, o negro."[251] Muitos anos antes da concepção de Stuart Hall sobre a experiência negra na diáspora — cuja identidade diaspórica não deve ser reduzida à ideia de "pureza ou essência", mas de "identidade que vive com e através, não a despeito, da diferença; por hibridização" —,[252] o modernista latino também compreendera a cultura negra na América como um processo forjado sob o signo de diferentes encontros e experiências. Como se lê também no trecho de 1931, do ensaio "A música no Brasil":

> A música africana se enriqueceu prodigiosamente aqui, ao contato da música ibérica. Da mesma forma com que os negros da América do Norte se apoderaram de certos caracteres da música folclórica inglesa, especialmente escocesa, também na América do Sul o fenômeno se deu. As síncopas europeias, desenvolvidas pelo afro-americano, nos deram o principal da prodigiosa riqueza rítmica que em nossa música se manifesta.[253]

Depois, nas Obras Completas do autor, sai em: Alvarenga, Oneyda (org.) *Música, doce música*, op. cit., pp. 395-417.

251. Andrade, Mário de. "A Expressão musical dos Estados Unidos". In: Alvarenga, Oneyda (org.). *Música, doce música*, op. cit.

252. Hall, Stuart. "Identidade cultural e diáspora". *Revista do Patrimônio Histórico e Artístico Nacional*, nº 24, 1996, p. 75.

253. "A música no Brasil". In: Alvarenga, Oneyda (org.). *Música, doce música*, op. cit.

"A expressão musical dos Estados Unidos" inova[254] à medida que o latino-americano ministra, aos vizinhos estadunidenses, uma lição sobre eles mesmos. Em carta ao amigo Paulo Duarte, ele confessa: "Mostrarei mais uma estupefaciente conferência sobre a Música nos Estados Unidos, que você mostrará a seus amigos ianques, *provando que o Brasil também descobriu os Estados Unidos, só de pique*" [grifo meu].[255]

Identifiquei um conjunto de cartas no Acervo Mário de Andrade (IEB-USP) que comprova a recepção, nos Estados Unidos, do ensaio "A expressão musical dos Estados Unidos". O estudo dedicado aos documentos, inclusive, permite afirmar que se trata de comentários críticos escritos por alunos de Paulo Duarte, professor do curso de língua portuguesa, ministrado em um curso de férias na Universidade de Wyoming, no inverno de 1940. Mário de Andrade enviara o opúsculo da conferência a Paulo Duarte que, por sua vez, compartilhou com os alunos e, provavelmente, estimulou-os a enviarem comentários críticos ao autor, no Brasil.

Somam-se mais de 20 textos assinados por pessoas que compõem o corpo discente: um grupo de mulheres e homens, em sua maioria, professores universitários vindos de diferentes regiões do país. O material redigido, em português de domínio intermediário do idioma, apresenta, em geral, a reação de surpresa face ao olhar do latino que analisa aspectos da cultura musical dos EUA. Apesar dos elogios aos esforços empreendidos pelo conferencista, a maioria enumera uma série de informações para mostrar que a análise do conferencista é ainda superficial, principalmente porque não dá a ênfase neces-

254. Toni, Flávia Camargo; Carozze, Valquíria Maroti. "Mário de Andrade, Francisco Curt Lange e Carleton Sprague Smith: As discotecas públicas, o conhecimento musical e a política cultural". *Revista do Instituto de Estudos Brasileiros*, Brasil, n. 57, 2013, pp. 181-204.

255. Duarte, Paulo. *Mário de Andrade por ele mesmo*. São Paulo: Edart, 1971, p. 194.

sária à influência da música de origem europeia. Além do diálogo intercultural, o evento indica complexidades em relação à política de Boa Vizinhança, como o diálogo discreto entre Paulo Duarte, comunista brasileiro exilado nos Estados Unidos, com o amigo Mário de Andrade, mas também com William Berrien que nutre relações profissionais com dirigentes do Estado Novo.

Personalidades brasileiras, como Érico Veríssimo, no entanto, marcam engajamento explícito com a Política de Boa Vizinhança. Segundo Carlos Cortez-Minchillo, o autor de *Olhai os lírios do campo* ocupa o papel de embaixador da aproximação continental, intitulando-se "camelô do Brasil". Ainda que tenha indicado problemas raciais nos EUA, como no diário de viagem *Gato preto em campo de neve*,[256] de 1941, "a segregação social dos negros é apresentada recorrentes vezes com certa naturalidade, sem marcas de indignação, um problema 'mais moral, que político'". No diário, encontram-se trechos entusiastas como "o estadunidense é amigo da ordem e procede com boa vontade comovedora; se tiver que escolher vizinhos entre os povos estrangeiros eu escolheria sem hesitar o americano do Norte".[257] Enquanto isso, em perspectiva oposta, Mário de Andrade poeta, em "Nova canção de Dixie", satiriza os EUA ao criar uma anti-pasárgada — [258] "Mas porque tanta esquivança!/ Lá tem Boa Vizinhança/ Com prisões de ouro maciço;/ Lá te darão bem bom lanche/ E também muito bom linche,/ Mas se você não é negro/ O que você tem com isso!" (v. 24-30). Apesar do conhecido "gigantismo epistolar" de Mário

---

256. Minchillo, Carlos Cortez-. *Erico Veríssimo, um escritor do mundo: Circulação literária, cosmopolitismo e relações internacionais*. São Paulo: Edusp, 2015, p. 34.
257. Veríssimo, Érico. *Gato preto em campo de neve*. São Paulo: Companhia das Letras, 2006, p. 168.
258. Agradeço ao professor Pedro Meira Monteiro por me chamar a atenção para a imagem de anti-pasárgada no poema, após a leitura do meu trabalho de conclusão da disciplina ministrada por ele no IEB-USP, em 2012.

de Andrade, em seu arquivo encontra-se apenas um bilhete de Erico Veríssimo, de março de 1942, em que o remetente agradece a Mário pela oferta de *Poesias* e comenta a própria falta de gosto em escrever cartas. Contrariando a afirmação do escritor, Minchillo, que trabalhou junto ao arquivo de Veríssimo, ali chancela um correspondente contumaz.[259]

Em sua chegada aos EUA, o compositor Camargo Guarnieri escreve, eufórico, a Mário de Andrade, em 1 de janeiro de 1943, carregando a carta de exclamações e adjetivos. Este, em sua resposta, no entanto, não demonstra nenhuma empatia ao entusiasmo do amigo e abstém-se de comentar sobre os *States*. A missiva de Guarnieri vale sobretudo por confirmar a rede de brasileiros ao redor de Mário, intelectuais brasileiros ali exilados pelo Estado Novo, além de Paulo Duarte, também Mário Pedrosa:

> Antes de me instalar aqui, estive em Washington, na casa de Mário Pedrosa. Que camarada formidável. Fizemos uma boa camaradagem! Estamos nos carteando, a propósito, polemicando sobre arte. Ele é muito seu amigo. Constantemente falamos sobre você. A Mary, que criatura encantadora, não? Felizmente, parece que agora estão bem de vida. Todas as noites ficávamos conversando até altas horas, relembrando tempos passados... Ele me emprestou seu último livro de poemas *Poesias*. Este livro é o único em português que existe no meu quarto. [...] Estive diversas vezes com Paulo Duarte. Gosto muito dele. Na véspera de Natal estive na casa dele.[260]

---

259. Érico Veríssimo oferece seus livros a MA; na biblioteca do escritor (IEB-USP) estão: *Caminhos cruzados* (1935), *Um lugar ao sol* (1936), *Olhai os lírios do campo* (1938), *Viagem à aurora do mundo* (1939), *Saga* (1940) e *Gato preto em campo de neve* (1941) com dedicatória; *Música ao longe* (1935), *Aventuras no mundo da higiene* (1939) e *Viagem através da literatura americana* (s.d), sem dedicatória.
260. *Apud* Toni, Flávia Camargo; Carozze, Valquíria Maroti, op. cit., p. 292.

No Brasil, no mesmo momento, o linguista afro-americano Lorenzo Dow Turner entra em contato com Mário de Andrade; conforme se lê em carta envidada à Henriqueta Lisboa, o brasileiro narra o primeiro contato com o pesquisador estrangeiro:

> Estava aqui escrevendo, minha casa é térrea, quando escutei mexendo no portão. Olhei eram dois pretos bem trajados, pretos claros, se atrapalhando para entrar. Como o portão não tem trinco de espécie alguma, não conseguiam imaginar que era aberto. Seriam quase 14 horas e eu estava fatigado com o trabalho, socorri os pretos e perguntei o que queriam. Me queriam a mim, suadíssimos, coitados, arfando de ter subido a ladeira terrível. Traziam várias cartas de apresentação e eram dois professores universitários norte-americanos. Perguntei em que língua poderíamos conversar, mas os meus americanos, o mr. Turner e mr. Frazier, só falavam inglês. Fiquei meio aterrado porque o meu inglês de falar é pequeníssimo. [...] Os dois ianques que já conheciam obras minhas sobre música afro-brasileira e coisas de negros, vinham com fome de mim.[261]

O encontro deu frutos que foram descobertos, em 2015, por pesquisadores do IEB-USP, das Universidades Federais de Pernambuco (UFP) e do Recôncavo Baiano (UFRB) associados à Universidade de Indiana, dos EUA. Correspondem a uma gravação em que se identifica a voz de Mário de Andrade cantando e conversando com Rachel de Queiroz, Mário Pedrosa e Mary Pedrosa. Todos disponibilizam material de pesquisa para Lorenzo Turner: Mário de Andrade canta e explica a origem da "Canção de cego", coletada pelo Turista Aprendiz, em Catolé do Rocha (PB), e da peça "Toca zumba", a qual, segundo ele, "é um canto de negros brasileiros do tempo da Abolição" que se generalizou por todo

261. Souza, Eneida Maria de (org.), op. cit., p. 123.

o Brasil.[262] A gravação, além do registro único da voz de Mário de Andrade, convalida o encontro com Lorenzo Dow Turner, a escritora Rachel de Queiroz, que integrou o partido comunista cearense, a cantora Mary Pedrosa e o marido dela Mário Pedrosa, crítico de arte, jornalista e um dos fundadores do Partido Operário Leninista em 1936. Além disso, a reunião marca um contexto de intercâmbio diaspórico, visto que Mário oferece ao linguista, estudioso do dialeto Gullah (Geórgia, Estados Unidos), material brasileiro de matriz africana.

Logo em seguida ao retorno de Mário de Andrade do Rio de Janeiro para a terra natal, William Berrien vai à São Paulo. A visita é ratificada pela legenda do anfitrião, na fotografia, salvaguardada em seu arquivo: "Estadia de William Berrien em São Paulo— maio de 1941/ Gilda Rocha — Berrien — Edgard/ Cavalheiro — Rubem Braga — Luís Saia — eu — Rubens Borba de Moraes."[263] Ainda em 1941, em carta de 5 de dezembro, Berrien reitera convite mencionado em uma carta anterior, não encontrada no arquivo de seu destinatário. Quer que este participe, em janeiro próximo, da reunião do *Comittee on Negro Studies of the American Council of Learned Societies*, em Porto Príncipe, ao lado dos principais especialistas, na América Latina. O convidado não teria despesas e poderia, em seguida, ir a Nova York. Mário se esquiva, mas as solicitações não cessam, sempre à espera de uma resposta afirmativa. Em carta de 9 de novembro de 1941, Arthur Ramos escreve ao amigo:

> Você já deve ter sabido que os afro-americanistas das 3 Américas estão planejando reunir-se em Havana, em fevereiro próximo. Seu nome está na lista da delegação brasileira. Foi pensado desde as conversas prévias,

262. Disponível em: https://jornal.usp.br/institucional/press-release/gravacao-inedita-apresenta-voz-de-mario-de-andrade-pela-primeira-vez/.
263. Na série *Correspondência*, no arquivo de MA, há quatro cartas de Berrien que externam o entusiasmo dele com o Departamento de Cultura (Berkeley, 07 out. 1937, 02 jan. 1938; El Paso, 01 jun. 1938 e Washington, 05 dez. 1941).

que tivemos, o Fernando Ortiz e o Richard Pattee, em Washington, em abril último.[264]

Embora, de fato, Mário de Andrade não tenha participado dos eventos internacionais mencionados aos quais fora convidado, a crítica desenvolvida em torno dos estudos folclóricos no Brasil expande-se para além das fronteiras nacionais. Em grande medida, a perspectiva do estudioso cultural — avessa a trabalhos "científicos" que se destinem apenas "a divertir o público com a criação lírica e os dizeres do povo", pois os estudos folclóricos devem ser capazes de relacionar criticamente aspectos culturais com a sociedade que os abarca —[265] serve para analisar tanto contribuições musicais quanto a violência contra a população negra. O estudo das suas redes sociais confirma que a desconfiança e a crítica de Mário de Andrade forjavam-se singularmente em comparação ao entusiasmo da maioria pela política cultural estadunidense; o ensaísta, à medida que analisava o país e suas contradições, "só de pique", não abriu mão de destacar, para os brancos conservadores e de esquerda, a presença da cultura negra em diáspora na América.

Ainda que a consciência das perseguições racistas nos EUA esteja subjacente em sua conferência, encontra-se evidente no poema "Nova Canção de Dixie" (1944), ou seja, no espaço lírico, mais uma vez, o poeta reafirma seu existir negro, à medida que os versos, escritos pouco antes da morte, "concertam o destino" daquele que se esquiva dos insistentes convites recebidos para visitar os *States*. Ou seja, também no âmbito do losango negro, o poema traz uma reflexão crítica de um eu lírico que sofre ao mesmo tempo que expande a denúncia das consequências do racismo da esfera individual para a coletiva e transnacional.

264. *Apud* Ferreira, Lígia Fonseca. "Mário africanista", op. cit, p. 195.
265. Andrade, Mário de. *Aspectos do folclore brasileiro*, op. cit., p. 41.

"I'll never never be in colour line land": A recusa categórica

Como visto, o talento e a erudição de Mário de Andrade, multiplicados em tantos projetos e ocupações, são reverenciados por diferentes personalidades nacionais e internacionais. No Rio de Janeiro, William Berrien, mentor do convite para apresentar a conferência no Instituto Brasil-Estados Unidos, insiste no comparecimento do escritor no Congresso sobre o Negro, promovido pela ACLS, a realizar-se no Haiti.[266] Além desse, outros convites virão. Em carta a Sérgio Buarque de Holanda, de 21 de março de 1941, disfarça a recusa aos convites no desabafo:

> Quando vamos pros States? Maria Amélia vai também? Eu, cada vez mais desistindo de ir e talvez desistindo de tudo, não sei, ando com nojo de tudo que não é minha vidinha de deserto-mãe. Amo o deserto, requeimado pegureiro de mim mesmo, beduíno ou quiçá camelo. Deve dar camelo. Mas é uma gostosura hipermagestática e tem seu trágico.[267]

Em 1944, o poeta exprime em "Nova canção de Dixie" a consciência das próprias contradições, o que também move a carta que ele endereça a seu amigo Manuel Bandeira, em 20 de janeiro, certamente diante da primeira versão do poema:

> Tenho uma consulta a lhe fazer, aliás sem enorme importância porque onde vem a coisa não tem importância. Numa sátira de combate, que aliás não publico porque não convém, pois sou "Nações-unidas", eu

---

266. Cf. carta de William Berrien de 5 de dezembro de 1941, a qual reitera o convite para MA participar do Congresso no Haiti e, em seguida, visitar Nova York (Correspondência MA — IEB/USP).
267. Cf. Monteiro, Pedro Meira (org.). *Mário de Andrade e Sérgio Buarque de Holanda*: *Correspondência*, op. cit., p. 120.

esculhambo os EE. UU. por causa da linha-de-cor. A ideia nasceu da irritação que me causaram as várias recusas (que fui obrigado a explicar) escusas dolorosas aos convites de ir visitar os States. Pois não vou numa terra que tem a lei do Linch. Daí nasceu uma sátira mal escrita, que tem este refrão:

"No. I'll never never be
In Colour Line Land"

Pus 'be' por 'go' pra indicar bem que o que me horroriza é estar lá dentro. O que me interessa é saber se está certa a invenção "Colour Line Land" pra dizer o, em portuga, "Terra da Linha de Cor". "Colour Line Land" fica bem melhor que "Line of Colour Land", ou ainda pior "Land of the Line of Colour". O inglês dos que consultei aqui não deu pra responderem.

Não mando a sátira porque está muito mal feita, embora talvez, possa ter algum efeito corrosivo, que é o que eu quero. [268]

A missiva evidencia a repulsa à linha de cor vigente nos Estados Unidos e, ao mesmo tempo, insinua o preconceito racial que perturba Mário de Andrade no campo individual. Esse aspecto é reforçado por esse depoimento de Moacir Werneck de Castro:

À escritora argentina María Rosa Oliver, que estava no Brasil durante a guerra, tratando de um número especial da revista *Sur* sobre nossa literatura, fez uma confidência rara. Em suas memórias, conta Maria Rosa que ele [Mário de Andrade] recusara convites para os Estados Unidos "simplesmente por ser mulato" e acrescentou com naturalidade: "Não aceitei. Você não sabe que tenho sangue negro?". Achava que seria pessoalmente discriminado (na carteira de identidade constava "cor

268. Moraes, Marcos Antonio (org). *Correspondência Mário de Andrade & Manuel Bandeira*, op. cit, p. 670.

branca"), mas explicava: "Já sei, não sofreria por isso, mas outros iguais a mim sofrem, e isso eu não poderia tolerar."[269]

Ainda que se justifique a possibilidade de ser amenizado o preconceito, pela cor branca que consta na carteira de identidade, bem se sabe que, nos EUA, Mário de Andrade seria discriminado; inclusive ele mesmo está consciente disso, conforme se lê no depoimento à amiga María Rosa Oliver, relatado por Werneck. Na criação poética destaca-se o incômodo do artista com a violência que persegue os negros na sociedade estadunidense, "outros iguais a mim sofrem", desse modo, o preconceito de cor, que ganhara em 1939 um ensaio dedicado ao tema no Brasil, amplia o território para outro país americano da diáspora.

Diante dos relatos e das cartas, vemos que o aspecto individual também impulsionou a criação, porém, o poeta, mais uma vez, privilegia o tom social. Conforme explica na carta à Henriqueta Lisboa, de 3 de agosto de 1944, "Porque toda poesia, toda obra de arte é 'social', porque, mesmo se preocupando exclusivamente com as reações pessoais do artista interessa à coletividade".[270]

Aliás, nesse mesmo momento, Mário de Andrade interrompe a escrita do romance *Quatro pessoas* pois julgava-o por demais individualista, um despropósito em tempos de barbárie social.[271] No ano

---

269. Castro, Moacir Werneck. "Breve viagem ao tempo". In: *Mário de Andrade*: *Exílio no Rio.* Rio de Janeiro: Rocco, 1989, p. 64.

270. Souza, Eneida Maria de. (org.), op. cit., pp. 290-1. [grifo do autor]

271. Sobre essa criação, MA afirma, em entrevista a Mário da Silva Brito (*Diário de São Paulo*, São Paulo, 2 dez. 1943): "Eu estava escrevendo no Rio de Janeiro quando a notícia da queda de Paris me estarreceu. Não era mais possível preocupar-se com o destino de quatro indivíduos — envolvidos em dois casos de amor — quando o mundo sofria tanto e a cultura recebia um golpe profundo. Desisiti". Cf. Lopez, Telê Ancona (org.). "Uma excursão pelo fichário de Macunaíma — reedições, novas obras e planos de futuros trabalhos de Mário de Andrade — o mais organizado intelectual do país'".In: *Entrevistas e depoimentos: Mário de Andrade.* São Paulo: T.A. Queiroz, 1983, p. 96. Para

da criação de "Nova Canção de Dixie", em entrevista a Francisco de Assis Barbosa, afirma: "Sempre fui contra a arte desinteressada. Para mim, a arte tem de servir. Posso dizer que desde o meu primeiro livro faço arte interessada".[272] Além disso, para ele, não basta o intelectual proclamar-se contra a barbárie:

> Porque o não conformismo do intelectual não está apenas em gritar e assinar: "Sou antinazista!" "Sou pela democracia", sou mais isto e aquilo. Isto quando muito é ser tagarela. O não conformismo implica não apenas na reação, mas a ação. E é nesta ação que está a responsabilidade pública do intelectual.[273]

Em relação aos EUA, ao recusar-se comparecer em eventos, o escritor afirma seu posicionamento político como um democrata que impele práticas racistas; no campo artístico, nasce mais uma poesia de combate. Ao não sublinhar no poema o preconceito que sofreria no campo individual, o artista mantém a coerência do seu discurso:

> Em momentos como esse não é possível dúvida: o problema do homem se torna tão decisivo que não existe mais o problema do artista. Não existe mais o problema do profissional. O artista não só deve, mas tem que desistir de si mesmo. Diante de uma situação universal de humanidade como a que atravessamos, os problemas profissionais

---

a amiga Oneyda Alvarenga, confessa: "Quando começou a arrancada alemã fiquei envergonhado de estar escrevendo romance fazendo *crochet* sobre a psicologia de 4 pessoas e parei tudo". *Apud*. Almeida, Maria Zélia Galvão de. "Quatro pessoas: Uma edição crítica". In: Andrade, Mário de. *Quatro pessoas*. Organização, apresentação e notas de Maria Zélia Galvão de Almeida. Belo Horizonte: Itatiaia, 1985, p. 15.

272. Andrade, Mário de. "1944-Acusa Mário de Andrade: 'Todos são responsáveis!'." In: *Entrevistas e depoimentos: Mário de Andrade*, op. cit. p. 104.

273. Ibidem, p. 108.

dos indivíduos se tornam reles que causam nojo. E o artista que no momento de agora sobrepõe seus problemas de intelectual aos seus problemas de homem, está se salvaguardando numa confusão que não o nobilita.[274]

Em anotação, a grafite, na contracapa, do seu exemplar de *Leaves of Grass* de Walt Whitman (Nova York: Modern Library, s/d), tece tanto um comentário crítico à obra como um plano para criação com acentuada crítica social:

> Eu não entro no poema. Versos geralmente longos. Mostrar a miséria moral do Brasil por causa da infâmia da política republicana, com palavras enérgicas e cuidar da eloquência. Pra que esta seja viril e humana e não romântica e pessoal. Este tema faz polifonia durante todo o poema com descrição do assunto gerador. Em partes separadas talvez, como *Song of Myself*?

Se os versos políticos de "Nova canção de Dixie" denunciam uma das infâmias da humanidade, tal posicionamento de Mário de Andrade, enfático contra a violência, pode ser lido ainda em poemas como "Lira paulistana"[275] e "O carro da miséria",[276] todos do mesmo momento de criação.

A terra (não) ideal: A inversão da tópica poética

"Nova canção de Dixie" combina quatro diferentes idiomas ocidentais. Os dois primeiros versos, em alemão e em francês, valem a apro-

274. Ibidem, p. 109.
275. Idem; "Lira paulistana". In: *Poesias completas*, op. cit, v. 1, pp. 491-545.
276. Idem; "O carro da miséria". In: *Poesias completas*, op. cit, v. 1, pp. 473-88.

priação por meio da colagem. Trazem o *topus* da terra ideal, uma constante na literatura ocidental que será retomada ironicamente pelo poeta. Os dois primeiros versos: "Kennst du das Land/ Où fleurit l'oranger?" pertencem, respectivamente, ao poema "Mignon" de J. W. Goethe (1749-1832) e à ópera homônima, inspirada nos versos do poeta alemão, do compositor francês Ambroise Thomas (1811-1896). Em ambos vigora a referência a uma terra ideal oposta ao sentido da mesma tópica no poema do brasileiro.[277] Mário apropria-se de um trecho do verso "*Kennst du das Land*, wo die Zitronen blühn", de Goethe,[278] que na tradução de Paulo Quintela fica: "Conheces o país onde floresce o limoeiro?". O segundo verso de Mário, transcreve uma parte do primeiro verso da versão francesa da ópera *Mignon*[279] "Connais-tu le pays où fleurit l'oranger?". Ambroise Thomas prefere traduzir "Zitronen" por "l'oranger", isto é, "limoeiro" por "laranjeira". O poeta Mário de Andrade dialoga com os dois românticos ao captar o tema da terra ideal na poesia e na música.

Goethe é retomado ainda por Théophile Gautier em "La chanson de Mignon"[280] e também por Gonçalves Dias, que utiliza os versos do poeta alemão como epígrafe. Mário de Andrade, que estudou com

---

277. MA guardou em sua biblioteca três partituras da ópera e o livro de poemas: Goethe, Johann Wolfgang von. *Goethes Lyrische und epische Dichtungen*. Leipzig: Inselverlag, 1920, 2v. Goethe, em "Mignon", faz referência à Itália como terra ideal, país por onde o poeta viajou por dois anos. Em carta de 3 de dezembro de 1786, a Herder de Nápoles, afirma: "Considero o dia que cheguei a Roma como data de meu segundo nascimento, de um verdadeiro renascimento".
278. A primeira estrofe do poema: "Conheces o país onde floresce o limoeiro?/ Por entre a rama escura ardem laranjas de ouro,/ Do céu azul sopra um arzinho ligeiro./ Eis que se ergue a murta calma, olha altivo o louro!/ Conheces? Oh partir! Partir/ Pra lá, contigo, Amado! Oh! Quem me dera ir!". Goethe, J.W. *Poemas. Antologia*, versão portuguesa. Coimbra: Centelha,1958, p. 103.
279. Ainda que as três partituras guardadas por MA estejam na versão italiana, a transcrição do verso no poema aqui analisado mostra que ele também conhecia a versão francesa, de acordo com a tradução feita pelo poeta francês.
280. Gautier, Théophile. *Poésies complètes*. Paris: Nizet, 1970.

afinco os poetas românticos brasileiros, à margem da "Canção do exílio"[281] reconhece a beleza musical dos versos, mas satiriza a imagem da terra ideal:

> Esta moda de G.D. comove e sublima pelo sentimento geral que a ditou e pela musicalidade genial. É som puro que nem o milhor de Goethe, Heine, Verlaine. Porém ideias fracas. Erradas mesmo. Sabiá cantando na palmeira já muito se falou que só mesmo estudante de Coimbra podia pregar mentiradas dessas. Duma feita me escutando ressoar esses versos um sitiante me secundou: Homem até agora no alto do/ coqueiro só enxerguei urubu dormindo.[282]

Como se vê, o crítico/leitor ironiza a tópica da terra ideal, tema recorrente na literatura do Ocidente, provavelmente antes mesmo da elaboração dos versos aqui estudados. A anti-pásargada do poeta, imaginada mas nunca visitada, inicia-se em três diferentes línguas modernas:

> Kenst du das Land
> Où fleurit l'oranger
> É a terra maravilhosa
> Nascida duma barquinha
> "Flor de Maio" se chamava,
> Onde tudo o que é bom dava,
> Que tudo o que é rico tinha... (v. 1-7)

Nos versos, a insistência para conhecer a "terra ideal" e a recusa a este convite dão forma ao poema. Trata-se de uma conversa na

281. Dias, Gonçalves. *Poesias*. Rio de Janeiro: Livraria Garnier, s.d., v. 2.
282. Transcrição diplomática de nota marginal de MA à p. 88 de: Dias, Gonçalves. "Canção do exílio". In: *Poesias*, op. cit., v. 2.

qual participam duas vozes enunciativas. Dois elementos fundamentam minha hipótese: a escolha por pronomes pessoais que indicam diferentes participantes da comunicação, e o turno conversacional, distinguido pelas estrofes. A primeira voz é identificável no uso do pronome da primeira pessoa do singular "I", na repetição do refrão "No. I'll never never be/ In Colour Line Land." (v. 22, 23/31-32/41, 42). A segunda voz, que dialoga com este sujeito, está marcada nos pronomes pessoais "você", "te", "lhe", como nos versos: "Você sai se faz questão" (v.17) / "Lá te darão bem bom lanche" (v. 28)/ "Depois lhe dão com discurso/ Abraço tão apertado/ Que você morre asfixiado" (v. 37-39). Por sua vez, o turno conversacional distingue-se pela disposição das oito estrofes que dão unidade ao poema. As estrofes/ convites 1, 2, 3, 5 e 7, formam uma voz externa, frisada com o uso dos pronomes — te/ lhe/ você — que insistem, tal como os convites feitos ao poeta para visitar os Estados Unidos, e afirmam os valores da "terra maravilhosa". O "I", tem seu turno nas estrofes 4, 6, 7 que recolhem o refrão. Funciona como uma recusa reiterada que se apoia em um único e contundente argumento; conforme se viu na carta a Manuel Bandeira, o poeta afirma: "Pus 'be' por 'go' pra indicar bem que o que me horroriza é estar lá dentro". Ainda que neste poema/ conversa, a voz do outro, do argumentador, ocupe um espaço maior — cinco das oito estrofes —, a repetição idêntica do dístico torna a decisão irredutível. Ocorre também que o pronome "I", evidentemente primeira pessoa do singular, pode ser tomado numa amplitude social, nesse sentido, minha leitura concorda com a de Telê Ancona Lopez, para quem "o refrão [de "Nova canção de Dixie"] dialoga com as estrofes irônicas, como a refutação de um côro, como a negação popular".[283] Toda essa emulação da recusa e do convite, pode ser vista, por exemplo, neste trecho:

283. Lopez, Telê Ancona. "O compromisso e a circunstância". In: *Mário de Andrade: Ramais e caminho,* op. cit., p. 231.

Mas porque tanta esquivança!
Lá tem Boa Vizinhança
Com prisões de ouro maciço;
Lá te darão bem bom lanche
E também muito bom linche,
Mas se você não é negro
O que você tem com isso!

No. I'll never never be
In Colour Line Land. (v. 24-32)

A ironia, figura de expressão por oposição, está desde a escolha do título "Nova canção de Dixie" que se reporta à Dixie[284] da segunda metade do século XIX que, segundo Mário de Andrade, "tornou-se o canto de guerra da Confederação, e hoje um verdadeiro canto nacional de *todos* os norte-americanos" [grifo meu].[285] O pronome indefinido, mas com sentido absoluto, "todos", carrega a provocação do autor que conhece as contradições raciais do país e, inclusive, menciona a autoria de Dan Emmett (1815-1904). Além de compositor, Emmett, artista branco do sul dos EUA, apresentava-se em shows de teatro popular, do gênero menestrel, maquiado em *blackface*, isto é, com o rosto pintado de preto e de lábios vermelhos estereotipados. A letra traz a voz de um homem negro, escravizado do Sul dos Estados Unidos, que busca chegar na terra ideal. Vale dizer que nos anos da Guerra da Secessão, os Estados Confederados da América adotam a canção como hino não oficial do grupo, conhecida também por "I wish I was in Dixie".

---

284. Dixie compreende os estados: Texas, Oklahoma, Missouri, Arkansas, Louisiana, Mississippi, Tennessee, Alabama, Kentucky, Maryland, Virgínia Ocidental, Virgínia, Carolina do Sul, Carolina do Norte, Geórgia e Flórida.
285. Andrade, Mário de. "A expressão musical dos Estados Unidos", op. cit, p. 401.

A partir da canção como matriz, o efeito "mais corrosivo" é então alcançado na construção do refrão "No. I'll never never be/ In Colour Line Land", quando o poeta se apropria do refrão da "velha" canção de "Dixie", invertendo a perspectiva: "Look away, look away. Dixie Land. / I wish I was in Dixie. Hooray! Hooray!". Essa inversão do poeta brasileiro joga com dois elementos da canção norte-americana. O primeiro é localizado na comparação do verso "I wish was" com "I'll never never be", enquanto o refrão de "Dixie" ressalta o desejo de "um dia ir", em a "Nova canção de Dixie", o sujeito lírico decide "nunca estar". Em relação ao segundo elemento, o poeta troca o termo "Dixie Land", o sul dos Estados Unidos como terra ideal na música, por "Colour Line Land", a mesma região do país onde são mais violentas as práticas racistas e, portanto, a sua anti-pasárgada. Ocorre então este fato na literatura brasileira: uma canção nascida no Sul escravagista, vista como ofensiva e racista, ao ser retomada por Mário de Andrade, transforma-se em um vitupério aos Estados Unidos.

A região de Dixie, situada em um clima mais apto às *plantations*, com inverno menos rigorosos que o norte do país, fora mais escravagista, por isso ali encontra-se a majoritária presença de negros no país. Com a crise econômica do início do século XX, aumenta consideravelmente a emigração de negros para o Norte, principalmente para Chicago e Nova York. Em Dixie, está New Orleans, maior cidade do estado de Louisiana, conhecida como berço do jazz. O historiador Eric Hobsbawm reconhece no termo, Dixieland, o sentido geográfico e também musical:

> Dixieland, literalmente, a região de *Dixie*, o sul dos Estados Unidos, a terra ao sul da linha imaginária entre as cidades de Madison e Dixie. Como estilo de jazz, adaptação do estilo New Orleans, feita a partir da Original Dixieland Jazz Band, formada em 1908 por Nick La Rocca, por músicos brancos de Chicago, na década de 1920.[286]

286. Hobsbawn. Eric J. *História social do jazz*. Trad. Angela Noronha. São Paulo: Paz e terra, 2011, p. 367.

Dixie, no título do poema de Mário, é retomada em uma perspectiva musical e territorial. A importância da música ao longo da criação mariodeandradiana é conhecida. Os ritmos musicais populares estão presentes na obra do poeta, desde *Pauliceia desvairada* (1922) — nos poemas "Laranja da China", "O domador" e "Infibraturas do Ipiranga", que aliás é um oratório profano. Encontram-se também em *Clã de jabuti* (1927) nas formas da moda de viola, coco e toada.

O interesse e a pesquisa feita por Mário de Andrade na música norte americana, trazidos na introdução deste livro, reafirma-se: "O jazz é essencialmente polifonista, bom exemplo democrático, individualizando um por um os instrumentos do conjunto, mas conservando-os todos em concordância e harmonia."[287] O escritor ressalta a independência dos músicos de jazz, relembrando dois aspectos fundamentais do estilo: o tema e a improvisação. Os músicos envolvidos combinam o turno individual, realizando a improvisação, com a harmonia do conjunto, o tema. O jazz metaforiza, pela liberdade de cada músico, em sua improvisação, o respeito à representação de diferenças. No poema, que ironiza a democracia do país, Mário toma uma música de um branco, vista como racista, inverte o sentido e toca a canção de "bardo mestiço" que reivindica, pela ironia e recusa, a liberdade: como uma apresentação de jazz, a voz do negro deve ser alternada com as outras que compõem o conjunto da nação.

Flashes da história dos EUA na criação do poema antirracista de Mário de Andrade

Em o "Início da música norte americana", parte da conferência "A expressão musical dos Estados Unidos", Mário de Andrade aponta:

287. Andrade, Mário de. "A expressão musical dos Estados Unidos". In: Alvarenga, Oneyda (org.). *Música, doce música*, op. cit., p. 401.

> Mas não pense que tudo foram flores no princípio. Os "peregrinos" do Mayflower quando em 1620 se refugiaram na América, reacionários e severos como eram, só traziam na bagagem insossa um livro de salmos arranjados pelo reverendo Ainsworth, da igreja de Amsterdam, de onde vinham.[288]

O episódio histórico será retomado pelo poeta para contar os primórdios da terra ideal construída pelos primeiros imigrantes ingleses que ali chegaram:

> É a terra maravilhosa
> Nascida duma barquinha
> "Flor de Maio" se chamava,
> Onde tudo o que é bom dava,
> Que tudo o que é rico tinha... (v. 3-7)

Em ambos os textos, no poema e na conferência, Mário de Andrade retoma a história da embarcação, conhecida como Mayflower, que transportou um grupo de puritanos, no século XVII, que escapavam da reforma religiosa na Inglaterra e decidiram estabelecer-se na região da Nova Inglaterra. Os tripulantes passaram por dificuldades durante a travessia e adaptação nas terras norte americanas. Essa passagem é atribuída à lenda do indígena que lhes serviu de guia à terra ideal e ensinou-lhes a pescar, cultivar milho e a celebrar, pela primeira vez, o dia de Ação de Graças, em 1621, para comemoração da chegada do navio *Fortune*, que lhes trazia suprimentos.[289]

Avançando no tempo, o sujeito lírico continua a focalizar outros aspectos históricos para alimentar sua sátira da terra ideal:

---

288. Andrade, Mário de. "A expressão musical dos Estados Unidos", op. cit., p. 397.
289. Morison, Samuel Eliot; Commager, Henry Steele. "As primeiras fundações (1600 a 1660)". In: *História dos Estados Unidos da América*. Trad. Agenor Soares de Moura. São Paulo: Edições Melhoramentos, 1950, t. 1, pp. 64-5.

Lá quem queira gozar goza
Com toda a felicidade,
É só passear pela rama,
É só não ser tagarela:
É a terra maravilhosa,
Parece com a liberdade
Pois já tem a estátua dela. (v. 8-14)

Esses versos que, evidentemente, remetem à Estátua da Liberdade, presente dado pelos franceses em 1886, em comemoração ao centenário da Independência dos Estados Unidos, invertem novamente o sentido, ao glosar a liberdade estática em uma escultura que remete mais a um "sonho" democrático.

O eu poético ao chegar na contemporaneidade ironiza a tecnologia e o poderio dos homens, os plutocratas que "vivem em outra dimensão":

É a terra dos plutocratas,
Palácios de cem andares,
Você sai se faz questão,
Mas pode ficar nos ares,
É só apertar o botão,
Que recebe tudo em latas
Pela quarta dimensão. (v. 15-21)

Em seguida, os versos anteriores à primeira ocorrência do refrão localizam, mais uma vez, o tempo presente. Mas, nesse caso, vão além da menção irônica à tecnologia e ao poder, confirmam a denúncia da violência social, em estrofe que vale ser mencionada novamente:

Mas porque tanta esquivança!
Lá tem Boa Vizinhança
Com prisões de ouro maciço; Lá te darão bem bom lanche
E também muito bom linche,
Mas se você não é negro
O que você tem com isso! (v. 24-30)

Destaco que nos versos — "Mas se você não é negro/ O que você tem com isso!" (v. 29-30) — infere-se uma chamada ao branco democrata para que ele também se inquiete diante da violência contra os negros. Nessa passagem, o sujeito lírico faz referência à Lei de Lynch, que deu origem à palavra "linchamento", trata-se da intolerância desencadeada pelo ódio racial contra negros perseguidos pelos "comitês de vigilância" que abriu caminho para o nascimento da Ku Klux Klan: organização terrorista, declaradamente racista que existe até os dias de hoje. Sabe-se que o ataque da Lei de Lynch expandiu-se para outros grupos sociais como judeus, imigrantes asiáticos e indígenas. Contudo, a prática ficou estreitamente associada ao assassinato de negros no sul dos Estados Unidos. Dessa perseguição, muitas vezes, resultaram enforcamentos públicos, em árvores, extrema violência que servia de espetáculo à sociedade branca.

O *standard* "Strange Fruit", interpretado por Billie Holiday, e o poema de Mário de Andrade retratam a violência contra a população afro-americana, na primeira metade do século XX. Ainda que os recursos estéticos de cada obra sejam diferentes, tanto a canção, de Holiday,[290] que não é absolutamente uma sátira, como os versos do poeta brasileiro, plantam-se no mesmo momento histórico. Em "Nova canção de Dixie", ultrapassa-se a fronteira individual e a nacional, e propaga-se a contradição do preconceito racial simultâneo

290. Embora a composição não seja da autoria de Billie Holiday, é impossível separá-la da força da intérprete.

à defesa da democracia nos Estados Unidos, "Strange Fruit", por sua vez, denuncia o assassinato de negros no sul do país. O poeta e a cantora deixaram marcado, em suas respectivas artes, o horror deles perante a perseguição racial. Ainda que sem a força da interpretação de Holiday, segue a letra de "Strange Fruit":

Southern trees bear a strange fruit
Blood on the leaves and blood at the root,
Black body swinging in the Southern breeze,
Strange fruit hanging from the poplar trees.

[...]

Here is a fruit for the crows to puck,
For the rain to gather, for the wind to suck,
For the sunt to rot,
For the tree to drop,
Here is a strange and bitter crop.[291]

Mário de Andrade escreve "Nova canção de Dixie" no mesmo momento em que o nazismo alemão exterminava judeus em campos de concentração, pautado na justificativa do racismo científico como argumento mais contundente para a prática. Por outro lado, os Estados Unidos serviam de refúgio ao povo judeu, mas, em relação aos negros, agiam contraditoriamente aos ideais democráticos; uma perseguição cruel, estribada na intolerância racial. Esta contradi-

291. Cf. Margolick, David. *Strange Fruit*: *Billie Holiday e a biografia de uma canção.* São Paulo: Cosac Naif, 2012. Traduzida por Carlos Rennó, na mesma edição: "Árvores do Sul dão uma fruta estranha;/ Folha ou raiz em sangue se banha;/ Corpo negro balançando, lento;/ Fruta pendendo de um galho ao vento.// // Eis uma fruta para que o vento sugue,/ Para que um corvo puxe, para que a chuva enrugue,/ Para que o sol resseque, para que o chão degluta./ Eis uma estranha e amarga fruta".

ção do país foi proclamada pelo poeta brasileiro e, em seus versos, o "bardo mestiço" alcança a comunhão com os negros estadunidenses, garantindo-lhes que, diante da hipocrisia da terra ideal, o poeta aqui continuará repetindo, no ritmo do *jazz*, "No, I'll never never be in Colour Line Land".

DOSSIÊ

Textos de Mário de Andrade[1]

1. O presente dossiê disponibiliza uma parcela importante de textos de Mário de Andrade que fazem referência à cultura afro-brasileira e está organizado em quatro partes: na primeira, está "Romance do Veludo", publicado na *Revista de Antropofagia* nº4 (Ano 1, ago. 1928); na segunda, estão os "Estudos sobre o negro" ("Cinquentenário da Abolição", "A superstição da cor preta" "Linha de cor" e "Bibliografia de Mário de Andrade para *Estudos sobre o negro*"), textos reunidos pela primeira vez, por mim, em *Aspectos do folclore brasileiro* (2019); a terceira parte conta com a transcrição de uma parcela de manuscritos localizados no acervo do escritor, no IEB-USP, que comprovam a visão ampla de MA, e dedicam-se à organização do Cinquentenário da Abolição na cidade de São Paulo, incluindo sugestões por ele enviadas para o ministro da Educação e da Saúde visando a comemoração em nível nacional. Por fim, a conferência "A expressão musical dos Estados Unidos" que, ao analisar a cultura da música estadunidense, destaca com originalidade para a época a influência da cultura negra no país do norte. Para a transcrição de textos de Mário de Andrade, opto pela transcrição semidiplomática, ou seja, aquela que busca reproduzir quase todas as características do original, de forma a apresentar o texto mais próximo possível da versão presente no acervo do escritor, i.e, reproduzo o uso da caixa alta e da caixa baixa, itálicos, sublinhados e outros tipos de grifo e variações que podem ocorrer por parte do próprio Mário de Andrade.

Romance do Veludo [1928][2]

2. Este texto foi publicado na *Revista de Antropofagia* nº4 (Ano 1, ago. 1928, pp.5-6).

Não sou folclorista não. Me parece mesmo que não sou nada na questão dos limites individuais, nem poeta. Sou mas é um indivíduo que quando sinão quando imagina sobre si mesmo e repara no ser gosado, morto de curiosidade por tudo o que faz mundo. Curiosidade cheia daquela simpatia que o poeta chamou de "quasi amor". Isso me permite ser múltiplo e tenho até a impressão que: bom. Agora que principio examinar com o deficiente conhecimento meu, certos documentos folclóricos que arranjei, tenho mesmo que afirmar estas coisas verdadeiras. Não é humildade protocolar não. São coisas verdadeiras. Provam meu respeito pela sabença alheia e afirmam meus direitos de liberdade.

Eis o Romance do Veludo:

— Netinha, que estás fazendo
Calada aí na cozinha?
— Estou pondo água no fogo
Pra café, minha avozinha.
— E vivo aqui todo sarapantado
Como gambá que caiu no melado...

— Netinha, tu deste um beijo
Ou eu estar enganada?
— Vozinha, é o estalo da lenha
Que está no fogo molhada.
(Refrão)

— Netinha, tu não me negues,
Com quem estás conversando?
— Vozinha, é a chaleira
Que está no fogo chiando.
(Refrão)

— Netinha, que modo é esse!
Responde-me assim brejeira?
— Vozinha, eu me queimei, ai!
Nesta maldita chaleira.
(Refrão)

E a velhota desconfiada
De tão inocente santinha,
Resolveu ir vagarosa
Surpreende-la na cozinha.
(Refrão)

Ao chegar lá a velhota
Ficou toda adimirada:
Nos braços do primo Joca
'Stava a moça recostada.
(Refrão)

Colhi este documento em Araraquara cantado por moças. Era coisa escutada na infância, da boca dum palhaço preto que às vezes portava na cidade. Como chamava o palhaço não sabiam. Cresceram e nunca mais que o viram. De certo morreu.

Falo "de certo" porquê é muito possível que se trate do famoso palhaço Veludo. Si é o mesmo devia de estar velhusco pelo menos, quando as moças o escutaram nos primeiros anos deste século. Porquê indagando indagando, sube que bem na Monarquia andou pelo estado um palhaço preto cantador, equilibrista, saltador, um faz-tudo muito apreciado, se chamando Veludo. Pelo menos é certo que este conhecia o refrão do Romance e o cantava no lundu bem espalhado, de que falarei no próximo número da Antropófaga. Ora como êste lundú, tratando da vida do escravo, já não podia interessar muito os frequentadores de circo do século vinte, muito possível que Veludo o tenha abandonado, intrometendo o refrão dele noutra cantiga se prestando a isso.

Mas do Veludo ou de outro palhaço preto, o Romance continua um documento literario-musical interessante do nosso populario. Se ajuntaram nele um texto tradicional português inteiramente deformado e um refrão afro-brasileiro.

O texto é uma deformação de assunto europeu. A idéia de, se aproveitando dos fenômenos da natureza ou da vida, iludir na resposta a uma pergunta que desconfia dos nossos amores se satisfazendo, é antiguissima. Sei que vai pelo menos até á Idade Média. E se espalha tanto que a encontramos na Escandinavia, na Bretanha, na Italia, no sul da França, na Catalunha.

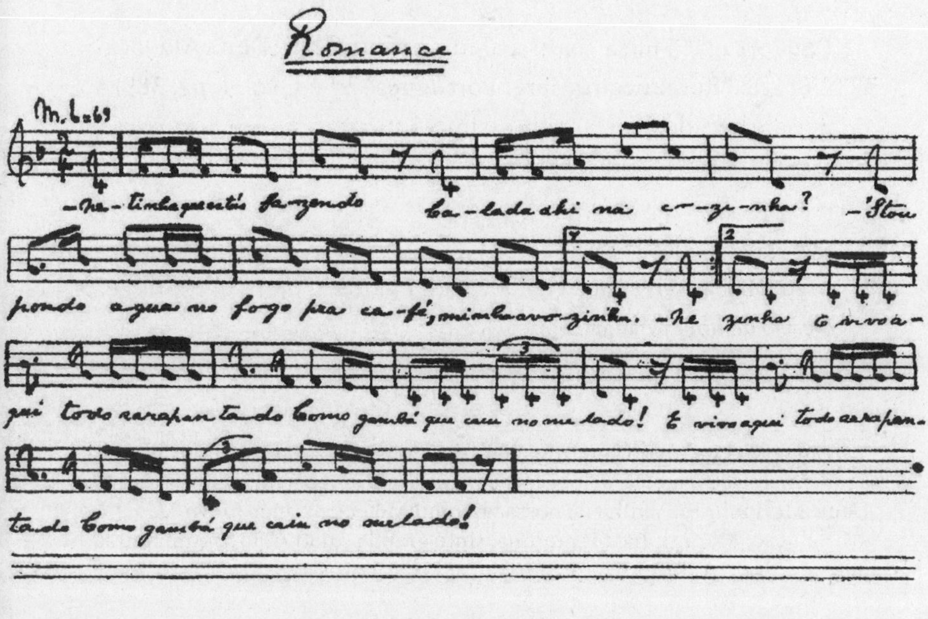

Em França temos as admiráveis réplicas de Marion (H. Môller, "Franzôsische Volkslieder" ed. Schott nº 555) principiando assim:

— Qu'allais-tu faire à la fontaine?
Corbleu, Marion!
— J'étais allé' quérir de l'eau,
Mon Dieu, mon ami!
— Mais qu'est-ce donc qui te parlait?
Corbleu, Marion!
— Cétait la filie à not'voisine,
Mon Dieu, mon ami!
(etc.)[3]

Um texto catalão (Grove's Dictionary) principia assim:

— Mare mia, mare mia, sento gran ruìdo.
— Ne son las cambreras que salten y riuhen (etc.)[4]

Em Portugal a ideia aparece algumas feitas. Na "Dona Aldonça" (Th. Braga, "Romanceiro Geral Português" 2.ª ed. vol. I, pg. 389) a criança de pecado é disfarçada assim:

— Ai, dize-me, oh Valdivinos,
Que levas na aba da capa?
— Amêndoas verdes, meu tio,
Desejo de uma pejada, (etc.)

3. Tradução: Que foste fazer no chafariz/ Por Deus, Marion!// Fui buscar água, /meu Deus, meu amigo!// Mas quem estava então a falar contigo?/ Por Deus, Marion!// Era a filha de nossa vizinha/ Meu Deus, meu amigo! (etc.)
4. Tradução: Mar minha, mar minha, sinto grande ruído./ São as camareiras que saltam e riem (etc.)

A ideia volta no romance do Frei João. Na versão de Pedro F. Tomás ("Velhas Canções e Romances Populares", Coimbra, 1913, pg. 51) a mulher secunda pro amante que não pode abrir a porta porquê tem "o menino ao colo" e o "marido á ilharga". Este acorda porém, e o texto corre:

— Quem é esse, mulher minha,
A quem da-las tuas falas?

— E' a moça a perguntar
Si cozia si amassava, (etc.)

Frei João infelizmente veio namorar também as cunhãs do Brasil. A intimidade foi tamanha que elas até botaram nele o diminutivo dengoso de Frei Joanico, numa das versões que Pereira da Costa dá no "Folclore Pernambucano". (pg. 326).

O mais desagradável pra mim é que não acho nos meus livros o romance portuga donde saiu o do Veludo. Deixo isso pra quem tiver mais livros e mais conhecimentos. Na certa que existe lá pois que Eugênio de Castro o parafraseou lindamente do Romance que vem em "Silva":

— Quem é que anda abrindo portas,
Filha, aqui ao pé de mim?
— Senhora mãi, é o vento
Que abre as portas' do jardim. (etc.)

Entre os cleftas porém (Canti Popolari Greci, N. Tommaseo, ed Sandron, pg. 123) a "Maria", violenta como era justo que fosse entre aqueles cangaceiros, se aproxima bem do nosso romance:

— Maria, ch'ha egli il tuo letto che
schianta come canna?
— Mamma, una pulce m'ha morso al
capezzolo delia zinna.
— Matta, pulce non era, ma gli era um giovanetto,
Era il giovane che l'ama, il giovane che ti piglierá.
— Mamma, non immalizire; mamma, noi prendere a male:
Il giovane che me ama, é lontano in terra straniera.[5]

Quanto á música, o Romance do Veludo é na estrofe um documento lusobrasileiro com base rítmica e melódica na habanera e no refrão é tradicionalmente reconhecido como afrobrasileiro. E' delicioso. E bem familiar pros que sabem um bocado a música... brasileira do século dezenove.

A primeira frase da estrofe é curiosa. Possui um salto de quarta justa difícil de entoar. O natural era a terça menor pulando pro sol. De fato: Um dos temas espanhóis empregados por E. Lalo na "Sinfonia Espanhola" (1875) principia por uma frase que é exatamente a do nosso Romance como arabesco melódico. Também a frase inicial na estrofe do "Balancé" português, repete sem arsis o mesmo desenho. Ambos os documentos trazem o salto de terça menor porêm. O fato é que as moças cantavam a quarta justa e essa dificuldade rebuscada que não sei, nem elas, si era do Veludo ou delas, apesar da tendência natural do povo pra facilitar as coisas, concorda curiosamente com a melódica brasileira das modinhas, tão torturada no geral.

Quanto á tercina que aparece no 12.° compasso, é realisada com um apressando, caracteristico da música popular brasileira. O tempo

5. Em tradução livre: Maria, o que tem o teu leito, que estala como cana?// Mamãe, foi uma pulga que me mordeu no bico do seio.// Tolinha, não era pulga, mas sim um jovenzinho,/ o jovem que te ama, o jovem que te tomará.// Mamãe, não se maldiga; mamãe, não nos leve a mal:/ o jovem que me ama está longe, em terra estrangeira.

fica na realidade diminuído da semicolcheia que devia de estar logicamente no 1º som dele pra que o motivo rítmico do tempo anterior se repetisse. Esse apressando é um dos tiques curiosos e sistemáticos do nosso populario e ocorre até em danças. E' uma subtileza rica da nossa música e proveio naturalmente do cacoete popular que, facilitado pela ignorância, leva os cantadores a diminuir o valor dos sons compridos difíceis da sustentar. Sistematisado no Brasil em elemento expressivo e corrente, de certo foi a causa das antecipações sincopadas nos finais de frase, coisa vulgarissima (cocos, martelos, emboladas, maxixes, sambas) e também ocorrente nos "Spirituals" e peças de jazz afro-iânques. De fato: depois do apressando as moças faziam uma paradinha no ré imediato, de maneira que o movimento, prejudicado um instante, se normalisava outra vez.

O "Romance do Veludo" é um documento curioso da nossa mixórdia étnica. Quer como literatura quer como música, dançam nele portugas, africanos, espanhóis e já brasileiros, se amodando com as circumstancias do Brasil. Gosto muito dêsses cocteils. Por mais forte e indigesta que seja a mistura, os elementos que entram nela afinal são todos irumoguaras e a droga é bem digerida pelo estômago brasileiro, acostumado com os chinfrins da pimenta, do tutú, do dendê, da caninha e outros palimpsestos que escondem a moleza nossa. Esta imagem saiu completamente pretenciosa.

Mário de Andrade

Estudos sobre o negro

Cinquentenário da Abolição [1938][6]

Senhores.

Na sessão solene realizada pelas associações negras de São Paulo no dia dois de maio passado, não pude deixar de sorrir melancolicamente ouvindo um dos oradores negros da noite falar em "negros de alma de arminho". Assim, era ele mesmo, um negro, a esposar essa fácil e trágica antinomia de origem branco-europeia, pela qual se considera a cor branca simbolizadora do Bem e a negra simbolizadora do Mal. Mas não é apenas este orador negro a esposar a detestável tradição branca de simbolismo das cores. Conta Paulo Prado[7] que

6. Nota da Pesquisa (doravante denominada N. da P.). Texto originalmente sem título. Trata-se da conferência escrita por MA para a comemoração do Cinquentenário da Abolição da Escravatura, organizada pelo Departamento de Cultura da Municipalidade entre 28 de abril a 13 de maio de 1938. O texto, conservado no dossiê *Preto*, na série que reúne os manuscritos do escritor, no arquivo dele, representa uma parcela na grande pesquisa que visava o ensaio de fôlego "Estudos sobre o negro", desenvolvida durante 20 anos, aproximadamente. Pesquisa inacabada, pois a vida não concedeu a MA o tempo de concluí-la, obedecia a um plano propondo subtemas para abranger a questão do negro brasileiro. O dossiê agrega também notas de trabalho correspondendo à coleta de documentos, e três textos — a conferência, cujo título decorre do título geral que, de fato, englobaria a pesquisa concluída, e os artigos "A superstição da cor preta" (*Publicações Médicas*. São Paulo, jun./jul. 1938 e *Pensamento da América — Suplemento Panamericano* do jornal *A Manhã*. Rio de Janeiro, 27 set. 1942) e "Linha de cor", (*O Estado de S. Paulo*. São Paulo, 29 mar. 1939).

7. N. de MA. "(270, 134)" [Prado, Paulo. *Retrato do Brasil*. São Paulo: Tip. Duprat-Mayença, 1928; p. 134: presença do apodo citado.] N. da P. No texto, MA coloca referências numéricas que se ligam à sua *Bibliografia de releituras para* "Na pancada do ganzá", vasta listagem de títulos ou fontes de trabalhos dele, sobre-

era costume entre os negros a frase feita "negro sim, porém direito", da mesma forma com que os brancos carinhosamente (carinhosamente?) diziam dos escravos velhos serem "negros só na cor", como registrou Vieira Fazenda, ou mais geralmente até agora falar-se em "negro com alma de branco", ou "com alma branca"... Em Portugal correu também o provérbio:

Ainda que negro é,
Alma tem, honra e fé.[8]

Se qualquer de nós, brasileiros, se zanga com alguém de cor duvidosa, e quer insultá-lo, é frequente chamar-lhe:

– Negro!

Eu mesmo já tive que suportar esse possível insulto em minhas lutas artísticas, mas parece que ele não foi lá muito convincente nem conseguiu me destruir pois que vou passando bem, muito obrigado.

Mas é certo que se insultamos alguém chamando-lhe "negro", também nos instantes de grande carícia, acarinhamos a pessoa ama-

---

tudo na esfera do folclore e da cultura popular, foi por ele desenvolvida de 1929 a 1944. Notas como "(270, 134)" designam, no primeiro algarismo, autor e obra, e, no segundo, a página onde se localiza a contribuição colhida. A presente edição preferiu deslocar para o rodapé este tipo de indicação designando-a como N. de MA; a seguir, entre colchetes, identifica o título da obra consultada, a edição, a página que guarda a informação; quando ali está nota autógrafa do escritor, a ela justapõe outra nota de MA, para transcrever essa anotação. As notas de MA são majoritariamente a grafite. A *Bibliografia* reporta-se, na maioria das vezes, a títulos na biblioteca de MA; inclui também livros e revistas nas estantes do amigo Yan de Almeida Prado, em São Paulo, e de Pio Lourenço Correa, primo residente em Araraquara, apontadas como "Yan" e "Pio".

8. N. de MA. "(204, 11)". [Camara, Paulo Perestrelo da. *Coleção de provérbios, adágios, rifões, anexins, sentenças morais e idiotismos da língua portuguesa*. Lisboa: Typ. Rollandiana, 1848; p. 11: presença do apodo citado. N. de MA. Na *Bibliografia de releituras para* "Na pancada do ganzá": "Pio". Obra consultada no site: <http://purl.pt/6410/6/sc-33770-p_PDF/sc-33770-p_PDF_24-C-R0150/sc-33770-p_0000_capa-capa_t24-C-R0150.pdf>. Acesso em: 31 jul. 2025.]

da chamando-lhe "meu negro", "meu nêgo", em que, aliás, socialmente falando, mais verdadeiro apodo subsiste, o resíduo escravocrata do possessivo: negro sim, mas *meu*...

No Brasil não existe realmente uma linha de cor. Por felicidade entre nós negro que se ilustre pode galgar qualquer posição: Machado de Assis é o nosso principalíssimo e indiscutido clássico da língua portuguesa e é preciso não esquecer que já tivemos Nilo Peçanha na presidência da República.

Mas semelhante verdade não oculta a verdade maior de que o negro entre nós sofre daquela antinomia branco-europeia que lembrei de início, e que herdamos por via ibérica. Isso talvez possa um bocado consolar o negro da maioria dos apodos que o cobrem. É ver que o branco, o possível branco o despreza ou insulta exclusivamente por superstição. Pela superstição primária e analfabeta de que a cor branca simboliza o Bem e a negra simboliza o Mal. Não é porque as culturas afronegras sejam inferiores às europeias na conceituação do progresso ou na aplicação do individualismo; não é, muito menos, porque as civilizações negras sejam civilizações "naturais"; não foi inicialmente por nenhuma inferioridade técnica ou prática ou intelectual que o negro se viu depreciado ou limitado socialmente pelo branco: foi simplesmente por uma superstição de cor. Na realidade mais inicial: se o branco renega o negro e o insulta, é por simples e primária superstição.

Em quase todos ou todos os povos europeus, o qualificativo "negro", "preto", é dado às coisas ruins, feias ou maléficas. E por isso nas superstições e feitiçarias europeias e consequentemente nas americanas, a cor preta entra com largo jogo. Já Leite de Vasconcelos[9] o

---

9. N. de MA. "(115, X, 74)". [Vasconcelos, Leite de. "Canções de berço". *Revista Lusitana*, v. 10, nº 1-2. Lisboa, 1907, pp. 1-86; p. 74: presença do apodo citado]. N. de MA na *Bibliografia de releituras para* "Na pancada do ganzá": "já li até o n. XXXI". N. da P. A *Revista Lusitana* era frequentada por MA na biblioteca particular de Pio Lourenço Correa, em Araraquara; não figurou na doação

observou muito bem. Hermann Urtel[10] refletindo que seria porventura o aspecto exterior rebarbativo dos judeus que os tornou culpados das atribuições de feitiçaria que os portugueses lhes davam, conclui que, esse foi certamente o caso dos negros. Aliás entre os próprios negros africanos a antítese branco-negro pra simbolizar o Bem e o Mal persiste, sendo difícil já agora dizer se tradição deles mesmos ou lhes transmitida pelos brancos europeus. Os hotentotes, os congueses e outros povos bantos guardam a tradição de um castigo que lhes teria dado a inferioridade de cor. Entre certas tribos de Moçambique grassa uma lenda curiosa que parece inspirada no caso bíblico de Noé. Lá se conta que uma vez o bom deus Mulúcu tendo tomado uma bebedeira, tirou as roupas e caiu nu no meio da estrada. Então passaram os africanos e caçoaram de Mulúcu. Depois passaram os europeus que o cobriram de folhagem pra esconder o ridículo do deus nu. E Mulúcu, por isso, castigou os africanos tirando a inteligência deles e lhes dando a cor preta. Porém, macacos me mordam, se não foi algum europeu que botou esta malvadeza no lendário dos moçambiques... A cor preta é sinistra, e para os europeus simboliza tristeza e luto. Na Beira Baixa registrou-se a quadrinha:

> Chita preta, chita preta,
> Chita preta entrançada,
> Por causa da chita preta
> Ando triste, apaixonada.[11]

---

da biblioteca, feita pela família de Pio à Biblioteca Pública Mário de Andrade, naquela cidade.

10. N. de MA. "(86, 80)". [Urtel, Hermann. *Beiträge zur portugiesischen Volkskunde*. Hamburgo: Kommissionsverlag L. Friederichsen & Co., 1928; p. 80: N. de MA tradução de palavras.]

11. N. de MA. "(115, XI, 108)". [Amaral, A. Monteiro do. Tradições populares e linguagem de Atalaia. *Revista Lusitana*, v. 11, nº 1-2. Lisboa, 1908, pp. 96-163; p. 108: presença do apodo citado.]

"Casa Maria com Pedro? Casamento negro", dizem no Turquel;[12] e entre os provérbios e frases feitas portugueses, registrados por Perestrelo da Câmara vem a comparação: "negro como a alma do diabo".[13]

Na feitiçaria e na superstição europeias agem o galo preto, o gato preto, o porco preto, a ovelha preta, o papão negro, o bode preto etc. Em Portugal se diz que é bom ter sempre uma galinha preta em casa, porque as desgraças cairão todas sobre a ave,[14] ao que em Vila Nova de Famalicão se especifica melhor que a galinha preta afugenta qualquer doença.[15] Em Vila Real a borboleta branca é sinal de boa notícia, e a preta de má, pelo que a matam.[16] No Alentejo galo cantando de-noite todas as coisas se espalham, e se é preto então a desgraça inda é maior.[17]

Na feitiçaria o preto é também duplamente usado: 1º como cor do mal; 2º mas tão detestável que afugenta o próprio mal. O bode preto é o das bruxas e bruxedos europeus, que veio feminilizar-se,

---

12. N. de MA. "(115, XXVIII, 180)". [Ribeiro, José Diogo. "Linguagem popular de Turquel". *Revista Lusitana*, v. 28, nº 1-4. Lisboa, 1930, pp. 87-244; p.180: presença do apodo citado.]
13. N. de MA. "(204, 116)". [Camara, P. Perestrelo da, op. cit.; p. 116: presença do apodo citado.]
14. N. de MA. "(151, 196)". [Vasconcellos, Leite de. "Os animais". In: *Tradições populares de Portugal*. Porto: Livraria Portuense de Clavel & Cia Editores, 1882, pp. 130-199; p. 196: "A galinha preta em casa livra de coisa má, porque esta acanhará a ave negra e não a gente."]
15. N. de MA. "(115, XXVIII, de 1930, pg. 279)". [Lima, Fernando de Castro Pires de. "Apontamentos de terapêutica popular". *Revista Lusitana*, v. 28, nº 1-4. Lisboa, 1930, pp. 279-281; p. 279: "Não entram doenças nas casas em que houver uma galinha preta ou uma ferradura à porta."].
16. N. de MA. "(115, X, 216)". [Pereira, A. Gomes. "Tradições populares e linguagem de Villa Real". *Revista Lusitana*, v. 10, nº 1-2. Lisboa, 1908, pp. 122-23; p. 216: "17. A borboleta branca é sinal de boa notícia e a negra de má (morte, etc.), e por isso deve matar-se."]
17. N. de MA. "(115, X, 301)". [Pires, A. Thomaz. Investigações ethnographicas. *Revista Lusitana*, v. 10, nº 1-2. Lisboa, 1908, pp. 298-305; p. 301: "Em cantando os galos de noite, todas as cousas se espalham. E os que têm mais *virtude* são os galos pretos."]

entre nós, na cabra preta dos catimbós e candomblés. Num curioso texto português setecentista, "As bruxas namoradas", elas invocam o bode preto diabólico pela boca de Bruxamaia;[18] em decassílabos mais ou menos frouxos:

Correi da ferra, ó bodes cor da noite,
Acendei com as caudas a fogueira!

No *Auto das fadas* de Gil Vicente o galo é preto, o gato é preto, o bode é preto, o corvo e o pez são pretos. E mais: o próprio "sino samão" o signo de Salomão, está

metido num coração
de gosto preto.[19]

Mas que o preto chegue a horrorizar as próprias bruxas europeias, não há dúvida. Leite de Vasconcelos ainda uma vez colheu um refrão usado pelas bruxas portuguesas de Alcobaça que diz assim:

Galo branco?
Não me espanto.
Galo loiro?
É agoiro.
Galo preto?
Não me meto![20]

---

18. N. de MA. "(115, XI, 256)". [Pires, A. Thomaz. "Investigações ethnograficas". *Revista Lusitana,* v. 11, nº 1-2. Lisboa, 1908, pp. 248-268; p. 256: presença dos versos citados na passagem do idílio 7 de "As bruxas namoradas".]
19. N. de MA. "(151, 131)". [Vasconcellos, Leite de. *Tradições populares de Portugal.* Porto: Livraria Portuense de Clavel & Cia Editores, 1882. À p. 131: Vasconcellos transcreve trecho sobre feitiçaria de *Autos das fadas* de Gil Vicente.]
20. N. de MA. "(115, XX, 55)". [Ribeiro, José Diogo. "Turquel folclórico". *Revista Lusitana*, v. 20, nº 1-2. Lisboa, 1930, pp. 54-80; p. 55: presença do apodo citado.]

E essa é a crença mais universal, como prova outro autor, pela *Revista Lusitana*, v. 21.[21] A cor preta é tão horrível que é da maior eficácia como exorcismo, usada pra afastar bruxedos e feitiçarias e quase todos os malefícios extranaturais.

Em todo caso é possível por motivos econômicos não ser muito exigente com a cor negra... É ainda em Portugal (Turquel) que corre o provérbio condescendente:

Negro é carvoeiro
Branco é o seu dinheiro.[22]

Esta a superstição primeira, pueril e depreciativa, que botou os negros no ostracismo do Bem. Não se trata de uma questão antropológica, nem da estupidez de um Gobineau[23] ou de um ariano, nem de uma comparação de culturas: se trata de uma simples superstição de cor, anterior ao convívio histórico de pretos e de brancos, que se descarregou sobre as raças negras dominadas. Aplicou-se ao preto homem o que se dera à cor preta fosse na chita ou no pelo do bode. E o homem preto chega por isso a ser o próprio diabo. Quando este aparece, no famoso desafio que teve com Manuel do Riachão,

21. N. de MA. "(Conf. 115, XXI, 37 e ss.)". [Adrião, José Maria. "Retratos de um adagiário". *Revista Lusitana*, v. 21, nº 1-2. Lisboa, 1930, pp. 33-57; pp. 37-40: o autor focaliza práticas de feitiçarias em diferentes locais, como Portugal, França, Cabo Verde, Prússia, Grécia, Índia, Tailândia, Sri Lanka.]
22. N. de MA. "(115, XXVIII, 188)". [Ribeiro, José Diogo. Linguagem popular de Turquel. *Revista Lusitana*, v. 28, nº 1-4. Lisboa, 1930, pp. 88-244; p. 188: presença do apodo citado.]
23. N. da P. Joseph Arthur de Gobineau (1816-1882), diplomata francês, escritor etologista e filósofo, cuja teoria sobre o determinismo racial teve grande influência no desenvolvimento de políticas racistas na Europa. Segundo ele, a mistura de raças era inevitável e levaria a raça humana a graus sempre maiores de degeneração física e intelectual. Escreveu *Essai sur l'inégalité des races humaines* (1853).

aparece na pessoa de um negro.[24] Lindolfo Gomes[25] lembrando a tradição do "negro velho" em cima do telhado, que recolheu em Minas, verifica também que ele é o símbolo do demônio, a quem o povo ainda chama de "negro sujo". Às vezes, pela cor que tem, é um valor exorcístico, afasta as desgraças e dá felicidade; outras vezes, pela cor que tem, é um valor invocativo, chama as desgraças. Preso por ter cão, preso por não ter cão... Já em Portugal[26] ver uma mulher preta dá infelicidade mas ver um preto dá felicidade; ver um casal é felicidade garantida. No Nordeste brasileiro ver um padre e depois um soldado traz felicidade, mas ver um padre e depois um negro traz desgraça.[27] Em Barretos[28] viajante encontrando negro velho na estrada é sinal de desastre na viagem. Entre outras superstições colhidas por Edmundo Krug[29] em nosso Estado, preto vestido de branco dá possibilidades

---

24. N. de MA. "(59, V, 36)". [O número 59 refere-se ao conjunto de documentos no arquivo de MA, intitulado por ele *Fundo Villa-Lobos*, recebido do compositor em 1929. Reúne farta documentação da literatura oral brasileira. Nesta nota, especificamente, trata-se de um trecho do cordel "Desafio do Manuel do Riachão com o Diabo".]
25. N. de MA. "(265, II, 98)". [Gomes, Lindolfo. "Cantigas do adormecer". In: *Contos populares*: narrativas maravilhosas e lendárias seguidas de cantiga de adormecer. Da tradição oral do Estado de Minas. São Paulo: Melhoramentos, s. d, v. 2, p. 98: N. de MA. "Preto" e traço ligando o trecho: "Quem se der ao estudo de tão evocadoras cantigas verá que, em muitas delas, figuram seres míticos, fantásticos e lendários (a coca (1), o papão; figuras sinistras, negro velho (2) em cima do telhado" à nota: "(2) Este negro velho é o símbolo do demônio, a quem o povo trata de *negro sujo*. Curutu é a voz onomatopaica para infundir o pavor."]
26. N. de MA. "(86, 80)". [Urtel, Hermann, op. cit.; p. 80: N. de MA: tradução de palavras.]
27. N. de MA. "(Inquérito do *Diário de S.Paulo* 2-II-1930)". [Trata-se da seção "Inquérito", mantida por três meses, coligindo contribuições dos leitores sobre lendas e superstições. *Diário de São Paulo*. São Paulo, 2 fev. 1930; p. 3: presença do apodo citado. Periódico consultado no Arquivo Público do Estado São Paulo.]
28. N. de MA. "(mesmo Inquérito 6-II-930)". [Documento do mesmo periódico e seção; 6 fev. 1930; p. 3: presença do apodo citado.]
29. N. da P. Edmundo Krug, um dos leitores que contribuíram para o "Inquérito" do jornal referido. Estudioso do folclore; na biblioteca de MA encontram-

da gente se avistar com a pessoa amada e a contagem de pretos entra nas sortes de amor e nas da loteria, mas também ver preto cambaio é sinal de desgraça e sonhar com preto conhecido é doença, desgosto ou a própria morte na família.

Todas estas observações podem ser mesquinhas como elevação moral do homem branco ou muito interessantes como folclore, mas é realmente trágico a gente verificar que foi duma simples superstição inicial, uma questão de cores-símbolos que o branco derivou o seu repúdio, a sua repulsa por toda uma larga porção da humanidade, as raças negras. E os pretos foram desde então e desde sempre cobertos de apodos cruéis, vício a que desgraçadamente o brasileiro também se associou. E os negros começaram a ser insultados pelos brasileiros como gente ruim ou inferior, só por causa da cor.

Na sessão solene de dois de maio passado, outro escritor de origem negra, Fernando Góes,[30] trouxe à balha vários documentos para provar essa inferioridade em que o branco concebe o negro no Brasil. Mas a sua documentação me pareceu na realidade pouco convincente como preconceito de cor, porque quase toda ela podia ser convertida no problema maior de classe. Eram documentação de classe e não de cor. Se um grupo de senhoras da elite funda uma escola para moças de cor com o fito de formar boas cozinheiras, é certo que não formariam escolas de operárias brancas para educá-las em senhoras de elite. Formariam boas costureiras, boas manicuras ou mais lar-

---

-se duas obras de sua autoria: *A superstição paulistana* (São Paulo: Typ. Brasil Rothschild, 1910) e *Curiosidades da superstição brasileira*: *Moléstias, remédios, curas, etc.* (São Paulo: Gráfica Paulista, 1938).

30. N. da P. Fernando Ferreira de Góes (1915-1979), poeta e jornalista, ligado à imprensa negra: *Alvorada* (redator), *Tribuna Negra* (secretário) e *Niger* (colaborador). Participou das comemorações do Cinquentenário da Abolição, em 2 de maio de 1938. *O Estado de S. Paulo*, do dia seguinte, sem mencionar título ou tema, informa: "A conferência do sr. Fernando Góes foi vivamente aplaudida pelo auditório e pelos componentes da mesa, tendo sido diversas vezes interrompida pelos aplausos, foi o número final do programa da sessão solene no Teatro Municipal".

gamente boas donas de casa, como o provam as "escolas domésticas" existentes no Brasil e onde entram pretas como brancas e desta e outra classe. Da mesma forma: se um pai burguês recusar sua filha branquinha em casamento a um negro — o que não é uma lei entre nós — é profundamente certo que a recusará mais peremptoriamente e com bastante razão, a um sapateiro ou maquinista de qualquer cor. O preconceito de cor existe incontestavelmente entre nós. Porém, me parece que na sua complexidade e sutileza temos que não confundi-lo com um problema de classe, não só para não exagerá-lo em sua importância, como para lhe dar melhor luz de ciência e não enfraquecê-lo em suas provas legítimas.

Nesse sentido, creio que não há melhor jeito de provar a existência do preconceito do que buscando a sua documentação no folclore. E então veremos essa coisa espantosa do próprio povo inculto esposar o preconceito e cobrir o negro de apodos, pelo simples fato de ser negro. Aqui não se trata evidentemente mais de uma confusão de problemas similares, mas não idênticos, como são os de classe e os de raça: é exclusivamente um problema de cor.

Os provérbios de apodo são numerosos. Eis alguns:

Em festa de branco,
Negro não se mete;[31]

Negro comendo com branco,
A comida é do negro;

Negro em pé é um toco,
E dormindo é um porco;

31. N. de MA. "(266, X de 1931, p. 132)". [Amaral, Amadeu. "Os ditados que realmente se dizem". *Revista da Academia Brasileira de Letras*, v. 37, a. 22, nº 118, Rio de Janeiro, out. 1931, pp. 115-32; p. 132: N. de MA. escólio "negr[o] (Baía)" à margem e grifo em palavra do ditado: "Em festa de branco, negro não se mete" – Corresponde a: "Em festa de macuco, nambu não pia."]

Negro é como trempe,
Quando não queima, suja;[32]

Negro que não gosta de mel,
É ladrão de cortiço;

Negro quando não suja na entrada,
Na saída é certo;

Quando o negro não quer fava,
Fava no negro;

Matolotagem de negro,
Não salta riacho;

Negro não come gostoso
Porque não espera cozinhar;[33]

Eis mais outros provérbios nordestinos:

Negros, criá-los, depois vendê-los;
Mulatos, criá-los, depois matá-los;

Quem mata mulato é capricho;

Negro ensaboado,
Tempo perdido,
Sabão esperdiçado.[34]

---

32. N. de MA. "(Rev. da Academia Brasileira de Letras, I de 1931, ps. 58 a 60)". [Motta, Leonardo. "Paramiolojia Nacional". *Revista da Academia Brasileira de Letras*, a. 22, v. 35, nº 109, Rio de Janeiro, jan. 1931, pp. 45-63; p. 60: N. de MA. indicação "preto" e traço à margem dos três apodos citados.]
33. N. de MA. "(Rev. da Ac. B. de Letras nº XII de 1930, pp. 387-483)". [Motta, Leonardo. "Filozofia popular brazileira". *Revista da Academia Brasileira de Letras*, a. 21, v. 34, nº 108. Rio de Janeiro, dez. 1930, pp. 387-405; pp. 387; 403: presença dos apodos citados.]
34. N. de MA. "(176, pp. 153-154; 237; 245)". [Motta, Leonardo. *No tempo de Lampião.* Rio de Janeiro: Of. Industrial Graphica, 1930; pp. 153; 154; 237; 245: presença dos apodos citados.]

Há toda uma série de provérbios detestáveis pra demonstrar pelas variantes de vocabulário a distinção entre o branco e o negro. São os provérbios em que se nega ao negro o direito de usar pra si, palavras usadas em relação aos brancos nos seus atos tanto individuais como sociais. Eis alguns:

Negro não fala,
Resmunga;

Negro não come,
Babuja;

Negro não dorme,
Cochila;

Negro não pare,
Estóra;

Negro não nasce,
Aparece;[35]

Negro não namora,
Embirra;[36]

Negro não acompanha santo,
Corre atrás;

Negro não casa,
Se ajunta.[37]

---

35. N. de MA. "(645, 54)". [Carvalho, Rodrigues. "Aspectos da influência africana na formação social do Brasil". In: Freyre, Gilberto et al. (org.). *Novos estudos afro-brasileiros.* (Segundo tomo). Trabalhos apresentados ao 1º Congresso Afro-Brasileiro do Recife. Prefácio de Arthur Ramos. Rio de Janeiro: Civilização Brasileira, 1937. (Biblioteca de Divulgação Científica, v. 9); p. 54: presença do apodo citado.]
36. N. de MA. "(176, 241)". [Motta, Leonardo. *No tempo de Lampião*, op. cit.; p. 241: presença do apodo citado.]
37. N. de MA. "(Rev. da Ac. B. de Letras, I, de 1931, p. 56 e ss.)". [Motta, Leonardo. "Paramiolojia Nacional". *Revista da Academia Brasileira de Letras*, a. 22,

Não querendo insistir neste gênero de provérbios colhidos aqui e além, lembro apenas que Sílvio Romero[38] ainda enumera outros mais, numa lenga-lenga que colheu da própria boca de pretos, e à qual eles chamavam de "Padre Nosso do Negro"!...

Outro provérbio bem cruel é aquele registrado por Afrânio Peixoto nas *Miçangas.*

Abelha preta é arapuá,
Tempero de negro é manguá.[39]

Manguá é pau no sentido de sova.

E também:

Mulato em burro é lacaio[40]
pra significar a inferioridade.

Há outro provérbio ainda crudelíssimo, colhido por Martius[41] em Minas e cuja parte central omitirei:

---

v. 35, nº 109. Rio de Janeiro, jan. 1931, pp. 45-63; p. 58: N. de MA. "Negro" e traço à margem do apodo "Negro comendo com branco, a comida é do negro". À p. 59, N. de MA. "Preto" e traço ligando os apodos "Negro em pé é um toco, dormindo é um porco." com "Negro não casa, se ajunta".]

38. N. de MA. "(339, 88)". [Romero, Silvio. *Estudos sobre a poesia popular do Brasil.* Rio de Janeiro: Laemmert & C., 1888. Obra consultada no site: <http://www.brasiliana.usp.br/bbd/handle/1918/01614300#page/90/mode/1up>. Acesso em: 5 nov. 2013.]

39. N. de MA. "(287, 68)". [Peixoto, Afrânio. "Adágios brasileiros". In: *Miçangas: Poesia e folklore.* São Paulo: Comp. Editora Nacional, 1931, pp. 61-106; p. 68: N. de MA. cruzeta à margem do apodo citado.]

40. N. de MA. "(287, 83)". [Peixoto, Afrânio, op. cit.; p. 83: presença do apodo citado.]

41. N. de MA. "(134, I, 303)". [Spix, Johan Baptist von & Martius, Carl Friedrich Philipp von. *Reise in Brasilien.* v. 1. Munique: M. Lindauer, 1823; p. 303: os autores focalizam o tratamento dado a negras escravas como "mulheres de cama".]

As brancas são pra casar,
As mulatas pra f...
As negras pra servir.

Outro ainda é o [que] se originou dos "andas" como se dizia outrora, os escravos vestidos apuradamente, destinados a carregar suas senhoras nos veículos coloniais. Usavam luvas, donde o provérbio:

Negro de luva
É sinal de chuva[42]

que também se diz em São Paulo, piorando o apodo:

Macaco de luva,
Sinal de chuva.

Esta equiparação nacional do negro ao macaco, bem que pro estrangeiro sejamos todos uns "macaquitos", deu também o ditado que indica ser alguém um mulato, "coçar a orelha com o pé", que Amadeu Amaral já estudou.[43]

---

42. N. de MA. "(330, 131)". [Edmundo, Luís. "Os transportes". In: *O Rio de Janeiro no tempo dos vice-reis. Revista do Instituto Histórico e Geográfico Brasileiro*, v. 163. Rio de Janeiro, 1932, pp. 125-136; p. 131: presença do apodo citado.]
43. N. de MA. "(226, setembro de 1931, p. 9)". [Afc, Amadeu. "Os ditados que, de fato, se dizem". *Revista da Academia Brasileira de Letras*, a. 22, v. 37, nº 118. Rio de Janeiro, set. 1931, pp. 5-13; p. 9: "Coçar as orelhas com os pés — Diz-se dos mulatos. Aparentemente não há senão uma imagem para declarar que o indivíduo é 'cabra'. Mas este não é o único animal que se coça com a pata: o que induz a desconfiar que alguma outra origem terá tido esse dito. Reza um anexim francês 'Il ne se mouche pas du pied' (ele não se assoa com o pé). Vale o mesmo que dizer de uma pessoa que é bem educada e de boas maneiras. Informa L. Martel que a frase nasceu do fato de que os artistas de feira, gente de baixa condição, entre as diferentes sortes que costumavam fazer, executavam essa de passar o pé pelas ventas, como quem se assoava. A explicação não é lá

Se abandonarmos os prolóquios e enveredarmos pela poética e pela canção populares os apodos continuam, ou melhor aumentam de força. Houve aparentemente o interregno do lundu, no século XIX, em que o texto tinha como principal motivo o elogio da graça, da beleza e do valor sensual da mulatinha de caroço no pescoço, ou da mucama bonita. Mas ainda aí o apodo ou a depreciação subsiste virtualmente, porque uma das características mais permanentes do lundu é a comicidade. O lundu é um fenômeno social muito parecido com o da ópera cômica italiana, em que a ópera erudita, a ópera das classes chamadas superiores, abandonou o assunto nobre, os temas da Antiguidade clássica pelos da popularidade contemporânea. Mas pondo o povo em cena, a ópera erudita se transformou de ópera séria em ópera cômica, ópera bufa, como se o elemento popular não fosse dramático mas apenas bufão e capaz de ridículo. O fenômeno da modinha e do lundu de salão, na primeira metade do século dezenove brasileiro, é absolutamente idêntico. A modinha cantava as ninfas alvas e os amores elevados ao passo que o lundu cantava as mulatinhas e negras e os amores fáceis e brejeiros. A modinha era séria e virtuosa. O lundu, cômico e apimentado. E num deles, *Gosto da negra*, que colhi em Bragança, o estribilho denuncia francamente o preconceito de cor:

Que bem m'importa
Que falem de mim:
Gosto da negra
Mesmo assim.

Mas o lundu é sempre o mesmo caso sutil em que o problema da cor pode se confundir com o problema de classe. Vejamos na poé-

---

muito satisfatória; mas enfim sempre se colhe de tudo isto, por enquanto, que há em francês um ditado análogo ao nosso tanto na forma como no fundo."] N. da P. Equívoco de MA; esta indicação refere-se ao nº 266.

tica popular, em que a luta de classes necessariamente não existe. O grande romancista paraibano Lins do Rego, no seu *Banguê*,[44] registra duas quadrinhas tão ignominiosas pro negro que não tenho forças pra dizê-las, são violentas por demais. Rodrigues Carvalho porém registrou esses mesmos versos e variantes deles, também cheias de insultos aos negros, porém mais fáceis de dizer:

Dorme o branco em camarinha,
O caboclo no terreiro,
Mulato atrás, na cozinha,
Negro embaixo do poleiro.

O branco é filho de Deus,
O mulato é enteado,
O cabra não tem parente,
E negro é filho do Diabo.[45]

No desafio do cantador branco Bernardo Cintura, da Serra do Borborema, com o negro Francisco Bernardo, o branco tem pro negro este remoque duro, em que desrespeita até padres negros:

Se o padre é branco, diz missa,
Sendo preto está mentindo;
Preto nasceu pra cachorro,
E o jeito é morrer latindo.

44. N. de MA. "(484, 258)". [Rego, José Lins do. *Banguê*. Rio de Janeiro: José Olympio, 1934; p. 258: N. de MA. "Preto" e chave selecionando os dois apodos.] N. da P. A passagem do romance trata de conflito entre engenhos. O dono do engenho Santa Fé, negro, reclama ao coronel do engenho Santa Ana do feitor Nicolau, por este molestar seus trabalhadores e sua família, dizendo: "— Não trabalho em bagaceira de negro./ Branco Deus o fez,/ Mulato Deus pintou,/ caboclo bufa de porco,/ Negro o diabo cagou" e "Branco dorme na sala,/ Mulato no corredô/ Caboclo na cozinha/ Negro no cagadô".
45. N. de MA. "(645, 55 e ss)". [Carvalho, Rodrigues, op. cit.; p. 55: presença dos apodos citados.]

Eis uma curiosa quadra goiana bulindo com a loquacidade dos negros:

Negros de Paracatu,
São negros de pé rapado;
Mas bula com a língua deles
Que salta um advogado.[46]

Outra nordestina que indica que o negro não tem valor:

Sapato véio é chinelo,
Coisa ruim é geringonça,
Negro preto, bem retinto,
Se chama cumê de onça.[47]

Mais outra portuguesa:

O preto vai na tumba
C'o seu dente arreganhado,
Padre cura vai dizendo
— Saca fora, cão danado![48]

Variante ou variada da célebre quadrinha nossa:

Negro preto quando morre
Vai na tumba de banguê;
Os compadre tão dizendo:
— Urubu tem que cumê.

---

46. N. de MA. "(266/ II de 1933, p. 201)". [Gomes, Lindolfo. "Folclore". *Revista da Academia Brasileira de Letras,* a. 24, v. 41, nº 134. Rio de Janeiro, fev. 1933, pp. 182-205; p. 201: presença do apodo citado.]
47. N. de MA. "(59, I, 132)". ["Cabôquinha", sem referência autoral. *Fundo Villa-Lobos.* Arquivo Mário de Andrade, IEB-USP.]
48. N. de MA. "(115, XVII, 138)". [Soares, Urbano Canuto. "Subsídios para o Cancioneiro do arquipélago da Madeira". *Revista Lusitana*, v. 17, nº 1-2. Lisboa, 1914, pp. 135-58; p. 138: presença do apodo citado.]

Ainda variada entre nós, da seguinte maneira:

Negro velho quando morre
Tem catinga de xexéu,
Permita Nossa Senhora
Que negro não vá ao céu.[49]

Ilação do provérbio "quando negro não quer fava, fava no negro", Luís Edmundo conheceu a quadrinha popular:

Comida de negro brabo:
Quatro laranjas num gaio,
Uma cuia de farinha,
Cinco ponta de vergaio.[50]

E esta pernambucana:

49. N. de MA. "(603, 87)". [Brandão, Alfredo. "Os negros na história de Alagoas". In: Freyre, Gilberto et al. (org.). *Estudos afro-brasileiros:* trabalhos apresentados ao 1º Congresso Afro-Brasileiro reunido no Recife em 1934. Rio de Janeiro: Ariel, 1935; p. 87: N. de MA. indicação "Negro" e traço à margem do trecho, destacando onde está o apodo citado: "O caboclo foi sempre considerado como o tipo mais perfeito de estupidez e os negros não perdiam vasa de o achincalhar. Por sua vez, aquele tinha seus arrancos de represália contra estes e assim vivia sempre a invectivá-los: 'Negro quando não suja na entrada suja na saída'. 'Negro de pé é um toco, deitado é um porco'. 'Negro só nasceu para espoleta do branco'."]
50. N. de MA. "(330, 384)". [Edmundo, Luís. "Cozinha e mesa". In: Op. cit.; p. 384: presença do apodo citado; na mesma página, o autor ao descrever os costumes da época acrescenta: "Resta falar do negro, a pobre besta humana escravizada e que comia o que lhe davam. Por espírito de sórdida economia, atendendo ao preço verdadeiramente irrisório, na época, das nossas frutas, os senhores, em geral, alimentavam os seus cativos com laranja, banana e farinha de mandioca".]

Do Recife pra Goiana
Os vales já se acabou,
Carreira de velho é chouto,
Negro cresceu, apanhou.[51]

E esta outra também nordestina:

Negro preto, rabingudo
Cabeça de bode macho,
Esse teu beiço de cima
Já passa pelo debaixo.[52]

Cornélio Pires, nos seus *Sambas e cateretês*,[53] registrou ainda três recortados de caipiras paulistas, que são caçoadas cruéis à mulher de cor.

Mas não é só na quadrinha tradicional que os remoques e os apodos chovem sobre o pobre homem de cor. Na literatura de cordel, nos romances e desafios do Nordeste, ainda em nossos dias permanece o vício popular de insultar o negro da maneira mais aviltante. Chega a ser admirável a riqueza de invenção no gosto de insultar que tem o cantador nordestino desque lhe aparece um

51. N. de MA. "(396, 269)". [Carvalho, Rodrigues de. *Cancioneiro do Norte*. Paraíba: Livraria S. Paulo, 1928; p. 269: N. de MA. cruzeta ao lado da estrofe e grifo no último verso do apodo citado.]

52. N. de MA. "(59, XVII, 199)". ["Gíria do Norte", sem referência autoral. *Fundo Villa-Lobos*. Arquivo Mário de Andrade, IEB-USP.]

53. N. de MA. "(336, ps. 199 e 288)". [Pires, Cornélio. *Sambas e cateretês*. São Paulo: Unitas, 1933; p. 199: N. de MA. "Preto" à margem da letra Recorte da negra, cuja 1ª estrofe é: "O zoio da negra/ É zoio de gralha./ Retira negra!/ Não me atrapaia...". A segunda indicação não está na p. 288 e sim na p. 228: N. de MA. "Preto", à margem da estrofe: "Oia o jeito da negra/ Oia o jeito dela;/ Com a cara preta/ Quenném panela;/ Assim mesmo ela diz/ Que é linda e bela/ Mais quem é que qué/ Uma negra daquela". Ainda, na p. 223: N. de MA. "Preto" à margem dos versos: "Ai, ai! Ai! ai!/ Meu Deus do céu!/ O cabelo da negra/ Virou mundéu".]

negro pela frente. Foi o que fez o ótimo cantador Leandro Gomes ao ver um negro, tirando o mote:

Negro não devia ter
Nem a água do batismo,[54]
que glosou à farta.

Já num estranho romance do cantador João Martins de Ataíde, *História dum pescador*,[55] o preconceito de cor deforma estranhamente o problema do Otelo. Se trata dos amores de uma princesa branca com um negro. Mas o cantador brasileiro, em vez de se apaixonar pelo problema, deforma-o da maneira mais curiosa. Os dois amantes, em vez de nobres e fatalizados pelo destino, são dois monstros repugnantes, acabam castigados e morrem. Salvam-se apenas os bons e, como lá termina o cantador:

Houveram muitos discursos
E parabéns à multidão.

Nos desafios o insulto se desmanda livremente. O grande cantador Inácio da Catingueira, que era negro, teve de sofrer muito por causa da cor. Basta recordar o seu célebre desafio com Romano[56] que lhe dizia:

Negro, eu canto contigo
Por um amigo pedir,
Visto me sacrificar
Não me importa de o ferir.

---

54. N. de MA. "(59, XVIII, 29)". ["Um Mote", sem referência autoral. *Fundo Villa-Lobos*. Arquivo Mário de Andrade, IEB-USP.]
55. N. de MA. "(59, II, 133 ou folheto nº 50)". ["História de um pescador", sem referência autoral. *Fundo Villa-Lobos*. Arquivo Mário de Andrade, IEB-USP.]
56. N. de MA. "(59, XX, 114 e ss)". ["Romano e Ignácio da Catingueira". *Fundo Villa-Lobos*. Arquivo Mário de Andrade, IEB-USP.]

Negro, cante com mais jeito,
Veja sua qualidade,
Eu sou branco e sou de vulto
Perante a sociedade,
Em vir cantar com você,
Baixo de dignidade.

Outro cantador negro, Joaquim Francisco, teve que engolir destas, na peleja que teve com José Claudino:[57]

Eu vou dizer a verdade:
Negro não tem senhoria,
Não tem reino nem império,
Nem poder nem fidalguia,
Negro resmunga e não fala
E sua casa é a senzala
Onde vive em gritaria.

Joaquim, eu não sou seu filho,
Si fosse, só comeria
Milho, cevada e capim
E vinte surras por dia,
Porque negro se sustenta
Em levar surra e setenta,
E nunca vergonha cria.

Eis ainda um martelo tirado pelo cego Aderaldo contra José Pretinho do Tucum:[58]

---

57. N. de MA. "(59, XVII, 83)". ["Peleja de Joaquim Francisco e José Claudino". *Fundo Villa-Lobos*. Arquivo Mário de Andrade, IEB-USP.]
58. N. de MA. "(59, V, 96)". ["Peleja do cego Aderaldo com José Pretinho de Tucum". *Fundo Villa-Lobos*. Arquivo Mário de Andrade, IEB-USP.]

Negro, és um monturo,
Mulambo rasgado,
Cachimbo apagado,
Recanto de muro,
Perna de tição,
Boca de purão,
Beiço de gamela,
Venta de muela,
Muleque ladrão.
Negro é raiz
Que apodreceu,
Casca de judeu,
Muleque infeliz,
Vai pro teu país
Sinão eu te surro
Dou-te até de murro,
Te tiro o regalo
Cara de cavalo
Cabeça de burro.

Negro careteiro
Eu te rasgo a giba,
Cara de guariba,
Pajé feiticeiro,
Queres o dinheiro,
Barriga de angu,
Barba de quandu,
Camisa de saia,
Te deixo na praia,
Escovando urubu.

pra terminar com este rebaixamento total:

Desculpe, José Pretinho,
Se eu não cantei a seu gosto:
Negro não tem pé, tem gancho,
Não tem cara nem tem rosto,
Negro na sala dos brancos
Só serve pra dar desgosto.

Vou parar com as citações. No correr das minhas leituras e viagens fui anotando os ditos, as lendas, os provérbios, as quadrinhas, as superstições insultantes ao negro. Agora tive a ideia de lembrá-los hoje, mas a documentação colhida era tão numerosa que tirei dela, sem a menor escolha apenas uma parte menor, que acabei de expor. Talvez o que disse agora não seja sequer a décima parte da documentação que já colecionei, mas essa parte mínima creio que prova mais que suficientemente que o problema do preconceito de cor, no Brasil, não se confunde com o de classe, pois é no próprio povo inculto, é dentre os operários da cidade e do campo, é da boca das classes supostamente inferiores que vieram os ditos, os provérbios, os apodos e caçoadas cruéis que recenseei. Trata-se exatamente de um preconceito de cor em que os próprios brancos incultos colaboram abundantemente, também eles concordando que

Negro, na sala dos brancos
Só serve pra dar desgosto.

Ora, o Departamento de Cultura da Municipalidade de São Paulo, se já provou que não tem o preconceito de cor quando, em fins de 1936, um grupinho de três ou quatro cantoras desajuizadas pretendeu evitar a colaboração negra em nossos corais. O Departamento de Cultura, nesta celebração do cinquentenário da Lei Áurea, fez questão de trazer os negros para esta "sala de brancos", a um deles trazendo para este ciclo de conferências comemorativas. É o Dr.

Francisco Lucrécio,[59] designado pelas associações negras e que vai nos falar agora.

Resta saber apenas se esta trazida dos negros para a sala dos brancos, não trouxe algum desgosto. Se os pretos que me escutam, me permitirem falar com toda a sinceridade, eu direi que sim, e que estas celebrações terminam com algum desgosto meu. E vou dizer qual é, com a franqueza leal que penso me caracterizar.

Desde o dia dois de maio, os negros cultos, os negros escolhidos por eles mesmos, vem falando tanto no Teatro Municipal como aqui. Deram-se sadios conselhos como os do poeta Lino Guedes[60] recomendando o livro, fizeram-se vivas reabilitações como a do prosador Fernando Góes. Houve principalmente uma verificação muito útil e que por vários foi repetida: a de que o negro sofre de um complexo de inferioridade e que precisa vencê-lo.

É principalmente esse complexo de inferioridade que inferioriza o negro deixando-o numa subalternidade lastimável. Porém, olhando o passado e este nosso presente de comemorações, eu me pergunto: essa subalternidade atual não será mais ou menos justificável? Pelo menos isso parecem provar os oradores negros destas comemorações.

Não basta verificar o complexo de inferioridade e recomendar a todos que o vençam. Positivamente um rapaz novo, lúcido, voluntarioso, audaz em suas afirmativas, reivindicações e maneira de agir,

---

59. N. da P. Francisco Lucrécio (1909-2001), cirurgião-dentista, um dos fundadores da Frente Negra Brasileira (FNB), em 16 de setembro 1931; trabalhou no jornal *Senzala* e em 1934 assumiu o cargo de secretário-geral da referida frente. Proferiu a conferência "A liberdade e o negro", no Palácio do Trocadero, em 10 de maio de 1938, nas comemorações do Cinquentenário da Abolição.

60. N. da P. Lino Guedes (1897-1951), poeta e jornalista; atuou na imprensa negra, nos jornais *Getulino* (redator-chefe), *Maligno* (diretor) e *Progresso* (editor). Em 2 de maio de 1938, fez sua conferência na sessão solene das comemorações do Cinquentenário da Abolição. No dia seguinte, *O Estado de S. Paulo* afirma que Lino Guedes "encareceu o papel do livro no desenvolvimento cultural dos homens da raça", mas não menciona o título da conferência.

como Fernando Góes, não sofre mais do complexo de inferioridade, ou se o sofre o sabe vencer.

Mas a todos os oradores negros que desfilaram nestes dias falta, faltou enormemente a vontade, o esforço, aquela vontade e aquele esforço pacientes que fizeram o francês dizer que o gênio não passava de uma longa paciência. Qual o discurso, qual a conferência proferida por negros, nestas comemorações, que se possa aproximar da ciência e na reflexão das conferências de um Arthur Ramos,[61] por exemplo? Certamente nenhuma, e isto é o que me desgosta. Os negros paulistas sabiam que estava para chegar o cinquentenário da maior data deles e uma das maiores do Brasil. Não faltou quem lhes estendesse a mão, não por generosidade a que eles devam ser gratos, mas por simples justiça de iguais. Não era este o momento dos negros provarem o que valem, em vez de afirmarem que valem. Não haverá um homem são de espírito no Brasil que negue esse valor. A nossa história, o nosso passado e a nossa justiça crítica o provam mais que suficientemente.

O que eu senti nestas comemorações é que o negro se contenta de alcançar um posto de destaque intelectual entre os do seu meio ainda culturalmente menos apreciável. Nenhum se dedicou a uma obra de fôlego, nenhum a uma obra paciente de cultura, nenhum a uma obra de igualdade. E que não se diga seja isto uma questão financeira porque um Arthur Ramos também vive de seu ganho e luta por viver. E que não se diga seja aqui um problema de linha de cor, pois que se nalgum salão de baile é possível [que] se proíba a entrada do negro, não há uma

---

61. N. da P. Arthur Ramos (1903-1949), médico, antropólogo e estudioso do folclore. Autor de *O negro brasileiro*: *Etnografia religiosa e psicanálise* (1934), *O folclore negro no Brasil* (1935) e *As culturas negras no Novo Mundo* (1937). Nas comemorações do Cinquentenário da Abolição, fez três conferências: "Negro e folclore cristão no Brasil"; "O espírito associativo do negro" e "Castigo de escravos", publicadas na *Revista do Arquivo do Município de São Paulo*, a. 9, nº 47. São Paulo, jun. 1938; número dedicado ao Cinquentenário da Abolição.

biblioteca no Brasil onde essa infamante proibição exista. E é incontestável que na maior data negra do Brasil, os intelectuais negros de São Paulo não quiseram se igualar como era possível, e nem quiseram vencer, como deviam.

O desânimo ainda pesa sobre a raça negra entre nós, e a falta de vontade enérgica. Quando os japoneses quiseram levantar sua força nacional à altura da europeia, eles adotaram métodos europeus. Se a raça negra quiser se igualar à branca, como deve e pode, terá que adotar métodos brancos de ânimo e tenacidade. É certo que muitos dos negros já venceram o complexo de inferioridade. Aos oradores negros destas noites não faltou convicção, às vezes prematura. Mas em nenhum pude notar a verdadeira consciência da data que comemoravam, e consequentemente aquele esforço, aquela vontade iluminada que só eles na cultura, levam à criação de obras duráveis.

Uma feita fui não compreendido pelos negros de São Paulo, porque numa reportagem de romance denunciei algumas falhas deles.[62] Outra feita fui por eles louvado porque lhes denunciei algumas das qualidades essenciais. Não merecia nem o louvor nem a incompreensão, porque, na realidade, como disse na abertura destas comemorações, para mim o negro não é motivo nem de louvor nem de repúdio, "é pura e simplesmente um homem como todos os outros", e que por isso, deve ser tomado como qualquer outro.

Aproveito pois este momento que não pretende ser de louvações inúteis para concitar os negros de São Paulo à coragem de maiores esforços. É preciso, pelo menos por enquanto, que eles não se esqueçam da pesada cor que tem. É preciso que eles se redimam do simbolismo das cores que levou a cor branca a ser o Bem e a preta

62. N. da P. Trata-se de "A negrada", trecho do romance inacabado *Café,* cedido à revista *Movimento Brasileiro*, a. 2, nº 16. Rio de Janeiro, abr. 1930, pp. 10-12, (ilustração de Di Cavalcanti). Está na edição fidedigna do romance: Andrade, Mário de. *Café*. Estabelecimento do texto, introdução, posfácio e seleção de imagens por Tatiana Longo Figueiredo. Rio de Janeiro: Nova Fronteira, 2015.

a ser o Mal. Porque não basta abolir o preconceito da cor, é preciso justificar essa abolição. E só o esforço próprio, a tenacidade, o gozo das volúpias de tais batalhas é que levarão os negros a essa vitória perfeita de serem homens como quaisquer outros.

São Paulo, 7 de maio, 1938

A superstição da cor preta [1938-1942][63]

Na sessão solene realizada pelas associações negras de São Paulo no dia dois de maio, para celebrar o cinquentenário da Abolição, não pude deixar de sorrir melancolizado ouvindo um dos oradores negros da noite falar em "negros de alma de arminho". Assim, era ele mesmo, um negro, a esposar essa fácil e trágica antinomia de origem branco-europeia, pela qual se considera a cor branca simbolizadora do Bem e a negra simbolizadora do Mal. Mas não é apenas este orador negro a esposar a detestável tradição branca do simbolismo das cores. Conta Paulo Prado que era costume entre os negros a frase

63. N. da P. O artigo "A superstição da cor preta" saiu em *Publicações médicas*, São Paulo, junho-julho de 1938, e n'*Pensamento da América — Suplemento Panamericano* do jornal *A Manhã*; Rio de Janeiro, 27 de setembro de 1942. Desta segunda publicação, consta breve entrevista de MA ao jornal, que assim a anuncia: "*O Boletim da Sociedade Luso-Africana* do Rio de Janeiro, nº 24, dezembro de 1938, publicou 'A superstição da cor preta', sintético, profundo e saboroso estudo etnográfico do grande poeta brasileiro Mário de Andrade, por tantos títulos admirado na América inteira." Em seguida, resume as declarações do entrevistado: "Perguntado agora sobre qual dos seus livros devia ser citado como a fonte deste trabalho, Mário de Andrade em carta de 29 de agosto último, assim respondeu ao diretor do *Pensamento da América...* 'a 'Superstição da cor preta' não foi publicada em livro, nem sabia que fora transcrita no *Boletim da Sociedade Luso-Africana*, embora receba esse boletim quando não se perde pelo caminho. Minha nota foi publicada aqui, numa revista de propaganda de remédios, *Publicações Médicas*. Fez parte do discurso inaugural das festas do Cinquentenário da Abolição, que promovemos no Departamento da Cultura em 1938. Mas isto se dava durante a mudança de governo, eis que eu saía do meu lugar e o prefeito novo, aliás sob muitos aspectos admirável, acabou com o resto das celebrações, porque também sofria da superstição."

feita "negro sim, porém direito", da mesma forma com que os brancos carinhosamente (carinhosamente?) diziam dos escravos velhos serem "negros só na cor", como registrou Vieira Fazenda,[64] ou mais geralmente até agora falar-se em "negro com alma de branco", ou "com alma branca"... Em Portugal correu também o provérbio:

Ainda que negro é,
Alma tem, honra e fé.

Se qualquer de nós, brasileiros, se zanga com alguém de cor duvidosa e quer insultá-lo, é frequente chamar-lhe:

– Negro!

Eu mesmo já tive que suportar esse possível insulto em minhas lutas artísticas, mas parece que ele não foi lá muito convincente nem conseguiu me destruir, pois que vou passando bem, muito obrigado.

Mas é certo que se insultamos alguém chamando-lhe "negro", também nos instantes de grande carícia, acarinhamos a pessoa amada chamando-lhe "meu negro", "meu nêgo", em que, aliás, socialmente falando, mais verdadeiro apodo subsiste, o resíduo escravocrata do possessivo: negro sim, mas meu...

No Brasil não existe realmente uma linha de cor. Por felicidade, entre nós, negro que se ilustre pode galgar qualquer posição. Machado de Assis é o nosso principalíssimo e indiscutido clássico de língua portuguesa e é preciso não esquecer que já tivemos Nilo Peçanha na presidência da República.

---

64. N. da P. Refere-se ao artigo: "Fazenda, José Vieira. Antiqualhas e memórias do Rio de Janeiro". *Revista do Instituto Histórico e Geográfico Brasileiro*, tomo 89, v. 143. Rio de Janeiro, 1924. Onde à p. 111 deixou traço à margem do trecho: "Em meio a sua triste condição escravos houve, que se impuseram à confiança de seus senhores, os quais os consideravam e tratavam com verdadeiro carinho. Vão rareando os tipos desses velhos cativos, de quem se dizia então, que 'eram negros só na cor'. Dentre eles saíram operários e artistas de valor: marceneiros, músicos, imaginários e até pintores." MA grifa: "eram negros só na cor".

Mas semelhante verdade não oculta a verdade maior de que o negro entre nós sofre daquela antinomia branco-europeia que lembrei de início, e que herdamos por via ibérica.[65] Aliás a simbologia Bem-Branco Mal-Preto ultrapassa a Europa e suas descendências e parece um pensamento primário bastante universal. A simbologia do preto nas grandes religiões é bastante complicada em sua interpretação mística e muitas vezes o preto parece simbolizar um principio genético, uma força benfazeja, e o Bem. Mas simboliza não o Bem em si que é próprio do branco, da luz divina ou solar, mas o Bem em fazer-se, uma força dinâmica indicadora de futuro, como das trevas da noite nasce o dia, ou do mal do inverno a primavera, ou do erro da culpa a verdade da redenção. Fréderic Portal que estudou sinteticamente o assunto no seu livrinho *Des coulers symboliques*,[66] mesmo verificando estas interpretações possíveis do

---

65. N. da P. Em seu exemplar de trabalho de "A superstição da cor preta", no dossiê *Preto*, ao final desta passagem, a grafite, MA acresce o expoente "(1)". Na mesma página, colou uma folha destacada de caderneta onde escrevera "Aliás a simbologia Bem-Branco Mal-Preto/ ultrapassa a Europa e suas descendencias e/ parece um pensamento primario bastante/ universal. A simbologia do preto nas gran-/des religiões é bastante complicada em sua/ interpretação mística e muitas vezes o pre-/to parece simbolizar um principio genético, uma/ força bemfazeja, ~~uma~~ e o Bem. Mas simboliza/ não o Bem em si que é proprio do branco, da luz/ divina ou solar, mas o Bem em fazer-se, uma/ força dinâmica indicadora de futuro, como das/ trevas da noite nasce o dia, ou do mal do inver-/no a primavera, ou do êrro da culpa a verdade/ da redenção. Fréderic Portal que estudou sinteti-/camente o assunto no seu livrinho ' Des Coulers/ Symboliques' , mesmo ~~ver~~ verificando estas/ interpretações possíveis do preto, não deixa de re-/conhecer que está universalmente estabelecido/ em todas as grandes religiões que "o preto é o/ símbolo de tudo o que é mau ou o que é falso". Evidentemente, o autor visava incluí-lo em uma nova publicação.

66. N. da P. Trata-se do livro: Portal, Frédéric. *Des couleurs symboliques*: *Dans l'Antiquité, le Moyen-Age et les Temps Modernes*. Paris: Éditions Niclaus, 1938. À p. 107, no capítulo sobre a cor preta, encontra-se traço a grafite de MA ao lado do trecho, o qual transcrevo e traduzo a primeira parte: "Le noir est le symbole de tout ce qui est mal et de tout ce qui est faux" [O preto é símbolo de tudo aquilo que é mal e de tudo aquilo que é falso].

preto, não deixa de reconhecer que está universalmente estabelecido em todas as grandes religiões que "o preto é o símbolo de tudo o que é mau ou o que é falso". Isso talvez possa um bocado consolar o negro da maioria dos apodos que o cobrem. É ver que o branco, o possível branco o despreza ou insulta exclusivamente por superstição. Pela superstição primária e analfabeta de que a cor branca simboliza o Bem e a negra simboliza o Mal. Não é porque as culturas afronegras sejam inferiores às europeias na conceituação do progresso ou na aplicação do individualismo; não é, muito menos, porque as civilizações negras sejam civilizações "naturais"; não foi inicialmente por nenhuma inferioridade técnica ou prática ou intelectual que o negro se viu depreciado ou limitado socialmente pelo branco: foi simplesmente por uma superstição de cor. Na realidade mais inicial: se o branco renega o negro e o insulta, é por simples e primária superstição.

Em quase todos ou todos os povos europeus, o qualificativo "negro", "preto", é dado às coisas ruins, feias ou maléficas. E por isso nas superstições e feitiçarias europeias e consequentemente nas americanas, a cor preta entra com largo jogo. Já Leite de Vasconcelos[67] o observou muito bem. Hermann Urtel,[68] refletindo que seria porventura o aspecto exterior rebarbativo dos judeus que os tornou culpados das atribuições de feitiçaria que os portugueses lhes davam, conclui que esse foi certamente o caso dos negros. Aliás, entre os próprios negros africanos a antítese branco-negro para simbolizar o Bem e o Mal persiste, sendo difícil já agora dizer se tradição deles mesmos ou lhes transmitida pelos brancos europeus. Os hotentotes, os congueses e outros povos bantus guardam

67. N da P. MA refere-se a Vasconcelos, Leite de. "Canções de berço". *Revista Lusitana*, v. 10, nº 1-2. Lisboa, 1907, pp. 1-86; p. 74: presença do apodo citado.
68. N. da P. Cf. nota 10 deste dossiê.

a tradição de um castigo que lhes teria dado a inferioridade de cor. Entre certas tribos de Moçambique grassa uma lenda curiosa que parece inspirada no caso bíblico de Noé.[69] Lá se conta que uma vez o bom deus Mulúcu tendo tomado uma bebedeira, tirou as roupas e caiu nu no meio da estrada. Então passaram os africanos e caçoaram de Mulúcu. Depois passaram os europeus que o cobriram de folhagem pra esconder o ridículo do deus nu. E Mulúcu, por isso, castigou os africanos tirando a inteligência deles e lhes dando a cor preta. Porém, macacos me mordam se não foi algum europeu que botou esta malvadeza no lendário dos moçambiques... A cor preta é sinistra, e para os europeus simboliza tristeza e luto. Na Beira Baixa registrou-se a quadrinha:

> Chita preta, chita preta,
> Chita preta entrançada,
> Por causa da Chita preta
> Ando triste, apaixonada.

"Casa Maria com Pedro? Casamento negro", dizem no Turquel; e entre os provérbios e frases feitas portugueses, registrados por Perestrelo da Câmara[70] vem a comparação: "negro como a alma do diabo".

Na feitiçaria e na superstição europeias agem o galo preto, o gato preto, o porco preto, a ovelha preta, o papão negro, o bode preto, etc. Em Portugal se diz que é bom ter sempre uma galinha preta em casa, porque as desgraças cairão todas sobre a ave; ao que em Vila Nova de Famalicão se especifica melhor que a galinha preta afugenta qualquer doença. Em Vila Real a borboleta branca é sinal de boa notícia, e a preta de má, pelo que a matam. No Alentejo, galo

69. N. da P. Cf. nota 76 deste dossiê.
70. N. da P. Cf. nota 13 deste dossiê.

cantando de-noite todas as coisas se espalham, e se é preto então a desgraça inda é maior.

Na feitiçaria, o preto é também duplamente usado: 1º como cor do mal; 2º mas tão detestável que afugenta o próprio mal. O bode preto é o das bruxas e bruxedos europeus, que veio feminilizar-se entre nós na cabra preta dos catimbós e candomblés. Num curioso texto português setecentista, "As bruxas namoradas",[71] elas invocam o bode preto diabólico pela boca de Bruxamaia, em decassílabos mais ou menos frouxos:

Correio da ferra, ó bodes cor da noite,
Acendei com as caudas a fogueira!

No *Auto das fadas* de Gil Vicente, o galo é preto, o gato é preto, o bode é preto, o corvo e o pez são pretos. E mais: o próprio "sino Samão", o signo de Salomão, está

metido num coração
de gosto preto.

Mas que o preto chegue a horrorizar as próprias bruxas europeias, não há dúvida. Leite de Vasconcelos, ainda uma vez, colheu um refrão usado pelas bruxas portuguesas de Alcobaça, que diz assim:

71. N. da P. MA refere-se a trecho à p. 256 do artigo de A. Thomaz Pires, "Investigações ethnograficas", na *Revista Lusitana,* nº. 11, v. 3-4 (Lisboa, 1908): O autor transcreve o diálogo de Bruxamaia e Fadamaia, personagens da obra: Busse, Francisco Pedro. *Poemas líricos de um natural de Lisboa*. Lisboa: Régia oficina, 1789. MA refere-se à estrofe dita por Bruxamaia: "Correi da ferra, ó bodes cor da noite/ Acendei com as caudas a fogueira./ Vigiai, porque aqui não haja agouros./ Em paga com anéis vos ornaremos./ Amor merece amor: amor queremos".

Galo branco?
Não me espanto.
Galo loiro?
É agoiro.
Galo preto?
Não me meto![72]

E essa é a crença mais universal, como prova outro autor pela *Revista Lusitana*, v. 21.[73] A cor preta é tão horrível que é da maior eficácia como exorcismo, usada pra afastar bruxedos e feitiçarias e quase todos os malefícios extranaturais.

Em todo caso é possível por motivos econômicos não ser muito exigente com a cor negra... É ainda em Portugal (Turquel) que corre o provérbio condescendente:

Negro é o carvoeiro
Branco é o seu dinheiro.

Esta superstição primeira, pueril e depreciativa, que botou os negros no ostracismo do Bem. Não se trata de uma questão antropológica, nem da estupidez de um Gobineau ou de um ariano, nem de uma comparação de culturas: se trata de uma simples superstição de cor, anterior ao convívio histórico de pretos e de brancos, que se descarregou sobre as raças negras dominadas. Aplicou-se ao preto homem o que se dera à cor preta, fosse na chita ou no pelo do bode. E o homem preto chega por isso a ser o próprio diabo. Quan-

72. N. da P. Ribeiro, José Diogo. "Turquel folclórico". *Revista Lusitana*, v. 20, nº 1-2. Lisboa, 1930, pp. 54-80. À p. 55: presença do apodo citado.
73. N. da P. MA refere-se ao artigo: Adrião, José Maria. "Retratos de um adagiário". *Revista Lusitana*, v. 21, nº 1-2. Lisboa, 1930, pp. 33-57; às pp. 37-40, o autor focaliza feitiçarias, de diferentes lugares do mundo — Portugal, França, Cabo Verde, Prússia, Grécia, Índia, Tailândia, Sri Lanka.

do este aparece no famoso desafio que teve com Manuel do Riachão, aparece na pessoa de um negro. Lindolfo Gomes[74] lembrando a tradição do "negro velho" em cima do telhado, que recolheu em Minas, verifica também que ele é o símbolo do demônio, a quem o povo ainda chama de "negro sujo". Às vezes, pela cor que tem, é um valor exorcístico, afasta as desgraças e dá felicidade; outras vezes, pela cor que tem, é um valor invocativo, chama as desgraças. Preso por ter cão, preso por não ter cão... Já em Portugal ver uma mulher preta dá infelicidade mas ver um preto dá felicidade: ver um casal é felicidade garantida. No Nordeste brasileiro ver um padre e depois um soldado traz felicidade, mas ver um padre e depois um negro traz desgraça. Em Barretos, viajante encontrando negro velho na estrada, é sinal de desastre na viagem. Entre outras superstições colhidas por Edmundo Krug[75] em nosso Estado, preto vestido de branco dá possibilidades da gente se avistar com a pessoa amada e a contagem de pretos entra nas sortes de amor e nas da loteria, mas também ver preto cambaio é sinal de desgraça e sonhar com preto conhecido é doença, desgosto ou a própria morte na família.

Todas estas observações podem ser mesquinhas como elevação moral do homem branco ou muito interessantes como folclore, mas é realmente trágico a gente verificar que foi duma simples superstição inicial, uma questão de cores-símbolos, que o branco derivou o seu repúdio, a sua repulsa por toda uma larga porção da humanidade, as raças negras.

Deus onisciente nas coisas da eternidade, também é onisciente nas coisas da terra... Os dois grandes castigos terrestres registrados pela *Bíblia* o provam bem. Querendo castigar os israelitas, Deus ti-

74. N. da P. Cf. nota 25 deste dossiê.
75. N. da P. Cf. nota 29 deste dossiê.

rou-lhes a pátria; querendo castigar os filhos de Cam,[76] deu-lhes a cor. Por acaso virá um dia em que celebremos o homem, liberto de suas trágicas superstições?...

Mário de Andrade

---

76. N. da P. No dossiê *Preto* de MA, a nota de trabalho, documento 142, fólio 173, que integra o subtema "Escravidão", guarda indicação de leitura e comentário: "Preto/ n 186, p. 104/ Cham vendo Noé/ bêbado e descober-/ to, olha e vem con-/ tar pros manos./ Es-/ tes andando de/ costas vem cobrir/ o pai sem vê-lo./ Daí a maldição/ de Cham que será/ pra sempre o servo/ dos servos de seus/ manos.". MA refere-se a ao seguinte volume de sua biblioteca: Sales O. P., Marco M (Coment.). *La Sacra Bíbbia:* Il Vecchio Testamento. v. 1. Turim: Tipografia Del Sacro Cuore, 1919. A passagem trata dos seguintes versículos 18-27 do livro de "Gênesis": "(18) Os filhos de Noé, que saíram da arca, foram Sem, Cam e Jafé. Cam é antepassado de Cannaã. (19) Esses três eram os três filhos de Noé, pelos quais se povoou toda a terra. (20) Noé começou a praticar a agricultura e plantou uma vinha. (21) Bebeu vinho e se embriagou, ficando despido dentro da tenda. (22) Cam, o pai antepassado de Canãa, viu a nudez do pai e foi contar aos dois irmãos que estavam fora. (23) Sem e Jafé, porém, puseram o manto nos ombros e, caminhando de costas, cobriram a nudez do pai. Como estavam de costas, não viram a nudez do pai. (24) Despertando da embriaguez, Noé ficou sabendo o que fizera o filho mais novo e (25) disse: 'Maldito seja Canaã Que se torne o último dos escravos de seus irmãos'. (26) E acrescentou: 'Bendito seja o Senhor Deus de Sem, e Canaã seja seu escravo. (27) Que Deus faça prosperar Jafé, que ele habite nas tendas de Sem, e Canaã seja seu escravo." (*Bíblia Sagrada*. Tradução da Conferência Nacional dos Bispos do Brasil. Introd, notas, linha do tempo e glossário de Pe. Johan Konings, 10ª edição. São Paulo: Canção Nova, 2010, p. 23).

Linha de cor [1939][77]

Ao correr das minhas leituras e aventuras o problema do preconceito de cor, no Brasil, foi um dos que me interessou muito, e sobre ele reuni farta documentação. Não quis, como em geral se tem feito sobre o assunto, observar apenas a superfície. Não há dúvida que por esta superfície poder-se-ia concluir que negros e brancos vivem entre nós naquela paz diluvial em que a corça e o tigre viveram na arca de Noé e na "Queimada" de Castro Alves. Os ecos ainda tradicionais da campanha abolicionista, a consequente libertação dos escravos, a numerosa falange de negros ou mestiços valiosos que somos forçados a incorporar à nossa galeria de grandes homens para que esta se valorize mais convincentemente, e finalmente um novo preconceito de liberalismo que de tudo isso nos veio e que faz a espécie de "ariano" brasileiro dar sem nenhuma reserva a sua mão a um negro, seriam provas concludentes de que no Brasil não existe linha de cor. Mas se formos auscultar a pulsação mais íntima da nossa vida social e familiar, encontraremos entre nós uma linha de cor bastante nítida, embora o preconceito não atinja nunca, entre nós, as vilanias sociais que pratica nas terras de influência inglesa. Mas, sem essa vilania, me parece indiscutível que o branco no Brasil concebe o negro como um ser inferior.

Numa das sessões realizadas o ano passado pelo Departamento de Cultura, para solenizar o cinquentenário da Abolição, um escritor

77. N. da P. Dossiê *Preto*, MA guardou um recorte de "Linha de cor", artigo seu publicado n'*O Estado de S. Paulo*. São Paulo, 29 mar. 1939.

de origem negra, o sr. Fernando Góes,[78] apresentou uma documentação muito curiosa, na intenção de provar essa inferioridade com que o branco concebe o negro, entre nós. Mas a documentação apresentada, apesar de interessantíssima, me pareceu na realidade pouco convincente como demonstração de preconceito de cor, porque quase toda ela se convertia principalmente em preconceitos de classe. Era documentação de classe e não de cor. Assim por exemplo, se um grupo de senhoras da elite funda uma escola para moças "de cor", com o fito de formar boas cozinheiras, é certo que não fundariam, por outro lado, nenhuma escola de operárias brancas para educá-las na indústria de melhormente gastar os ócios da elite. E o engraçado no caso é que havia uma espécie de elogio ao preto e à sua extraordinária habilidade nas artes do bom comer.

Da mesma forma: se um pai burguês recusar sua filha branquinha em casamento a um negro — o que, de resto, não é uma lei absoluta entre nós — também é profundamente certo que a recusará mais peremptoriamente e, com certa e fatal razão, a um remendão ou lixeiro de qualquer cor. O preconceito de cor me parece incontestável entre nós, porém, na sua complexidade e esperteza de disfarces... constitucionais, temos que não confundi-lo com o problema de classe, não só para não exagerá-lo em sua importância, como para lhe dar melhor iluminação e não enfraquecê-lo em suas provas legítimas.

Neste sentido, creio que não há melhor jeito de provar a existência do preconceito do que buscando a sua documentação folclórica. E então veremos essa coisa espantosa de ser o próprio povo inculto a esposar o preconceito e cobrir o negro de apodos, pelo simples fato de ser negro. Aqui não se trata mais, evidentemente, de problemas similares mas não idênticos, como são os de classe e de raça, o problema é exclusivamente de cor.

78. N. da P. Poeta e jornalista negro, apresentou conferência, em 2 de maio de 1938, nas comemorações do Cinquentenário da Abolição. (Cf. nota 30 deste dossiê).

Por hoje me conservarei apenas na seara dos provérbios, que só por si é assustadoramente violenta. Eis alguns, para começar:

Em festa de branco
Negro não se mete.

Negro comendo com branco
A comida é do negro.

Negro em pé é um toco,
Dormindo é um porco.

Negro é como trempe:
Quando não queima, suja.

Negro que não gosta de mel,
É ladrão de cortiço.

Negro quando não suja na entrada,
Na saída é certo.

Quando o negro não quer fava,
Fava no negro.

Matolotagem de negro
Não salta riacho.

Negro não come gostoso,
Porque não espera cozinhar.

Eis alguns provérbios colhidos no Nordeste:

Negros, criá-los e depois vendê-los;
Mulatos, criá-los e depois matá-los.

Quem mata mulato é capricho.
Negro ensaboado,
Tempo perdido,
Sabão esperdiçado.

Há toda uma série de provérbios detestáveis para demonstrar, pelas variantes de vocabulário, a distinção entre o negro e o branco. São os prolóquios em que se nega ao negro o direito de empregar, para seu uso, palavras usadas em relação aos brancos, nos seus atos tanto individuais como sociais. Escolho esta série edificante, entre os quais já recenseei:

Negro não fala,
Resmunga.

Negro não come,
Babuja.

Negro não dorme,
Cochila.

Negro não dá a luz,
Estóra.

Negro não nasce,
Aparece.

Negro não namora,
Embirra.

Negro não acompanha santo,
Corre atrás.

Negro não casa,
Se ajunta.

Esta série de provérbios baseados em diferenciação de terminologia, foi relacionada, aliás, no número de janeiro de 1931, da *Revista da Academia Brasileira de Letras*.[79] E não querendo insistir no gênero, lembro apenas que Sílvio Romero enumera vários outros mais, numa lenga-lenga que colheu da própria boca de pretos, e à qual eles chamavam de "Padre Nosso do Negro"!

Ainda outro provérbio bem cruel é aquele registrado por Afrânio Peixoto nas suas *Miçangas*:[80]

Abelha preta é arapuá.
Tempero de negro é manguá.

"Manguá" é pau, no sentido de sova.

A inferioridade do mulato ainda vem assinalada noutro provérbio:

Mulato em burro é lacaio.

Há um outro ainda, crudelíssimo, colhido por Spix e Martius em Minas, e cuja parte central não pode ser literalmente dita aqui:

As brancas são para casar,
As mulatas para...
As negras para servir.

Finalmente, um provérbio muito conhecido, é o que se originou dos "andas" como se dizia antigamente, os escravos vestidos apura-

79. N. da P. MA refere-se ao artigo de Leonardo Motta, "Paramiolojia Nacional". *Revista da Academia Brasileira de Letras*, a. 22, v. 35, nº 109. Rio de Janeiro, jan. 1931, pp. 45-63; à p. 58: Nota MA: "Negro" e traço à margem do apodo "Negro comendo com branco, a comida é do negro". À p. 59, Nota MA: "Preto" e traço ligando os apodos "Negro em pé é um toco, dormindo é um porco." com "Negro não casa, se ajunta"
80. N. da P. Peixoto, Afrânio. *Miçangas*: *Poesia e folklore*. São Paulo: Comp. Editora Nacional, 1931. À p. 68: Nota MA: cruzeta à margem do apodo citado.

damente, destinados a carregar suas senhoras nos veículos coloniais. Usavam sempre luvas, donde o dizer:

Negro de luva,
Sinal de chuva,

que também se diz, pelo menos em São Paulo, piorando o apodo:

Macaco de luva,
Sinal de chuva.

Esta equiparação nacional do negro ao macaco, bem que para o estrangeiro sejamos todos uns "macaquitos", deu também o ditado que indica alguém ser mestiço, "coçar a orelha com o pé", que Amadeu Amaral já estudou.[81]

E basta de provérbios maus. Outro dia de pachorra hei de mostrar que a canção popular brasileira não é menos abundante em ofensas. Reconheço que se fossem ofensas simplesmente, seriam insuficientes para provar uma linha de cor, seriam, quando muito, comprovantes. Também o português foi fartamente insultado entre nós, e ganha do papagaio como personagem principal do nosso anedotário, da mesma forma com que nós não somos esquecidos diariamente em Portugal. Mas pela abundância e pela forma comparativa que a maioria deles veste, é incontestável, nestes provérbios, a consciência de uma diferenciação moral e social. Consciência que os provérbios, as parlendas e as cantigas ajudam a conservar.

Mário de Andrade

---

81. N. da P. Amaral, Amadeu. "Os ditados que, de fato, se dizem". *Revista da Academia Brasileira de Letras*, a. 22, v. 37, nº 118. Rio de Janeiro, set. de 1931, pp. 5-13.

Bibliografia de Mário de Andrade para *Estudos sobre o negro*

Abreu, S. Fróes. "Sambaquis de Imbituba e Laguna Santa Catarina". Separata da *Revista da Sociedade de Geografia do Rio de Janeiro*. Rio de Janeiro: Papelaria Mello, 1928.

Adalbert, Príncipe da Prússia. *Reise Seiner Königlichen Hoheit des Prinzen Adalbert von Preussen nach Brasilien. Nach dem Tagebuche Seiner Königlichen Hoheit mit höchster Genehmigung auszüglich bearbeitet und herausgegeben von H. Kletke*. Berlin: Hasselberg'sche Verlagshandlung, 1857.

Adrião. José Maria. "Retalhos de um adagiário". *Revista Lusitana*, nº 21. Lisboa, 1930, pp. 33-57.

Almeida, A. Paulino de. "A tragédia de Caraguatatuba". *Revista do Arquivo Municipal de São Paulo*, a. 1, v. 12. São Paulo, 1935, pp. 173-6.

Almeida, Francisco José de Lacerda. *Diário de viagem do Dr. Francisco José de Lacerda Almeida pelas capitanias do Pará, Rio-negro, Mato Grosso, Cuiabá e S. Paulo*. São Paulo: Costa Silveira, 1841.

Alves, Castro. *Obras completas*. v. 2. Rio de Janeiro: Livraria Francisco Alves, 1921.

Amaral, Amadeu. "Os ditados que de fato, se dizem". *Revista da Academia Brasileira de Letras*, a. 22, v. 37, nº 117. Rio de Janeiro, set. 1931, pp. 5-13.

Antonil, Andre João. *Cultura e opulência do Brazil por suas drogas e minas*. São Paulo: Companhia Melhoramentos, 1923.

Andrade, Mário de. "A superstição da cor preta". *Publicações médicas*. São Paulo, jun./jul. 1938, pp. 63-8.

_______. "Linha de cor". *O Estado de S. Paulo*. São Paulo, 29 mar. 1939.

Azevedo, Aluísio. *O cortiço*. Rio de Janeiro: Livraria Garnier, [19--].

_______. *O mulato*. Rio de Janeiro: Livraria Garnier, [19--].

Azevedo, Alvares de. *Obras*. v. 2. Rio de Janeiro: H. Garnier, [19--].

Batalha, Ladislau Estevão da Silva. *Costumes Angoleses*. Lisboa: Nacional, 1890.

Bates, Henry Walter. *The Naturalist on the River Amazons*. Londres: J.M. Dent; New York: E.P. Dutton, 1930.

Barroso, Gustavo. *Ao som da viola*: *(Folk-lore)*. Rio de Janeiro: Livraria Editora Leite Ribeiro, 1921.

_______. *Aquém da Atlândida*. São Paulo: Companhia Editora Nacional, 1931.

Braga, Theophilo (org.). *Parnaso português moderno*. Lisboa: Guimarães e C., 1877.

_______ (org.). *Contos tradicionais do povo português*. Lisboa: J. A. Rodrigues & C., 1914.

_______. *Terra do sol*: (Natureza e costumes do Norte). Rio de Janeiro: Livraria Francisco Alves, 1930.

Branco. Manuel Bernardes. *Portugal e os estrangeiros*. v. 2. Lisboa: Livraria de A. M. Pereira, 1879.

Brazil, A. Americano do. *Cancioneiro de trovas do Brasil central*. São Paulo: Editora Monteiro Lobato, 1925.

Bomfim, Manuel. *O Brasil na história: deturpação das tradições, degradação política*. Rio de Janeiro: Livraria Francisco Alves, 1931.

Burton, Richard F. *Explorations of the Highlands of the Brazil*. v. 1. London: Tinsley Brothers, 1869.

Calazans, João. "Sob mirada de Xangô". *Idéa* (Orgão Oficial do Centro Acadêmico Candido de Oliveira da Faculdade Nacional de Direito), a. 2. Rio de Janeiro, jan./set. 1937.

Calmon, Pedro. *Espírito da sociedade colonial*. São Paulo: Companhia Editora Nacional, 1935.

Camara, Paulo Perestrelo da. *Coleção de provérbios, adágios, rifões, anexins, sentenças morais e idiotismos da língua portuguesa*. Lisboa: Typ. Rollandiana, 1848.

Campos, J. da Silva. *A voz dos campanários bahianos*. Bahia: Imprensa Oficial do Estado, 1936.

Cartas avulsas (1550- 1568). Rio de Janeiro: Officina Industrial Graphica, 1931.

Cardoso, Nuno Catharino. *Cancioneiro popular português e brasileiro*. Lisboa: Portugal-Brasil; Rio de Janeiro: Companhia Editora Americana, 1921.

Carvalho, Henrique Augusto Dias de. *Ethnografia e história tradicional dos povos de Lunda*. Lisboa: Imprensa Nacional, 1890.

Carvalho, José. *O matuto cearense e o caboclo do Pará: contribuição ao folk-lore nacional*. Belém: Oficinas Graphicas Jornal de Belém, 1930.

Carvalho, Rodrigues de. "Aspectos da influência africana na formação do Brasil". In: Freyre, Gilberto et al. (org.). *Novos estudos afro-brasileiros*. (Segundo tomo). Trabalhos apresentados ao 1º Congresso Afro-Brasileiro do Recife. Prefácio de Arthur Ramos. Rio de Janeiro: Civilização Brasileira, 1937. (Biblioteca de Divulgação Científica, v. 9)

_______. *Cancioneiro do Norte*. 2ª ed. aum. Paraíba do Norte: Liv. São Paulo, 1928.

_______. "Língua Nacional (I)". *Revista Nova*, a. 1, nº 2. São Paulo: jun. 1931, pp. 278-83.

Cascudo, Luis da Camara. *Vaqueiros e cantadores: folclore poético do sertão de Pernambuco, Paraíba, Rio Grande do Norte e Ceará*. Porto Alegre: Edição da Livraria do Globo, 1939.

Castro, Eugenio de. *Geografia linguística e cultura brasileira* (ensaio). Rio de Janeiro: Gráfica Sauer, 1937.

Coloridge-Taylor, Samuel (org). *Twenty-four Negro Melodies; Transcribed for the Piano* by S. Coloridge-Taylor; with preface by Booker T. Washington. Boston: O. Ditson, 1905.

Costa, F.A. Pereira. "'Folk-lore' Pernambucano". *Revista do Instituto Histórico e Geográfico Brasileiro*, tomo 70, parte 2. Rio de Janeiro, 1907, pp. 7-641.

Couto, Ribeiro. *Cabocla*. São Paulo: Companhia Editora Nacional, 1931.

Cuney-Hare, Maud. *Negro Musicians and their Music*. Washington, D. C.: The Associated Publishers, Inc., 1936.

Curtis, Natalie. *Songs and Tales from the Dark Continent*. Nova York: G. Schirmer, 1920.

Danzel, Th. W. *Handbuch der präkolumbischen Kulturen in Lateinamerika*. Hamburg and Berlin: Hanseatische Verlagsanstalt, 1927.

Debret, Jean Baptiste. *Viagem pitoresca e histórica ao Brasil*. v. 2. Trad. Sergio Milliet. São Paulo: Livraria Martins, 1940.

Diálogos das grandezas do Brasil; introdução de Capistrano de Abreu e notas de Rodolpho Garcia. Rio de Janeiro: Editora da Academia Brasileira de Letras, 1930.

D'harcourt, Raoul. Gestes rituels de fécudation dans l'ancien Pérou. *Journal de L'Americanistes*, tomo 28, fase 1, 1933, pp. 25-33.

Edmundo, Luis. "O Rio de Janeiro no tempo dos vice-reis; 1763-1808". *Revista do Instituto Histórico e Geográfico Brasileiro*, tomo 109, v. 163. Rio de Janeiro: Imprensa Nacional, 1931.

Epistolário Acadêmico: "Carta de José Veríssimo à sua noiva". *Revista da Academia Brasileira de Letras*, a. 22, v. 37, nº 120. Rio de Janeiro, dez. 1931.

Estudos Afro-Brasileiros, trabalhos apresentados ao 1º Congresso Afro- Brasileiro reunido no Recife em 1934, prefácio de Roquette Pinto. v. 1. Rio de Janeiro: Ariel, 1935.

Expilly, Charles. *Mulheres e costumes do Brasil*. Tradução de Gastão Penalva. São Paulo: Companhia Editora Nacional, 1935.

Fazenda, José Vieira. "Antiqualhas e memórias do Rio de Janeiro". *Revista do Instituto Histórico e Geográfico Brasileiro*, tomo 88, v. 142; tomo 89, v. 143. Rio de Janeiro, 1923-1924.

Fernandes, Florestan. "O negro na tradição oral: Representações coletivas do negro - O ciclo da formação das raças". *O Estado de S. Paulo*. São Paulo, 15 jul. 1943.

_______. "O negro na tradição oral: A superioridade biológica e a posição social do negro — Consequências". *O Estado de S. Paulo*. São Paulo, 22 jul. 1943.

Filho, João Dorras. "A influência social do negro brasileiro". *Revista do Arquivo Municipal de São Paulo*, a. 5, v. 51. São Paulo, 1938, pp. 95-134.

Freyre, Gilberto. *Casa grande & senzala*. Rio de Janeiro: Maia & Schmidt Ltda, 1933.

_______. *Região e tradição*. Rio de Janeiro: Livraria José Olimpio, 1941.

Freyre, Gilberto et al (org.). *Novos estudos afro-brasileiros*. (Segundo tomo). Trabalhos apresentados ao 1º Congresso Afro-Brasileiro do Recife. Prefácio de Arthur Ramos. Rio de Janeiro: Civilização Brasileira, 1937. (Biblioteca de Divulgação Científica, v. 9)

Frobenius, Leo. *Das sterbende Afrika*. v. 1. München: O. C. Recht, 1923.

Filho Moraes, Mello. *Fatos e memórias*. Rio de Janeiro: H. Garnier, 1904.

Gabriac, Conte de. *Promenade à travers L'Amérique du Sud Nouvelle-Grenade, Équateur, Pérou, Brésil*. Paris: Michel Lévy Frères, 1868.

_______. *Serenatas e saraus: Coleção de autos populares, lundus, recitativos, modinhas, duetos, serenatas, barcarolas e outras produções brazileiras antigas e modernas*. v. 3 - Hymnos. Rio de Janeiro: H. Garnier, 1902.

Galeno, Juvenal. *Lendas e canções populares*. Fortaleza: Gualter R. Silva — Editor, 1892.

Gallet, Luciano. *Estudos de folclore*. Rio de Janeiro: Carlos Whes & Cia, 1934.

Gest, D. von. "Die Negerjuden New Yorks". *Der Querschnitt*, v. 6, nº 10. Berlin, 1930, pp. 397-8.

Guimarães, Renato Alves. "Antonio Francisco Lisboa, o 'Aleijadinho'". *Revista do Instituto Histórico e Geográfico de São Paulo*. v. 38. São Paulo, 1930, pp. 331-412.

Goiaz, João. "Trovas luzianas". *Revista da Academia Brasileira de Letras*, a. 24, v. 41, nº 134. Rio de Janeiro, fev. 1933, pp. 182-205.

Gomes, Lindolfo. *Contos populares narrativas maravilhosas e lendárias, seguidas de cantigas de adormecer da tradição oral, no estado de Minas*. São Paulo: Companhia Melhoramentos, [19__].

Gonçalves, Ruy. *História literária fluminense*. Rio de Janeiro: Barreto & Carbone, 1931.

Guenther, Konrad. *Das Antiliz Brasiliens: Natur und Kultur eines sonnenlandes sein Tier-und Pflanzenleben*. Leipzig: R. Voigtlanders, 1927.

Guisard Filho, Felix. "Capítulos da História de Taubaté". *Revista do Instituto Histórico e Geográfico de São Paulo*, v. 28. São Paulo, 1930, pp. 101-60.

Haardt, Georges-Marie; Audouin-Dubreuil, Louis. *La croisière noire Éxpedition Citröen Centre-Afrique*. Paris: Librarie Plon, 1927.

Hovelacque. Abel. *Les nègres de l'Afrique sus-équatoriale*. Paris: Lecrosnier et Babé Libraire-éditeurs, 1889.

Jacob, Alfred. *L'Afrique Nouvelle*. Paris: Ed. Didier et Cie, 1862.

Krappe, Alexandre Haggerty. *The Science of Folk-lore*. London: Methuen, 1930.

Jung, Carl Gustav. "O negro e o índio na conduta do americano". *Revista Pernambuco*. Recife, ago. 1937.

Laranjeira, Joaquim. *A pequena história*. Rio de Janeiro: Graphica Excelsior, 1931.

Leitão, C. Mello. *Visitantes do Primeiro Império*. Prefácio Affonso de E. Taunay. São Paulo: Companhia Editora Nacional, 1934.

_______. "Darwin e o Brasil". *Revista Nacional de Educação*, a. 1, nº 11-12. Rio de Janeiro, ago./set. 1933, pp. 42-51.

Lima, Joseph Barbosa de. "Ordens Régias (1721-1730)". *Revista do Arquivo Municipal de São Paulo*, a. 1, v. 12. São Paulo, 1935, pp. 85-134.

Leithold, Theodor von. *Meine Ausflucht nach Brasilien oder Reise von dort zurueck*. Berlin: Maurerschen Buchhandeung, 1820.

Lisboa, João Francisco. *Obras*. Lisboa: Typographia Mattos Moreira & Pinheiro, 1901.

Lopes, Raimundo. *O torrão maranhense*. Rio de Janeiro: Typ. do Jornal do Commercio, 1916.

Lamego Filho, Alberto Ribeiro. *A planície do solar e da senzala*. Rio de Janeiro: Liv. Católica, 1934.

Lamenza, Mario. *Proverbios*. Rio de Janeiro: Livraria H. Antunes, 1941.

Lemos, Alvaro V. O *Minho alegre e cantador: quadras recolhidas de soldados em 1906 na região de Viana do Castello*. Coimbra: Minerva Central, 1926.

Lévy-Bruhl, Lucien. *Les fonctions mentales dans les sociétés inférieurs*. Paris: Libraire Felix Alcan, 1928.

Lima Junior, Augusto de. *O Aleijadinho e a arte colonial*. Rio de Janeiro: Edição do Autor, 1942.

Magalhães, Basílio de. "O povo brasileiro através do folclore". *Revista Cultura Política*, a. 1, nº 2. Rio de Janeiro, abr. 1941, pp. 248-52.

Martins, Pe. Firmino. *Folklore do Concelho de Vinhais*. Coimbra: Imprensa da Universidade, 1928.

Matos, Gregório de. *Obras de Gregório de Matos*. Rio de Janeiro: Officina Industrial Gráphica, 1930.

Mendonça. Renato. *O Português do Brasil*. Rio de Janeiro: Civilização Brasileira, 1936.

Motta, Arthur. *História da literatura brasileira*. São Paulo: Companhia Editora Nacional, 1942.

Motta, Leonardo. *Cantadores: Poesia e linguagem do sertao cearense*. Rio de Janeiro: Livraria Castilho, 1921.

_______. *Sertão alegre: Poesia e linguagem do sertão nordestino*. Belo Horizonte: Imprensa Oficial de Minas, 1928.

_______. "Paremiolojia nacional". *Revista da Academia Brasileira de Letras*. a. 22, v. 35, nº 109. Rio de Janeiro, jan. 1930, pp. 44-63.

_______. *No tempo de Lampião*. Rio de Janeiro: Off. Ind. Graphica, 1930.

_______. "Filosofia popular brasileira". *Revista da Academia Brasileira de Letras*, a. 21, v. 34, nº 108. Rio de Janeiro, dez. 1930, pp. 387-405.

Moura, Paulo Cursino de. *São Paulo de outrora: Evocações da metrópole*. São Paulo: Comp. Melhoramentos, 1932.

Neiva, Arthur Hehl. "A política imigratória do Brasil no século XVI". *Cultura Política*, a. 2, nº 19. Rio de Janeiro, set. 1942, pp. 128-41.

Oliveira, Sebastião Almeida. *Expressões do populário sertanejo: Vocabulários e superstições*. São Paulo: Revista dos tribunais, 1940.

O negro no Brasil. Trabalhos apresentados ao 2º Congresso Afro-brasileiro (Bahia). Rio de Janeiro: Civilização Brasileira, 1940.

Passos, Zoroastro Vianna. *Em torno da história do Sabará*. Rio de Janeiro: Ministério da Educação e Saúde, 1940.

Peixoto, Julio Afrânio. *Miçangas: Poesia e folklore*. São Paulo: Nacional, 1931.

Peixoto, Mário. *Mundéu*. Rio de Janeiro: Typ. São Benedito, 1931.

Pereira. A. Gomes. "Tradições populares e linguagem de Villa Real". *Revista Lusitana*, nº 10. Lisboa, 1908, pp. 191-237.

Pierson, Donald. "Os 'africanos' da Bahia". *Revista do Arquivo Municipal de São Paulo*, a. 7, v. 78. São Paulo, ago./set. 1941.

Pfandal, Ludwig. *Spanische Kultur und Sittes des 16. und 17. Jahrunderts Eine Einführung in die Blütezeit der spanischen Literatur und Kunst*. Kempten: Josef Koesel/Friedrisch Pustet, 1924.

Pinho, Wanderley. "Abolição do tráfico interprovincial de escravos (do livro a aparecer "Cotegipe e seu tempo")". *Jornal do Commercio*. Rio de Janeiro, 14 jun. 1936.

Pinto, E. Roquette. *Ensaios de antropologia brasiliana*. São Paulo: Editora Nacional, 1933.

Pires, A. Thomaz. Investigações etnográficas. *Revista Lusitana*, nº. 11. Lisboa, 1908, pp. 248-67.

_______. *Cantos populares portugueses*. v. 4. Elvas: Tipologia Progresso, 1910.

Pires, Cornélio. *Sambas e cateretês: Folclore paulista, modas de viola, recortados, quadrinhas, abecês etc.* São Paulo: Unitas, s.d.

Prado, Paulo. *Retrato do Brasil: Ensaio sobre a tristeza brasileira*. São Paulo: Duprat-Mayença, 1928.

Prado, J. F.de Almeida. *Primeiros povoadores do Brasil: 1500-1530*. São Paulo: Nacional, 1935.

Porto Seguro, Visconde de. *História geral do Brasil*. 3ª ed. integral. São Paulo: Melhoramentos, s.d.

Querino, Manuel. *A Bahia de outr'ora: Vultos e fatos populares*. Bahia: Livraria Econômica, 1922.

Raimundo, Jacques. *Vocabulários indígenas de Venezuela: Da importância dos idiomas ameríndios nas relações com o português-brasileiro*. Rio de Janeiro: Livraria Católica, 1934.

Ramos, Alberto. "O mulatismo". *Boletim de Ariel. Mensário crítico-bibliográfico Letras, Artes e Ciências*, a. 3, nº 2. Rio de Janeiro, nov. 1933.

Ramos, Arthur. *O negro brasileiro ethografia religiosa e psicanálise*. Rio de Janeiro: Civilização Brasileira, 1934.

Rego, José Lins do. *Menino de engenho*. Rio de Janeiro: Adersen-Editores, 1932.

_______. *Banguê*. Rio de Janeiro: J. Olímpio: 1934.

Ribeiro, João. *Seleta clássica*. Rio de Janeiro: Livraria Francisco Alves, 1905.

Ribeiro, José Diogo Ribeiro. "Linguagem popular de Turquel". *Revista Lusitana*, nº 18. Lisboa, 1930, pp. 87-244.

Ribeiro, José Diogo. "Turquel folclórico". *Revista Lusitana,* nº 20. Lisboa, 1930, pp. 54-80.

Rio, João do. *Fados, canções e danças de Portugal*. Rio de Janeiro: H. Garnier, 1909.

Rodrigues, Nina. *Os africanos no Brasil*. São Paulo: Companhia Editora Nacional, 1932.

Rodríguez Marín, Francisco (org.). *Cantos populares españoles*. Sevilla: Francisco Alvares, 1882.

Romero, Silvio. *Estudos sobre a poesia popular do Brazil*. Rio de Janeiro: Typ. Laemmert & C., 1888.

Saint-Hilaire, Augustin François César Prouvençal de. *Voyages dans les provinces de Rio de Janeiro et de Minas Gerais*. Paris: Grimbert et Dorez, 1830, v. 1.

Sales O. P., Marco M (Comeno). *La Sacra Bíbbia: Il Vecchio Testamento*. v. 1. Torino: Tipografia Del Sacro Cuore, 1919.

Salvador, Frei Vicente do. *História do Brasil (1500-1627)*. São Paulo: Weiszflog Irmãos, 1918.

Sampaio, A. J. de. "Nomes vulgares de plantas da Amazônia". *Boletim do Museu Nacional*, v. 10. Rio de Janeiro, mar./jun./set./dez. 1934. (BMA)

Silva, Ignacio Accioli de Cerqueira e. *Informação ou descripção topográfica e política do Rio de S. Francisco*. Rio de Janeiro: Typographia Franceza de Frederico Arevedson, 1860.

Silveira, Valdomiro. *Nas serras e nas furnas*. São Paulo: Companhia Editora Nacional, s.d.

Schlichthorst, Carl. *Rio de Janeiro wie est ist; Beiträge zur Tages-und Sitten-Geschichte der Hauptstadt von Brasilien*. Braunschweig: F. Bieneg, 1829.

Schumacher, P. H. *Beschreibung meiner Reise von Hamburg nach Brasilien in Juni 1824; nebst Nachrichten über Brasilien bis zum Sommer 1825 und über die Auswanderer dahin*. Braunschweig: F. Bieneg, 1826.

Smith, Robert C. "Alguns desenhos de arquitetura existentes no Arquivo Histórico Colonial Português". *Revista do Serviço do Patrimômio Histórico e Artístico Nacional*, nº 4. Rio de Janeiro, 193_.

Soares, Urbano Canuto. "Subsídios para o cancioneiro do arquipélago da Madeira". *Revista Lusitana*, nº 171. Lisboa, 1914, pp. 135-58.

Spix, Johan Baptist von; Martius, Carl Friedrich Philipp von. *Reise in Brasilien*. v. 1-3. München: M. Lindauer, 1823.

Taunay, Afonso de E. "Frei Gaspar da Madre de Deus". *Revista do Instituto Geográfico de São Paulo*, nº 20. São Paulo, 1915.

_______. *Non ducor, duco notícias de S.Paulo*, 1565- 1820. São Paulo: Typ. Ideal, 1924.

_______. *Rio de Janeiro de Antanho: (1695-1831) Impressões de viajantes estrangeiros.* Rio de Janeiro: Imprensa Nacional, 1925.

_______. *Na Bahia colonial (1610-1774).* Rio de Janeiro: Imprensa Nacional, 1925.

_______. *Inocência.* Ilustrada por F. Richter. São Paulo: Melhoramentos, s.d.

_______. "Cousas dos primeiros séculos do tráfico". *Jornal do Commercio.* Rio de Janeiro, 2 ago. 1936.

_______. "Depoimentos de missionários dos séculos XVII e XVIII". *Jornal do Commercio.* Rio de Janeiro, 5 jul. 1936.

_______. "Panorama Africano". *Jornal do Commercio.* Rio de Janeiro, 19 jul. 1936.

Teixeira, José A. *Folklore goiano: Cancioneiro, lendas, superstições.* São Paulo: Companhia Editora Nacional, 1941.

Tiersot, Jean Babtiste Élisée Julien. *Musiques pittorosques: Promenades musicales à l'exposition de 1889.* Paris: Fischbacher, 1889.

Tylor, Edward Burnett. *La civilisation primitive.* v. 1. Paris: Alfred Costes, éditeurs, 1920.

Trovador: *Coleção de modinhas, recitativos, arias, lundús, etc.* v. 2. Rio de Janeiro: Livraria Popular de A. A. da Cruz Coutinho, 1876.

Urtel, Hermann. *Beiträge zur portugiesischen Volkskunde.* Hamburg: Hamburgische Universität, 1928.

Vasconcelos, J. Leite de. "Canções de berço". *Revista Lusitana*, nº 10. Lisboa, 1907, pp. 1-87.

_______. *Tradições populares de Portugal. Coligidas e anotadas por J. Leite de Vasconcelos.* Porto: Livraria Portuense, 1882.

Xidieh, Oswaldo Elias. "Linha de cor e macumba". *Estado de S. Paulo.* São Paulo, 21 out. 1944.

White, Newman I. *American Negro Folk-Songs*. Cambridge: Harvard University Press, 1928.

Weech, J. Friedrich von. *Reise über England uns Portugal nach Brasilien und den vereingten Staaten des La-Plata Stromes während den Jahren 1823 bis 1827.* v. 2. München: Fr. X. Auer, 1831.

Wetherell, James. *Stray Notes from Bahia: Being Extracts from Letters, &c., during a Residence of Fifteen Years.* Liverpool: Webb and Hunt, 1860.

Diário de São Paulo:

Seção Inquérito — 24 jan. 1930, p. 7
2 fev. 1930, p. 3
6 fev. 1930, p. 6.

Fundos Villa-Lobos — Acervo Mário de Andrade, IEB-USP

Caboquinha (parte 2 - caixa 1 - pasta 1).

História de um pescador (caixa 1 - pasta 2).

Peleja do cego Aderaldo com José Pretinho do Tucum (caixa 2 - pasta 5).

Desafio de Manuel do Riachão com o Diabo (caixa 2 - pasta 5).

Moleque dengoso (caixa 2 - pasta 5).

Discussão de um padre com um creolo (caixa 2 - pasta 5).

O sertanejo orgulhoso e seus filhos na praça (caixa 4 - pasta 12).

Segunda parte da História do capitão José Satyro de Souza (caixa 6 - pasta 15).

Peleja de Joaquim Francisco e José Claudino (caixa 6 - pasta 17).

Gíria do Norte (caixa 6 - pasta 17).

Um motte (caixa 7 - pasta 18).

Romano e Ignácio da Catingueira (caixa 7 - pasta 20)

Plano para a comemoração do Cinquentenário da Abolição em São Paulo [1938][82]

82. N. da P. Transcrição do Manuscrito "Cinquentenário da Abolição" que traz em si o planejamento de MA, diretor do departamento de Cultura à época, para as comemorações da data em São Paulo.

I

Diretoria Expansão Cultural (com Sociedade de Etnografia e Folclore) três ou cinco conferências sobre Os Negros.

a) Toda a série por Arthur Ramos (bem pago)

b) Cinco conferências sendo "Os negros em São Paulo" por

Etnografia Negra	–	Roquette Pinto
Etnografia Negra	–	Arthur Ramos
Música Negra	–	Mário de Andrade
Abolição	–	

II

Expansão Cultural

a) Concurso de peças bandístas sobre a abolição e concerto público [ao] ar livre.

b) Grande concerto sinfônico Música Negra dirigido por Souza Lima.

c) Exposição iconográfica afro-brasileira.

III

Biblioteca Pública

IV

Parques Infantis

Reconstrução infantil do Bailado dos Congos.

V

Documentação Histórica e Social

a) Participar das conferências supracitadas.

b) Número especial *Revista do Arquivo* com as conferências supracitadas e mais o possível.

VI

Turismo e Divertimentos Públicos

a) Participação no Concerto bandístico comemorativo.

b) Reconstrução, dia 13 de maio, semi-histórica, semifantasiosa dum cortejo de reis do Congo e coroação do Rei do Congo de São Paulo. (Eleição do Rei do Congo de São Paulo.
Participação do cortejo as quatro congadas de Atibaia, os cordões carnavalescos negros, etc. com vestimentas fornecidas por nós, etc. 50 contos, elefantes, se houver etc.
Coroação pelo prefeito, se ele tiver coragem.
Ato de coroação na Praça da Sé, Coral Paulistano e Popular, banda, etc.)

PLANO FINANCEIRO — CORTEJO —

Chinita e a Kitty (a 3:000$000)	6:000$000
Prêmios Rei e Rainha (a 1:000$000)	2:000$000
Roupas Rei-Rainha	1:000$000
Chinita e Kitty (roupa)	1:000$000
Corte dos Reis (25 pessoas à 250$000)	6:250$000
20 cordões (a 1:000$000)	20:000$000
4 congadas (a 5:000$000)	20:000$000
4 bandas 20 figuras (a 400$000)	1:600$000
sua indumentária	1:000$000
	58:850$000
Iluminação da Praça da Sé	
Altifalantes	00:000$000

DANÇAS

a) O Mameto dançará um Quimcumbre dança de combate que termina com a venda do negro escravizado (25,52)

CORTE

Secretário de Estado, Mestre de campo, arautos, damas de honor e açafatas (27, 214)

Rei casaca verde, colete encarnado, calção amarelo
Rainha seda azul (Koster 1811, 27, 215)

Coroação: Ajoelha-se o rei e recebe a coroa.

Manto do rei encarnado recamado de estrelas e meias-luas de latão.
Luis Edmundo

Rainha "um merinaque estupendo, armado de barbatanas, e o manto pesadíssimo de belbute" Luis Edmundo

---

Quimboto (é o feiticeiro) Luis Edmundo
"nos braços braceletes e tem as pernas envoltas em peles de jaguar".

MÚSICAS

Nossa gente já tá livre
Taieiras (versão paulista)
Dança do Mameto: É hora de pegá e Sr. Getúlio Vargas
Dueto: Dança de Negro (Frutuoso)

PERSONAGENS

O rei do Congo
A rainha Ginga
As taieiras (3 rainhas)
A negra da Calunga
Mameto (filho do rei)
1 negro com máscara preta e sabre (marechal da corte)
Vários príncipes e princesas com 6 camareiros
Muitos estandartes.

INDUMENTÁRIA: capinhas vermelhas e roxas, enfeitadas com penas de avestruz. As caudas eram carregadas por pajens de ambos os sexos.
MÚSICOS: sapatos vermelhos e amarelos, meias pretas e brancas, calções amarelos e vermelhos e capinhas.

Luís Edmundo diz que o Mameto morre o Quimboto o faz ressurgir e então o Mameto casa com a Princesa (e também 34, 157)

Cuambis negros vestidos de penas 34, 156 círculos de vistosas e compridas penas aos joelhos, à cintura, aos braços, e punhos, rico cocar de testeira vermelha, botina de cordovão enfeitada com fitas e calos e ao pescoço colares e colares.

34, 158

Arauto lê a proclamação da coroação do rei.

Indumentária geral 34, 369
"calça e suspensório, de faixas encarnadas e azuis a tiracolo, cabeça adornada de penas, peito listrado de tiras vistosas."

---

quatro muanas (negrinhos) pulando e revirando, vestidos de penas e estojos coloridos, serviam de batedores ágeis, fazendo negaças, cantando e gritando. 34, 370

---

neuvangue (rei)
nembanda (rainha)
manafundos (príncipes)
nantuafunos (escravos)

---

feiticeiro tem uma cobra

Os reis marcam de cruz a ata de coroação.
(MAPA, fólio MA-MMA- 30- 30)

Sugestões para a comemoração do Cinquentenário da Abolição [na capital federal – 1938][83]

83. N da P. O texto é um datiloscrito de Mário de Andrade. As indicações "Nota MA" que aparecem como intervenções ao longo do texto indicam notas que foram acrescidas pelo escritor num segundo momento, evidenciando que se trata de um texto em construção.

Para o programa cultural da comemoração do cinquentenário da Abolição, o Ministério da Educação e Saúde tratará de:

a) organizar uma lista de assuntos concernentes ao problema da escravidão e do abolicionismo e ao negro e sua influência na vida e na civilização brasileiras;

b) dirigir-se aos especialistas nos vários problemas do negro brasileiro, solicitando-lhes a feitura de monografias sobre os assuntos referidos no item anterior. Estas monografias deverão ter no máximo páginas datilografadas em papel ofício, seguidas de uma bibliografia completa do assunto estudado.

Nota MA: acréscimo a grafite na lateral do item: "?".

c) promover a publicação de um ou mais volumes, com os trabalhos apresentados e um prefácio geral do sr. Ministro Gustavo Capanema;

d) promover uma série de conferências, na semana do cinquentenário da Abolição, realizadas por autores das monografias referidas. Estas conferências, realizadas no Instituto Nacional de Música, serão completadas pela execução de um programa musical, de compositores negros ou de músicas de influência negra;

e) realizar no dia 13 de maio uma grande sessão cívica, dentro do programa cultural da semana, presidida pelo sr. Ministro da Educação, e com a presença, na mesa, de abolicionistas vivos, residentes no Rio de Janeiro;

f) organizar uma exposição de objetos e assuntos negro-brasileiros, devidamente catalogados, durante a semana da comemoração, apelando para o concurso dos museus oficiais, Institutos Históricos e coleções particulares. Esta exposição constará de:

1º objetos de arte negro-brasileira: esculturas, trabalhos de metal, instrumentos de música, etc.

2º objetos de culto afro-brasileiro: documentário de macumbas em geral;

3º objetos de escravidão: instrumentos de captura e suplício, etc.;

4º gravuras antigas de tipos ou de cenas da escravidão, pinturas, esculturas... de artistas negros ou referentes a assuntos negro-brasileiros;

5º livros, monografias, revistas e demais documentos escritos, referentes a assuntos negro-brasileiros.

6º mapas, gráficos estatísticos, etc., mostrando a contribuição do negro à civilização brasileira.

g) fazer publicar notas jornalísticas curtas sobre os vários aspectos do problema do negro, para ilustração do público, em forma de *copy-rights* do Ministério da Educação, ou apelando para o concurso dos jornais da capital e dos Estados;

h) solicitar o concurso da Secretaria da Educação do Distrito Federal para a organização do programa a ser desenvolvido nas escolas públicas do Distrito Federal;

i) entrar em entendimento com o Departamento de Propaganda para a organização da parte propriamente de propaganda, em palestras curtas, pelo rádio, confiadas a estudiosos do problema do negro, e abordando as várias faces da questão.

Índice de assuntos relativos

a) ao problema da escravidão e do Abolicionismo e

b) ao negro brasileiro e à sua influência na vida e na civilização brasileiras.

A) O PROBLEMA DA ESCRAVIDÃO E DO ABOLICIONISMO

I - História do tráfico de escravos no Novo Mundo.

II - Povos negros entrados no Brasil.

III - Navios negreiros. Mercados de escravos. Distribuição dos negros escravos no Brasil.

IV - O trabalho escravo. A escravidão urbana e a escravidão rural.

V - Castigos do escravo. Instrumentos de suplício. O capitão do mato.

VI - O negro escravo e o trabalho nacional.

Nota MA: Acréscimo a grafite na margem esquerda: "Assuntos há sob um só número que pela sua vastidão terão de ser desenvolvidos, em vários números, como o nº XIX da parte A. Também canto e dança não podem ir juntos em monografias pequenas. Etc."

VII - O negro escravo e o ciclo do açúcar.

VIII - O negro escravo e o ciclo do café.

IX - O negro e o ciclo da mineração.

Nota MA: Acréscimo a grafite: "aqui" e fio deslocando o item IX para substituir o item VIII.

X - Paralelo econômico e cultural entre o negro e o índio brasileiro.

XI - Insurreições negras no Brasil.

XII - Os quilombos de Palmares.

XIII - As juntas da alforria e o movimento pré-abolicionista.

XIV - A repressão internacional ao tráfico de escravos.

XV - A atividade brasileira concernente ao tráfico de escravos. A abolição do tráfico e a questão inglesa.

XVI - Sociedades emancipadoras no Brasil.

XVII - Atividades parlamentares anteriores à lei áurea. A lei do ventre livre.

XVIII - A lei áurea.

XIX - Figuras de abolicionistas no parlamento brasileiro.

XX - Os *leaders* negros da abolição.

XXI - A abolição e a imprensa.

XXII - Literatura da abolição.

XXIII - Consequências econômicas da abolição.

XXIV - Situação econômica e cultural do negro brasileiro.

Nota MA: Acréscimo a grafite entre os ítens VII e XXIV:

"a) ~~A contribuição~~ O coeficiente negro na formação étnica brasileira.

b) Distribuição geográfica das raças e tribos negras no Brasil / c)".

B) INFLUÊNCIA DO NEGRO NA VIDA E NA CIVILIZAÇÃO BRASILEIRAS

I - As culturas negras no mundo.

II - As culturas negras introduzidas no Brasil.

III - As sobrevivências religiosas do negro no Brasil: macumbas e candomblés.

IV - O sincretismo religioso. O catolicismo popular do Brasil e sua influência negra.

V - Ritual de feitiçaria. Práticas mágicas do negro brasileiro.

VI - Sobrevivências artísticas: a música e os instrumentos de música de origem negra.

VII - O canto e a dança de influência negra.

VIII - Pintura e escultura de influência negra.

Nota MA: Acréscimo a grafite entre os ítens VIII e IX: "Arquitetura popular brasileira e influência negra"

IX - A tradição oral. *Folk-lore* negro. Contos populares, provérbios e advinhas de origem negra.

X - Festas populares. O ciclo das Congadas.

XI - Maracatus e reisados. O culto popular a N. S. do Rosário e São Benedito.

Nota MA: Acréscimo a grafite entre os itens XI e XII: "Indumentária de influência negra no Brasil - Tipos (Cecília Meirelles)"

XII - Línguas africanas introduzidas no Brasil. Estudo de conjunto.

XIII - Estudo comparativo sobre a influência do yoruba e do quimbundo na língua nacional.

XIV - Antropologia do negro brasileiro. Tipos negros e sua filiação racial.

XV - O problema da mestiçagem no Brasil.

XVI - A criança negra. O negro no meio escolar.

XVII - O negro e o problema da alimentação no Brasil. A culinária afrobrasileira.

Notas MA:

1. Acréscimo a grafite entre os números VI e XVII: "Pergunto se não se deverá estudar também o negro como elemento negativo da vida. Por ex. 'O negro e a delinquência no Brasil'; 'A degeneração do negro como valor social'; 'Consequências sociais do Abolicionismo para o negro, na moral, na psicologia, na tradição'";

2. Acréscimo a grafite entre os itens XVII e XVIII: "O que devemos ao negro na psicologia nacional.".

XVIII - Aspectos psicopatológicos do negro brasileiro.

XIX - Doenças africanas introduzidas no Brasil.

XX - O negro brasileiro nas letras e nas artes.

XXI - O negro brasileiro na indústria, no comércio e na história militar do Brasil.

XXII - O negro na política. Associações e movimentos negros contemporâneos.

XXIII - Estudos científicos sobre o negro brasileiro. A escola de Nina Rodrigues.

NOMES PROPOSTOS PARA O ESTUDO DOS ASSUNTOS:

A) O PROBLEMA DA ESCRAVIDÃO E DO ABOLICIONISMO

I - Affonso Taunay (Museu Ipiranga — São Paulo)

II - Oliveira Viana.

Nota MA: Acréscimo a tinta preta: "{" unindo os dois primeiros nomes.

III - IV- Pedro Calmon — Rio

Nota MA: Acréscimo a tinta preta: "{" juntando Pedro Calmon ao item III.

V - Ademar Vidal (Rua Epitácio Pessoa, 554 — João Pessoa)

VI - Gilberto Freyre (Recife)

VII - Roberto Simonsen (São Paulo)

IX - Afonso Arinos de Mello Franco (Rio)

X - A[rthur]. Ramos

XI - Alfredo Brandão (Avenida Thomaz Espinola — Maceió)

XII -

XIII -

Nota MA: Acréscimo a tinta preta: "{" seguido de supressão, a grafite: "~~Antenor~~

~~Nascentes~~"

XIV -

XV - Rodolpho Garcia (Biblioteca Nacional — Rio)

Nota MA: Acréscimo a tinta preta: "{" juntando Rodolpho Garcia ao item XIV.

XVI - Evaristo de Moraes (Rio)

XVII-

Nota MA: Acréscimo a tinta preta: "{" juntando Evaristo de Moraes ao item XVII.

XVIII -

XIX -

XX - Costa Rego (Rio)

XXI - Manuel Bandeira (Rio)

XXII - Bandeira de Mello (Rio)

XXIII -

B) A INFLUÊNCIA DO NEGRO NA VIDA E NA CIVILIZAÇÃO BRASILEIRAS

I -

II - A[rthur]. Ramos

<u>Nota MA</u>: Acréscimo a tinta preta: "{" juntando Arthur Ramos ao item I.

III - Edison Carneiro (Sodré, 89 - Bahia)

IV - Gonçalves Fernandes (Avenida Pedro I, 849 — João Pessoa)

V - Luiz da Câmara Cascudo (Natal)

VI - Mário de Andrade (Departamento de Cultura — São Paulo)

VII -

<u>Nota MA</u>: Acréscimo a tinta preta: "{" juntando Mário de Andrade ao item VII.

VIII - Rodrigo Mello Franco de Andrade (Rio)

IX - Lindolfo Gomes (Minas)

X - Mário de Andrade (São Paulo)

XI - Samuel Campello (Recife)

XII - Jacques Raimundo (Colégio Pedro II — Rio)

XIII - Renato Mendonça (Ministério Exterior)

<u>Nota MA</u>: Acréscimo a grafite: "Antenor Nascentes"

XIV - Roquette Pinto (Rio)

XV - Froes da Fonseca (Rio)

XVI - Bastos de Ávila (Instituto de Pesquisas Educacionais - Rio)

XVII - Josué de Castro (Rio)

XVIII - Cunha Lopes (Rio)

XIX - Octavio de Freitas (Recife)

XX - Sergio Buarque de Hollanda (Rio)

XXI -

<u>Nota MA</u>: Acréscimo a grafite: "Eugenio de Castro"

XXII - Frente Negra Brasileira (São Paulo)

XXIIII - A[rthur]. Ramos.

[Datiloscrito, tinta preta; rasuras a grafite e a tinta preta; assinatura "Mario de Andrade" na primeira página, a tinta preta; seis folhas de papel sulfite 21,7 cm x 32,8 cm.]

A expressão musical dos Estados Unidos [1940][84]

84. Conferência realizada no auditório da Associação Brasileira de Imprensa, no Rio de Janeiro, em 12 de dezembro de 1940. Publicada posteriormente In: Alvarenga, Oneyda (org.) *Música, doce música*, op. cit., pp. 395-417.

A expressão musical dos Estados Unidos

Eu farei todo o esforço possível para tirar da prodigiosa mistura de manifestações sonoras que é a situação atual da música nos Estados Unidos da América do Norte, o que me parece ser o caráter específico da música verdadeiramente norte-americana, a sua originalidade aquilo que representa a sua contribuição particular para o desenvolvimento contemporâneo da arte da música. Creio que não existe fenômeno mais apaixonante no mundo moderno das artes que a espléndida intuição, a força da coerência e o entusiasmo com que o movimento musical norte-americano vem se processando paulatinamente desde a aparição de William Billings na Nova Inglaterra até a delirante corrida dos nossos dias, para conduzir de novo a música às suas fontes originárias de manifestação social como arte que é, e de organizadora das coletividades pelos seus dons mais particulares musicais de ritmo, de som inarticulado e de canto. E é no sentido de salientar a originalidade da contribuição musical dos Estados Unidos na sociedade contemporânea que buscarei dirigir a minha conferência, evitando ao possível as enumerações de nomes e a cronologia histórica.

Para que nós, brasileiros, possamos compreender na sua realidade mais profunda o caráter da música norte-americana, há que fazer inicialmente uma comparação, em que, aliás, sou obrigado a me repetir em idéias já expostas anteriormente. O diferentíssimo desenvolvimento que tomou a música nos Estados Unidos da América do Norte em relação a todos os outros países americanos se prende inicialmente a uma circunstância histórica de religião: Catolicismo e Protestantismo. No canto católico dos povos mediterrâneos que se apossaram destas Américas, aos primeiros laivos de decadência trazidos pela melodia acompanhada e conseqüentemente pelo canto virtuosístico, se ajuntava o coral palestriniano, tão erudito, tão refinado e difícil que não permitia qualquer participação vocal do povo e era só executado por cantores de grande estilo, todos profissionais. No canto protestante, ensaiando então os seus primeiros passos, o coral era muitíssimo mais simples, sempre a várias vozes também, mas quasi acordal, movendo-se numa polifonia elementar que permitia a participação direta do povo. O canto católico, por mais sublime que se apresentasse na obra de um Vitória ou de um Monteverdi, era já uma legítima aberração do culto sob o ponto de vista social, pois que não fazia mais parte litúrgica do ofício, não derivava mais da religião, era antes o seu luxo. O canto protestante, humilde ainda, era a própria voz do povo em oração, liturgia necessária e imprescindível da religião nova e sua grande justificativa popular. Não estou exagerando não: um escritor do tempo disse do coral protestante cantado sobre músicas populares, ter levado mais adesões ao templo do que as próprias prédicas de Lutero.

Aliás este processo por assim dizer instintivo de substituir os versos das canções e danças populares por textos religiosos, de maneira a obrigar o povo insensivelmente ao culto, também se manifestou nas Américas tanto do Norte como do Sul. Mas ao passo que no Sul os Jesuítas, no mesclado ideal da catequese, impunham textos católicos aos batepés da indiada e de índios só cuidavam, os colonos da Nova Inglaterra só cuidavam de si mesmos. E eram às próprias canções profanas popularizadas em suas coletividades ameaçando desgarrar na aventura e na ambição das coisas do mundo, que impunham textos religiosos e a lembrança, daquele Deus-Pai cuja importância, no caso, era menos ser Pai de Todos, que os fazer a todos irmãos entre si e confrades da mesma coletividade. Ora disso deriva uma primeira felicidade musical para os americanos do norte. Nas terras selvagens do Novo Mundo não podiam os católicos importar uma polifonia luxuosa, exigindo cantores virtuoses largamente exercitados na prática do canto coletivo. Trouxeram o cantochão monótono e em uníssono quando muito acrescentado do "canto de órgão" de que falam os cronistas, a pobre polifonia de vozes no geral paralelas, de que o povo não participava. Ao passo que a América do Norte executava desde muito cedo uma unimizada polifonia, cantada por todas as vozes da comunidade. Como resultado: enquanto a América do Norte forma a sua música sob a base do coral coletivo, os países latino americanos formavam a deles sob a norma da música solista e individualista. Na América do Norte a música visava a coletividade. Na América do Sul visava o indivíduo. E é por isso que quando no século XIX os dois maiores países musicais da América, já em vida independente, produziram as primeiras forças sonoras diante das quais, como diz a modinha, "a Europa curvou-se", ao passo que o Brasil inventava Carlos Gomes, uma estrela, a América do Norte inventava... o fonógrafo, uma máquina.

Início da música norte-americana

Mas não se pense que tudo foram flores no princípio. Os "Peregrinos" do Mayflower quando em 1620 se refugiaram na América, reacionários e severos como eram, só traziam na bagagem insossa um livro de salmos arranjados pelo reverendo Ainsworth, da igreja de Amsterdam, de onde vinham. Os salmos, ao que se sabe, eram cantados apenas em cinco melodias diferentes, aliás muito parecidas entre si e monótonas, porque os Brownistas, em seu reacionarismo exagerado contra as suavidades do culto puritano de que tinham se afastado, excluíam do culto e da vida qualquer participação da beleza. Tudo lhes cheirava a artes do diabo. Seu culto consistia apenas em orações, leitura comentada da Bíblia, canto de salmos, peditório e bênção final. O coral das suas primeiras meetinghouses era de uma monotonia larvar.

Naturalmente isso não durou muito tempo assim. Thomas Morton é o primeiro alerta musical do gosto de viver. Com grande escândalo instalou o seu Maypole num morro perto de Boston, a que ele mesmo chamou de Merry Mount. E para aí principiaram a afluir filhas e filhos dos Peregrinos do Mayflower, e aí se entregavam a cantos e dansas de prazer, acompanhados de flauta, tamboril, e do que os severos Peregrinos chamavam "instrumento do diabo": O violino gostoso. Mas a reação veio logo violentíssima, o Maypole foi destruído e Morton exportado para Londres. Era a primeira exportação musical do país que haveria em breve de tomar o primeiro posto no comércio de música do mundo...

Ficou apenas a sequíssima música dos salmos. O seu desenvolvimento no século dezoito com os Puritanos e outros que aos poucos se foram mesclando aos descendentes dos Peregrinos, se transformara numa verdadeira decadência e um crespo horror. A própria publicação da 26.ª edição do Bay Psalm Book, que foi americana, feita em Boston em 1744 não conseguira modificar a situação. Para se imaginar o que era esse canto basta dizer que o sistema consistia no diácono, da sua cátedra, pronunciar falado um versículo do salmo, que a assistência então repetia em canto. Dizia o diácono outro versículo que a multidão de novo repetia em coro e assim se continuava até o fim. É tradição que uma vez um diácono já velhinho, sentindo dificuldade em sua leitura, tenha dito à maneira de desculpa:

— Não há dúvida que meus olhos fraquejam. Imediatamente a assistência cantou a frase do diácono.

Este espantado exclamou:

Creio que os irmãos estão possuídos do demônio! Imediatamente a assistência disse isso cantando. O diácono indignado exclamou: — A malícia é convosco.

É a assistência, no seu corinho desafinado: — A malícia é convosco.

O diácono sentou-se, tomado de sufocação. Segundo uma testemunha da época, o Rev. Roxbury, o canto coral se tornara antes "um ruído discordante" em que a melodia era "mastigada, truncada", como que si "bufassem muitas melodias diferentes". E no entanto essa cacofonia era tão apreciada que quando foi da reforma em que se obrigava a entoar os cantos pela notação tradicional, formaram-se dois partidos. E durante algum tempo as igrejas nos ofícios dominicais entoavam os salmos "alternadamente, ora pela maneira antiga ora pela notação, para contentar toda a gente".

Outra discussão violenta, pouco digna do país que mais emancipou a mulher, foi sobre si as mulheres, que eram proibidas de falar dentro do templo, deviam ou não cantar os salmos como os homens. O Rev. John Cotton afinal solucionou a questão, não, está claro, sem citar o seu pedacinho de Bíblia, e, pois que as Escrituras ordenavam que "si alguém cair em aflição que reze e si estiver em alegria cante os salmos", estes deveriam ser cantados pela comunidade inteirinha, justos como pecadores, homens e mulheres. E as mulheres botaram a boca no mundo.

O pioneiro Billings

É então que surge a figura extraordinária de William Billings, o verdadeiro pai da música norte-americana. Ester Singleton, de que estou me utilizando, afirma dele que não foi apenas "O patriarca da salmodia norte-americana, como também dos corais, dos cantos públicos, das escolas e dos concertos".

Billings era curtidor de couros e diz a tradição que foi sobre peles curtidas que ele esboçou, a cal, as suas inspirações. O seu livro "O Salmista de New England" apareceu em 1770, quando na Europa nascia Beethoven, observa Eaglefield Hull. Pode-se dizer que Billings foi o "primeiro norte-americano compositor de melodias de que os Estados Unidos possam se gabar com autenticidade". Operário humilde, embora não exatamente ignorante de música, os seus corais são de uma polifonia simples, com a melodia principal geralmente executada no agudo pelos tenores. Mas as partes se misturaram num contraponto ao mesmo tempo ingênuo complicado que agradava ao seu autor. Ele mesmo, embora dizendo no prefácio do seu livro que a "natureza e não o estudo era que lhe inspirava os seus cantos", assim falava a respeito da sua salmodia coral: "ela é dez vezes mais poderosa que as velhas melodias arrastadas. Cada parte se esforça por dominar e vencer, o auditório fica interessado com isso, o seu espírito se agita e é solicitado em todos os sentidos, ora se apaixonando por esta voz, ora por outra. Agora é o baixo solene que lhe prende a atenção, depois é o tenor vibrante, ora o sublime contralto ora o soprano alegre. Que êxtase: cantai, ó filhos da harmonia!" Billings chegava ingenuamente a falar em fugas (como um certo compositor nosso...) mas na verdade as suas construções polifónicas não passavam quando muito de fugatos simplórios e fáceis, de aluno de contraponto. O que havia nele de principal era o vigor meio religioso meio patriótico dos seus cantos, naquela fase de violento entusiasmo pela luta da liberdade. Quando as forças inglesas estavam em Boston e as malamanhadas tropas americanas em Watertown, Billings, parafraseando o sublime salmo que também Camões parafraseou em "Sobolos rios que vão", criou um hino religioso-patriótico que principiava assim:

> Junto ao rio de Watertown nos sentamos
> E choramos, ó Boston, pensando em ti!

É de imaginar-se o furor que faziam esses hinos ardentes, logo cantados por todos os corais, a que o próprio Billings impusera o uso do diapasão para afinar e o emprego do violoncelo para sustento do baixo de harmonia. E logo, decorados pelas famílias e trazidos para casa e para a rua os cantos de Billings se popularizavam, tornando-se verdadeiras canções populares.

E a moda pegou. Por toda a parte formavam-se corais, surgiam compositores sem ciência, adaptavam-se árias ao canto do templo, e esses corais alegres eram levados às escolas, ao mesmo tempo que a primeira liberdade daquele violoncelo de Billings deixava a porta aberta para a incursão da música instrumental nas igrejas. E com efeito logo em seguida o "instrumento do diabo", o violino, aí penetrava, em seguida a flauta, e depois o oboé, a clarineta, o fagote. Era quasi uma orquestra.

E o órgão, que desde o início do século dera entrada na terra, na residência particular de Thomas Brattle, tesoureiro da Universidade de Harvard, penetrava enfim no templo, pouco antes, aliás, da Revolução.

A contribuição do negro

Aqui convém lembrar uma outra força importantíssima que estava destinada a tingir toda a música atlântica das duas Américas, o negro. Nas suas terras d'África o negro só fazia música coletiva de exata e complexa finalidade social, mas imitador como era, em Cuba, na América Central, no Brasil, no Prata, só encontrara o canto solista e o cantochão em uníssono. E os negros tornaram-se também solistas com a habanera, o son, a rumba, o batuque, o lundum, o samba, o tango. Na América do Norte, porém, ao exemplo do coral que encontraram, tornaram-se especialmente coralistas e polifonistas combinadores de melodias simultâneas, tanto no espiritual religioso como nas plantations songs e nas canções fluviais. Só realmente o blue é de natureza solista.

E mesmo si compararmos as manifestações de música instrumental coletiva, a mesma diferença se impõe na criação dos negros da América do Norte e a do Sul. Choro e jazz. O primeiro, essencialmente solista, melodia acompanhada por excelência, quando muito contrapontada por alguma dialogação; democrático, individualizando um por um os instrumentos do conjunto, mas conservando-os todos em concordância e harmonia, como si, para repetir a frase cubana de Fulgêncio Batista, a liberdade de cada um tivesse por limite a liberdade alheia.

É que, provinda de seus princípios corais, afeita inteiramente a eles e ciosa de sua tradição, a música norteamericana é baseada na comunidade. Que misterioso, que admirável senso da vida em comum conduziu as manifestações da música a se conformarem ao princípio congregacional, não permitindo jamais a inflação do individualismo, e tudo fazendo por meio de sociedades e clubes, ou só inventando elementos que atinjam diretamente a coletividade? Nesse sentido a música americana é um milagre de compreensão divinatória da vida. A célebre época dita dos "menestréis negros" é uma prova: nasce individualista para logo se tornar manifestação coletiva. Quando em 1830, um jovem artista do teatro de Pittsburgh, Thomas Rice, inspirado pelo canto de um negro ouvido na rua, primeiro Al Johnson dos teatros da América, resolveu pintar-se de preto e criar a figura de Jim Crow, por certo ele não imaginava criar toda uma furiosa moda da expressão musical negro-americana.

Mas o importante é que esse exemplo não se manteve em seu individualismo. Poucos anos depois o pessoal de Harlem inventava em Nova York a primeira companhia de menestréis negros, entre os quais figurava Dan Emmett, o autor de "Dixie" que em breve se tornaria o canto de guerra da Confederação, e hoje um verdadeiro canto nacional de todos os norte-americanos.

A esse exemplo as companhias de menestréis negros se formaram por toda parte. Foi um verdadeiro furor, logo perdendo aliás a sua pureza nativa, e se inçando de falsa musicalidade urbana e semi-culta. Mas a verdade é que a normalização do canto e da dança negra nos teatros, dancings, cabarés, contribuiu de forma definitiva para manchar a música nacional de negrismos indeléveis, como a sincopação, o estilo rag, o estilo hot, e o timbre do futuro jazz.

Influência americana sobre a música contemporânea

E com isso a música popular norte-americana, a que Stephen Foster, o autor de Old Uncle Ned e de Old Folks at Home contribuiu para dar tanto caráter, apresenta possibilidades incomparáveis de adaptação, desenvolvimento e criação erudita na América. Baseado no coralismo puritano, o americano do norte é, dentre os povos modernos, o único instintivamente harmonista. E si entre os iberoamericanos, especialmente em Cuba, no Peru e no Brasil, a música popular apresenta grande riqueza rítmica e beleza de melodias, os da América inglesa têm a mais, tesouros mais fecundos de adaptação e desenvolvimento erudito: maneiras características sinão originais de harmonizar, polifonias específicas e mais livres e principalmente um instrumentalismo novo e de tal caráter e interesse que chegou a modificar. contemporaneamente a própria timbração da orquestra européia. E vimos Ravel jazificar várias de suas obras; Krenek obter o seu maior sucesso nos países arianizantes com uma ópera negrizante, a "Jonny spielt auf". E Wiener, e o italiano De Sabata, e Hindermith, e lord Berners na Inglaterra, como no Brasil um Radamés Gnatalli, todos sofreram a influência do orquestralismo norte-americano. E Stravinski em seu amor pela percussão e pelos instrumentos de sopro, como observa ironicamente Eaglefield Hull, teve como precursor o próprio Stephen Foster, cuja primeira composição foi uma valsa para quatro flautas! Esse instinto de associativismo, de cooperativismo musical, não ficou apenas na criação das obras, e é o que vai dar à América do Norte a marca profunda das suas iniciativas e da sua admirável floração musical dos nossos dias. E essa, a meu ver, é a grande lição histórica e, antes de mais nada, humana da música da América Inglesa: essa aquisição, ou melhor, reaquisição da música como força social, que de o século XVII pelo menos, pouco a pouco foi sendo desleixada pelos países europeus do Cristianismo. Já em 1762, para espanto dos que conhecem a lerda história da nossa música erudita, fundava-se na América do Norte uma espécie de Cultura Artística, a Sociedade Santa Cecília, de Charleston. Era o primeiro clube musical do país. Pouco depois, os alunos da classe de canto coral mantida por Billings, fundavam também a Sociedade Musical de Stoughton, que era por assim dizer a primeira profecia dos Glee-clubs universitários, uma das grandes conquistas músico-sociais norte-americanas. Harvard, Yale, Brown, Darthmouth, Colúmbia, todas as universidades têm os seus Glee clubs e por causa deles as suas canções corais particulares. É certo que esses corais masculinos alcançam às vezes uma verdadeira execução virtuosística, de tão perfeita, e contribuem de maneira estupenda para aumentar e popularizar a já enorme antologia de canções e hinos nacionais; mas o que importa ainda mais, a meu ver, é a generosa força de solidariedade e de amizade humanas que eles contribuem a desenvolver.

O tradicionalismo americano

Nunca me esquecerei da cena admiravelmente humana que presenciei em Iquitos, no Peru, plena selva amazônica. Viajava comigo um americano de comércio, cheio de dólares e pesquisas de fibras nativas para uma companhia de cordas. Algumas horas antes da partida do navio estávamos ambos no cais flutuante de Iquitos, observando o embarque da carga, quando vi o meu americano puxar conversa com um homem, muito louro e nada peruano, de aparência pobre e gasta pela vida. Desinteressei-me deles e continuava observando o embarque da carga, quando, com grande espanto nosso os dois homens se abraçam com enormes risadas, um faz um gesto de atenção ao outro e ambos entoam uma canção. E foi com abraços e cantorias de não acabar mais que os dois homens se dirigiram para a cidade. Só no último instante da partida é que o meu companheiro de viagem chegou. Vinha, está claro, sempre com o amigo novo, de braços dados, cantando sempre e maravilhosamente bêbados. Despediram-se; e era o rico americano de bordo que tinha lágrimas enquanto o pobre do cais olhava o amigo ao mesmo tempo novo e tradicional que partia, iluminando o rosto com um riso extasiado. E cantavam ainda, enquanto o navio se desligava do cais. Só aquele dia tinham se conhecido os dois homens, mas ambos tinham estudado em Harvard e cantado suas canções eternas. E era pela eternidade da música que eles se conheciam e se sabiam amigos através de todas as distâncias da terra e diferenças humanas.

E, com efeito, é conseqüência natural do instinto associativista, o amor das tradições. O americano do norte é a seu modo tradicionalista, e o mais cioso de suas tradições, dentre os povos modernos. E é realmente assombroso, mas tanto a Sociedade Santa Cecília, da elegante Charleston, como a Sociedade Musical de Stoughton, fundadas em pleno século XVIII, quando os Estados Unidos eram ainda colônia, permanecem até agora vivas e estão para celebrar dois séculos de existência e de cultura.

Esse foi o ponto de partida do associativismo musical norte-americano. Por toda a parte começaram a se fundar pequenas sociedades destinadas à execução do canto coral e da música instrumental, até que, com a Independência e em seguida o magnífico surto nacional do início do século XIX, como conseqüência direta desses agrupamentos menores, mais confinados aos interesses sociais do núcleo em que nasciam e às finalidades do culto, principiam aparecendo as grandes sociedades, já de finalidade virtuosística e que terão influência decisiva no refinamento da cultura musical. Boston e Nova York tomam a dianteira nesse movimento associativo tanto coral como instrumental, ao passo que Nova Orleans e ainda Nova York dirigem e dão o exemplo do movimento melodramático. Vinte e cinco anos depois do aparecimento em Londres, já a famosa peça de Gay, a "Beggar's Opera", era levada em Nova York em 1751. Mas ainda teremos de esperar quasi uma centúria, para ouvirmos o primeiro melodrama americano, a "Leonora" de William Try, italianizante ainda no estilo, representada em Filadélfia em 1845. Por vingança desse italianismo inicial e fatal, veremos mais tarde um italiano célebre acomodar-se ao americanismo dolárico com a "Fanciulla del West"...

O associativismo

Mas é realmente o movimento coral e sinfônico de Boston e Nova York que dará toda a significação do associativismo norte-americano. Em 1815, pouco depois da Sociedade Musical Independente, fundava-se, também em Boston, a Haendel e Haydn, destinada à execução de oratórios e cuja elevação artística o próprio nome já determina. Em Nova York, depois de várias tentativas menores e efêmeras, é a Sociedade de Música Sacra, de 1823, a que terá significação mais cultural. Dava os seus concertos em igrejas e foi nela que a Malibran, tendo que cantar o solo de Haendel "Anjos eternamente belos e radiosos", vestida de "branco virginal", como escreve um crítico do tempo, ao dizer as palavras: "Tomai-me, oh! tomai-me sob vossa guarda", ergueu as mãos e os olhos ao céu, numa expressão tão angustiosa e ardente, que o público prorrompeu em aplausos, que eram proibidos no templo, com grande escândalo dos eclesiásticos. E graças a esses agrupamentos, desde o início do século passado, os americanos do norte se familiarizaram com Haendel, Bach, Haydn, Mendelssohn; e o "Messias", a "Criação", o "Elias", o "Judas Macabeu", o "São Paulo", a "Paixão de São Mateus", há mais de um século repetem os seus acentos corais nessas terras do norte.

O sinfonismo não ficava atrás. Gottlieb Graupner com a Filarmonica de Boston e Ureli Hill com a Filarmónica de Nova York, desde o início do século passado foram "os inspiradores das outras orquestras, que logo se foram fundando nas outras cidades do país". Mas a grande melhoria foi causada pela visita aos Estados Unidos da Orquestra Germânia, de Berlim, em 1848, setenta anos antes que uma grande orquestra européia se lembrasse de vir ao Brasil. Como sempre acontece com esses organismos orquestrais dispendiosíssimos, quando não protegidos pelo Estado ou por mecenas particulares, a Germânia faliu. Mas a impressão que causara no público das grandes cidades, o ciúme e a emulação que despertara nas sociedades locais, foram decisivos. A Germânia era orgulhosamente composta só de virtuoses, como a orquestra da National Brodcasting, que ouvimos este ano sob a direção de Toscanini. Aberta a falência, os seus membros se dispersaram, absorvidos pelas orquestras nacionais, e um deles, Carl Zerrahn, é que depois de tomar a direção da "Haendel e Haydn" um tempo, formou a Associação Musical Harvard, que produziu o mais perfeito sinfonismo americano até a fundação da atual e universalmente célebre Sinfónica de Boston, em 1881.

Pouco depois da Germânia, aliás, vinha de novo da Europa, outra orquestra, que trazia os melhores instrumentistas de sopro jamais ouvidos nas Américas. A flauta, o oboé, a clarineta, o trombone, o oficleide eram todos assoprados por verdadeiros virtuoses. O regente dessa orquestra era um tal Louis-Antoine Jullien, que pelo seu cabotinismo deu o exemplo das orquestras monstros (monstros para o tempo e para a terra, está claro), em que pela primeira vez os primeiros violinos apresentavam vinte estantes. Mas o cabotinismo de Jullien era tamanho que na execução, sempre para terminar o concerto, de uma peça de sua autoria, a "Quadrilha do Bombeiro", de repente estourava nos ouvintes um sinal de incêndio, e uma porção de vadios fantasiados de bombeiros invadiam o auditório!

É então que surge a grande figura de Theodore Thomas, um alemão do Hannover, que é o primeiro exemplo dessa fácil nacionalização de homens de valor internacional, tão característica do atraente país do norte. Luis Elson o aponta como "principal autor dos progressos musicais da nossa pátria", e outro crítico também afirma que "si lhe perguntas- sem o nome do só homem que mais fez pelo progresso da música na América do Norte, responderia sem hesitar que esse homem foi Theodore Thomas". Na verdade era um realizador extraordinário. Violinista, regente de orquestra, convicto de wagnerismo, organizador de excursões orquestrais que atravessavam o país todo e atingiam São Francisco, ninguém como ele contribuiu para desenvolver o sinfonismo, as grandes manifestações de conjunto e a melhoria dos programas. Na sua Autobiografia, publicada por Upton, o segundo volume só composto com os programas que Thomas executou, é um verdadeiro título de glória e de espléndida cultura, pelo valor dos autores, o acerto inteligente da com- posição dos saraus, e as numerosas primeiras audições de obras célebres. Mas si ele organizava as grandes associações aqui e além no país, nas cidades importantes, ora em Chicago, ora em Broocklyn, é preciso pegar ao vivo o espírito associativista do norte-americano musical nos centros pequenos e desimportantes.

Quero dar um exemplo só. Talvez poucos conheçam no auditório o nome da cidadinha de Lindsborg, no Kansas. Teria umas 1200 almas, quando em 1883 dava uma execução integral do "Messias", de Haendel, pela Sexta-Feira Santa. E não se imagine que essa execução foi importada, com instrumentistas, cantores virtuoses e agrupamentos corais de fora. Tudo era talvez ruim, mas da terra, toda a cidadinha cooperava nessa execução que era antes de mais nada, menos que boa música, um exemplo miraculoso de cooperativismo e de consciência tribal. O coro de trezentas vozes fora arrecadado entre os alunos do colégio local e pessoas da cidade. A orquestra também, e os solos eram hierarquicamente mantidos pelos professores e os graduados do colégio. Quasi que faltava gente para ouvir e aplaudir a execução... Pois o auditório, no entanto, conforme reporta um cronista do tempo, contava para mais de sete mil pessoas, "recrutadas na zona rural circunvizinha e nas outras cidadinhas situadas ao longo dos vales do Smoky e do Salomon; e havia mesmo ouvintes na sala que tinham vindo de além Arkansas, porque ninguém se amola com a lonjura nesses prados que os ventos quentes ressecam".

A grande lição

Essa a grande lição histórica da arte musical norte-americana, e que lhe terá vindo em máxima parte do caráter comunal, socializador da sua polifonia religiosa e em seguida popular. O século passado foi o prodigioso surto preparatório dessa realidade atual, em que, pode-se afirmar, quasi nada se fez, em música, que não fosse pelo progresso associativo. E isso é tão íntimo, tão intrínseco dessa forma musical de ser do norte-americano que o seu maior músico do século, Mac Dowell, talvez o que de melhor tenha deixado como criação não sejam as suas celebradas Suítes Indias, mas a idéia de uma cidade de artistas, hoje realizada pela sua viúva, na colonia de férias para músicos em New Hampshire.

E é espléndida a realidade atual dessa música e o que ela faz ou por ela se faz. País das orquestras admiráveis, de celebridade universal. Adolfo Salazar em 1935 enumerava 13 orquestras estadunidenses como de primeira ordem. O interesse pela música sinfônica é tal que Ernesto la Padre diz que quasi não há cidade de 25.000 habitantes que não se preocupe de formar imediatamente a sua orquestra sinfónica de amadores. Em geral ela se compõe de músicos da própria terra, logo completados por outros que se chama de fora. O uso dos "guest conductors", os regentes convidados, vai sendo cada vez mais abandonado. Prefere-se o regente único, só de vez em quando vindo dirigir a orquestra urbana, um grande nome internacional. Assim, ao mesmo tempo que de vez em quando se recebe o sopro fecundo vindo de fora, a orquestra se concerta mais harmoniosamente e adquire o seu caráter peculiar nas mãos mais carinhosas e interessadas do maestro permanente.

E nós mesmos tivemos um exemplo admirável dos processos musicais norte-americanos com a interessantíssima composição da orquestra de Stokowsky que recentemente nos visitou. Stokowsky, por mais que se lhe censure o tal ou qual cabotinismo e os outros regentes lhe invejem a super-hiper-helênica formosura das mãos, não deixa por isso de ser um magnífico regente e algumas das execuções que nos ofereceu foram espléndidas. Mas o que importa é considerar a constituição e a finalidade dessa orquestra formada pelo grande regente, hoje tão norte-americana como pelo menos Greta Garbo. Toda feita de moços, cada vez mais unidos pelo isolamento duma viagem em países estranhos, cada vez mais unidos pelo sucesso e os aplausos obtidos — é certo que essa centena de rapazes guardarão por toda a vida a memória da solidariedade que os ligou e lhes deu a força que representavam. Escolhidos todos por concurso, alguns nacionais da gema, de 400 anos, outros filhos de imigrantes recentes, alguns talvez mesmo estrangeiros ainda, eles provinham de quase todos os estados norte-americanos, ao mesmo tempo que com sua fusão multíplice representavam esse esquecido internacionalismo que é uma das características mais apaixonantes da nossa americanidade. E a intenção de Stokowsky e dos que o ajudaram a formar a sua já excelente orquestra, era nem bem chegados aos Estados Unidos de torna-viagem, ser a orquestra dissolvida, para que os seus componentes levassem cada qual para o seu rincão nativo, a memória e a esperança de formar entidades semelhantes a essa em que se tinham engrandecido sobre si mesmos pela forma da solidariedade.

Falei do internacionalismo da atual música norte-americana e é preciso insistir sobre este aspecto magnificamente humano, a por assim dizer primeira resultante vigente de uma prática proletária das vidas nacionais. Não será esta porventura a maior contribuição das Américas para a vida social dos nossos dias? Percorrendo recentemente uma abundante e por certo muito generosa lista de compositores norte-americanos, sendo ao todo 57 os nomes recenseados,

20 deles tinham nascido na Europa, de pais europeus. Essa é uma característica efusiva de cosmopolitismo no bom sentido.

Tais homens tornam-se perfeitamente americanos. E neste sentido tem um trabalho esplêndido as chamadas Community Music Associations, de que é um dos característicos exemplos a de Flint, no Michigan. Norton, que foi o seu superintendente musical um tempo assim se exprime: em nosso trabalho de americanização, o estrangeiro, menos que pela inteligência, é permanente solicitado pelo coração. Estamos perfeitamente cônscios de que si cantarmos e tocarmos com o adventício, este compreende que a América está interessada nele e em sua cidadania, e que ele deve contribuir para a realização da América. Nossa certeza é que o estrangeiro tem uma contribuição musical a oferecer para a civilização americana.

Como está se vendo, é sempre a idéia da cooperação, é sempre o espírito associativo que domina. Chega a ser mesmo estranho que críticos tanto norte-americanos como estrangeiros não tenham reconhecido essa natureza, não especial, mas específica do americanismo artístico. A todo instante se nos depara em livros, em estudos monográficos e em artigos de revistas que a música norte-americana não possui caráter nacional. A mim isso me parece absurdo. Entre os compositores, que há de menos europeu e de mais norte-americano que um Gershwin, um George Antheil, um Carpenter, um Copland, um Roger Sessions, e mesmo um russo de nascença como Luís Gruemberg, que com suas admiráveis harmonizações de espirituais, o "Daniel Jazz" e o melodrama "Emperor Jones" soube se americanizar intimamente?

Compositores modernos

De todos os compositores o mais conhecido é Gershwin, cuja Rapsodia em Blue já se tornou universalmente familiar a todos os ouvidos musicais. Mas na verdade Gershwin é bem mais importante do que essa obra feliz. Mais que os efeitos de jazz, mais que o bom senso de basear suas criações no folclore negroamericano, há nele uma contribuição essencialmente estadunidense. Uma contribuição rija, vitaminosa de comedor de cenouras, sem a menor espécie de malícia, de um estabanamento otimista, por assim dizer, escandalosamente sem raça (uma espécie de street-music...), enfim um quê muito característico, que participa do arranha-céu e de Ford, de John dos Passos e de Al Capone. O seu poema sinfónico O americano em Paris, a ópera Porgy and Bess e ainda algumas canções mostram o que de mais característico e de mais ianque se tem feito em música. Ele revive na música erudita do nosso tempo conjuntamente o unanimismo de Billings, o melodismo de Foster e o banal sadio das marchas de John Phillip Sousa, as Washington Post, as Liberty Bell, em que se surpreende o delírio maquinístico da velocidade.

Esse americanismo íntimo de certos compositores vivos só vem, no entanto, se formando de data muito recente. Ainda a League of Composers, fundada em 1923, evoca exatamente aquele espírito de experimentalismo à força que nessa mesma época dominava os modernistas brasileiros. Oscar Levant evoca as extravagâncias dos compositores de então. Era Carl Huggles que compunha uma peça intitulada "Anjos", para seis trombones, executada por seis italianos semicarecas emprestados da orquestra da Ópera, com um ar de marcha triunfal da "Aida". Ou Varèse com outra peça para trombone, caixa baixa, tímbales e teremin. Nas peças para piano, havia algumas em que só se utilizavam as oitavas das extremidades, ou então o pianista metia meio corpo para dentro da tampa alçada do instrumento e dedilhava diretamente as cordas sem uma só vez se lembrar da existência do teclado. Si havia canções eram sempre sem palavras ou sobre textos chineses. De um ouvinte de boa vontade ficou célebre a impressão que teve e condensou nestas palavras: "Toda essa música parece acompanhamento de uma música que não tocaram".

Havia um completo e total divórcio entre o público norte-americano e os seus compositores. E só realmente o movimento provocado por Copland com os seus concertos no Guild Theatre em 1928, e os festivais de música nacional em Yaddo, principalmente a sua violenta objurgatória contra os críticos e os jornais, pôs de novo em contacto os compositores e o público. Levantando contra si a indignação da crítica e da imprensa toda, Copland consegue interessar o público pela música nacional e trazer os compositores a uma simplicidade e espontaneidade mais tradicionais.

Sob este ponto de vista do norte-americano psicológico, para além do folclore, talvez se possa colocar ao lado de Gershwin, apenas Roger Sessions e alguns novíssimos. Carpenter com o poema sinfônico dos "Arranha-céus" e a "Song of Faith", Antheil com o *Ballet Mécanique*, Copland com a *Música para Teatro* e o admirável *Concerto para* piano, ainda se situam no intenso domínio da música de jazz. Mas Sessions, que faz questão de não se inspirar nos temas da realidade exterior e só emprega títulos de música pura como o *Concerto para Violino*, a notável *Segunda Sinfonia*, a *Sonata para piano*, admiráveis de proficiência técnica e de firme senso harmônico dentro das maiores audácias politonais, é também, como Gershwin, autor de uma música rija, franca, um pouco verbosa e sem malícia, estabanadamente otimista e sadia. E não são, todos estes, caracteres psicológicos bem norte-americanos? Em que se poderá dizer que a música francesa, austríaca ou italiana dos nossos dias, alemã ou russa, desde que não se utilizem do folclore, são mais nacionais do que um Sessions, ou um novo como Walligford Riegger, um Roy Harris ou o prolífico Henry Brant? O politonalismo, a sincopação, o predomínio do bailado ou dos instrumentos de sopro, a moda de percussão, o atonalismo, são hoje perfeitamente internacionais. E si ainda sentimos no Stravinski do Concerto de violino, em Milhaud como em Fala ou Hindemith da última fase, algo de russo, de espanhol, de francês ou germânico, é no mesmo sentido de vagos caracteres gerais psicológicos, tão gerais mas tão determinantes como os que sentimos em Walter Piston ou nesse David Diamond, de quem perguntado que gênero de música fazia, disse Copland que o gênero "torrencial". E haverá coisa mais caracteristicamente fordizante do que o gênero torrencial?...

Talvez a América do Norte sofra ainda na obra dos seus compositores nacionais, como todos nós, americanos, sofremos, aquela falta básica de uma tradição artística multissecular. Daí derivará a irregularidade das obras que cria e dos artistas que apresenta. Mas ninguém, nenhuma raça, nenhuma nação na idade contemporânea, soube retrazer a música ao seu mais perfeito destino, como constância socializadora da vida nacional. E isso o norte-americano alimenta por uma espécie de sentimento de honra cultural, um "apetite de saber, próprio de organismo jovem que compensa com sua mocidade a vantagem dos séculos de cultura", esse instinto da honra cultivada que faz permanecerem até agora sociedades fundadas há dois séculos atrás; honra que no dizer de Olin Downes, faz com que cada um se dedique o mais que pode para engrandecimento do clube, da sociedade musical a que pertence, primeiro pela honra do clube, em segundo pela honra da cidade, em terceiro pela honra do Estado e finalmente pela honra nacional.

Força social da música

E toda essa magnífica sistematização da música como força social, si conseqüência lógica daquele primeiro coralismo puritano, se acentuou prodigiosamente nos últimos decênios, alimentado por esse sentimento de glória, de honra, digamos, si quiserem, de vaidade nacional que os Estados Unidos sustentam como nenhum outro dentre os povos contemporâneos. Hoje os Estados Unidos têm a sua semana da música nacional, que cai no princípio do ano. E não só de música nacional como de música panamericana, preocupados da cooperação musical com esta América do Sul, como o provou a interessantíssima Conferência sobre Relações Musicais Interamericanas, realizada em Washington, em outubro do ano passado. Na conferência, aliás, só havia norte-americanos e o pensamento norte-americano, com mais apenas a voz desse admirável sonhador e realizador que é o musicólogo Curt Lange, de Montevidéu. Os países sulamericanos não foram ouvidos, embora eu não tenha forças, pelo que sei, para condenar essa atitude de panamericanismo solitário, em relação a iniciativas musicais. Ainda recentemente, pelo *Esquire* de agosto passado, o crítico musical novaiorquino Carleton Smith, embora fazendo um estudo de egoística incompreensão, muito chewingunizado, sobre a situação musical sulamericana, tinha no entanto esta observação dolorosa mas profunda em relação a todos nós: "Muitas vezes, ele diz, tenho a impressão de que nós, norte-americanos, como povo, sentimos mais profundamente do que os sul-americanos". Este sentir "como coletividade" é o que apresenta o panorama da música norte-americana.

Hoje os Estados Unidos têm o seu Bureau for Advancing Music, criado pelo extraordinário C. M. Tremaine, que conseguiu cooperar eficientíssimamente com a Federação Nacional dos Clubes Musicais, e coordenar o emprego dos cincoenta milhões de dólares (cálculo aproximado) concedidos anualmente pela filantropia nacional para o desenvolvimento da música. O que essa Federação Nacional de Clubes Musicais representa para beneficiamento da cultura é quasi inimaginável para nós, com os seus 5 mil clubes e mais de 500 mil sócios, segundo as estatísticas de quatro anos atrás, últimas que possuo. Hoje a Federação estende seus tentáculos culturais até o Alaska, as Filipinas e Hawai, a toda parte da nação mandando em intercâmbio as suas orquestras, as suas massas de coros e os compositores nacionais. Além disso a Federação criou o Junior Department, que forma clubes musicais de crianças cuidando que é de pequenino que se torce o pepino; da mesma forma que estimula em cada região a colheita, o estudo e a tradicionalização da música folclórica local.

E é preciso ainda não esquecer que os Estados Unidos são os inventores e os propagadores máximos do fonógrafo, do rádio e do cinema sonoro, os meios mecânicos de socialização da música. Nas bibliotecas das cidades há sempre uma discoteca anexa, com serviço circulante dos próprios discos; sem contar as discotecas de serviço científico especializado, como a de Washington, que já superou em riqueza o Phonogramm Archiv de Berlim, conta atualmente para mais de 50 mil fonogramas de raças primitivas ou folclóricas do mundo inteiro. Por meio do fonógrafo e dos discos distribuídos gratuitamente, uma instituição já conseguiu aumentar de mais de 50% a freqüência espontânea a concertos, numa cidade de tipo médio. Quanto às perfeições a que atinge o Rádio norte-americano, essa espécie de vício ou de loucura nacional, como já se afirmou, a maravilhosa orquestra de Toscanini nos disse este ano o que isso alcança. E a vulgarização da hora de educação musical, em primeiro estabelecida por Walter Damrosch na Broadcasting nacional, com as suas diversas séries, destinadas a estádios de cultura diferente, nada existe que se lhe compare no mundo como excelência de radiodifusão educativa. A Columbia, Broadcasting seguiu esse exemplo com a chamada Escola Norte-americana do Ar; e diversas grandes entidades industriais, como a Standard Oil, com a sua rede educativa do Pacífico e a General Motors com a sua orquestra, vão pelo mesmo sistema.

Por outro lado as grandes cidades do país se caracterizam, neste panorama incomparável de musicalização social de um povo, por iniciativas próprias, de que depois guardam orgulhosamente a tradição. É São Luís com a sua importância especial no movimento melodramático do país, realizando temporadas no anfiteatro de Forest Park, com dez mil lugares, dos quais mil e duzentos gratis. É Nova York tomando a liderança no desenvolvimento das comunidades musicais de menor tamanho, corais, bandas, orquestras de câmara e onde se iniciaram os concertos sinfônicos e óperas grátis. É o extraordinário movimento de popularização da música na Califómia, com o Auditório Cívico de São Francisco, com a Associação de Música Cívica de Los Angeles, com as competições musicais pelo sistema Eisteddfod; e Baltimore, o "berço da música municipal" como é chamada, com a sua sala de concertos transportável (do que ignoro si a acústica é também transportável...); e Boston e Filadélfia com suas orquestras universalmente célebres. E por toda parte os concertos nas escolas, os concertos infantis; e por toda parte os Glee Clubs com os seus verdadeiros mestres cantores de uma era nova, indivíduos que cantaram juntos quando na mocidade e conservaram o senso socializador e o instinto comunal da música quando na força do homem.

"O viajante do Arkansas"

Não posso terminar sem a lembrança de uma muito velha peça norte-americana *O Viajante do Arkansas*, hoje completamente esquecida em seu próprio Oeste, já civilizado. Há mais de um século atrás por Arizona, Colorado, Montana, esse dramazinho profundamente primário mas também profundamente humano era tão célebre como entre nós as peças de circo, *Os Salteadores da Calabria* ou a *Pantomina Aquática* de que talvez alguns dos ouvintes estejam lembrados. Um cronista do Ohio reporta o que era esse Viajante do Arkansas que me parece curiosamente simbólico do sentido associativista por que se orienta a música norte-ameriana.

Um squatter, tendo ido à cidade mais próxima, que ficava umas trinta léguas distantes de sua propriedade, ouve num cabaré uma canção e se entusiasma por ela. Como deixara em casa seu violino, durante toda a viagem de retorno ele nada faz sinão cantar essa melodia para não esquecê-la. Nem bem chega em casa, antes mesmo de abraçar a mulher e falar com os filhos, corre ao violino e se esforça por fixar a canção, mas percebe que lhe esqueceu a segunda parte. E agora o seu desespero é desencavar da memória infiel essa segunda parte sem a qual a canção não se completa. Uma tarde em que estava à porta da choupana eternamente mastigando o seu violino na esperança de reviver a canção perdida, chega um viajante, está claro, mal recebido como o eram sempre os desconhecidos por aquelas paragens do deserto. Desenvolve-se então a peça que era sempre mais ou menos improvizada, dependendo o sucesso do talento improvizador dos artistas. A todas as perguntas do viajante, o squatter respondia atravessado: - Como vai? - Como quero. As batatas cresceram bem este ano? Não cresceram porque já foram desenterradas. Porque não põe um teto novo na casa? Porque está chovendo. - Mas quando não está chovendo podia pôr.- É, mas então não há necessidade de teto novo.

O jogo de cena consiste em, a cada pergunta do Viajante do Arkansas e competente resposta do squatter, este tocar no violino a parte da canção amada. E o diálogo se prolonga muito até que percebendo a fadiga da assistência o Viajante muda a cena, estourando com a pergunta: - Mas porque você não toca a segunda parte da canção? É de imaginar-se a ansiedade do squatter, e agora é ele a cumular o estrangeiro de perguntas a que o viajante é que agora responde atravessado. Sim, ele sabe a segunda parte da canção, e a cada resposta que dá a executa no violino que o squatter lhe passou. E este chama a mulher e os filhos, manda preparar cama e comida para o outro. Mas só que o viajante apenas sabe executar a segunda parte da canção, de forma que para esta ser executada em sua integridade aqueles dois homens se unem, acompanheirados pelo valor benéfico da canção. A música os uniu e eles não podem fazer música sinão unidos.

Conclusão

Paro aqui. Os refinados da grandeza humana poderão segredar que não pronunciei o nome de um novo Beethoven ou de um João Sebastião Bach novo. Ao que posso redarguir que ainda não pronunciei, é que antes dos povos da Europa dizerem esses nomes inefáveis, tiveram por vários séculos que denunciar apenas movimentos culturais e sociais idênticos ao que apresentei hoje. Mas principalmente: arte não consiste só em criar obras-de-arte. Arte não se resume a altares raros de criadores genialíssimos. Não o foi no Egito, não o foi na Idade Média, não o foi na India nem no Islam. Talvez não o seja, para maior felicidade nossa, na Idade Novíssima que se anuncia. A arte é muito mais larga, humana e generosa do que a idolatria dos gênios incondicionais. Ela é principalmente comum. Na América do Norte a música se apresenta em nossos dias numa conceituação renovada de arte, que desde muito se perdera na Europa; força social de primeira ordem, com que reassume toda a eficiência da sua expressão.

Agradecimentos

À professora Telê Ancona Lopez e a Luiz Antonio do Nascimento (Mestre Pinguim).

Aos professores Antonio Dimas, Eduardo de Assis Duarte, José Miguel Wisnik, Ligia Fonseca Ferreira e Lilia Moritz Schwarcz.

Aos professores e funcionários do IEB-USP, em especial, Flávia Camargo Toni, Marcos Antonio de Moraes, Alexandre Barbosa e Elisabete Ribas.

Aos meus alunos da ETEC, UFBA, ZYUFL, UFRPE e UFPA.

Às agências financiadoras de pesquisa, FAPESP e CNPQ.

A José Fernando Peixoto de Azevedo e Aïcha Barat.

A minhas amigas e amigos Renata Ribeiro, Mariana Serafim, Alessandra Gomes, Surya Pombo, Luciana Sá Teles, Kelin Zornita, Gabriela Santos, Ana Filizola, Sônia Henrique, Aline Marques, Aline Fátima, Ana Flauzina, Raquel Nascimento, Gustavo Moura, Thiago Molina, Marciano Ventura, Tatiana Longo, Francisco Rocha e Ludmila Cunha.

A minha mãe Elsa, aos meus irmãos, Marina, Márcio e Philippe, e às sobrinhas Letícia, Bianca, Fernanda, Beatriz, Tainá, Heloísa e Laura.

A minhas vós Maria e Sebastiana, a tias Iza e Andrelina e às primas Eliane, Amila e Katie.

Ao meu primo Marcelo.

Ao Ricardo.

A Pai João de Aruanda e Exu.

Sobre os livros da Encruzilhada

Se a encruzilhada no Ocidente reaparece como uma imagem, metáfora do impasse em seu instante decisório, quando não reduzida a cruz, tantas vezes tomada como condenação e condição de uma transcendência redentora, para o pensamento que nos interessa, a encruzilhada é uma instauração, é chave para a compreensão das experiências diaspóricas, na emergência de temporalidades e lugares forjados no trânsito de corpos e tradições. Do sequestro e tráfico de gente, do holocausto naturalizado desde o porão de navios e o cemitério atlântico até o campo aberto da plantação, emerge o aprendizado sobre um passado que *passou e não passou*, dando à noção de justiça o sentido próprio de uma escuta que se faz trabalho presente. Encruzilhada então resulta de uma confluência de conhecimentos, comportando o desafio e a viravolta, saberes e sua reinvenção — mapa de caminhos já transitados e ainda transitáveis, gesto de uma cena que é escolha e instância de uma ação prevista, mas não precipitada, em constante tradução. A convivência de fusos históricos — que a modernidade europeia tenta dissimular — faz supor o planeta como sendo um complexo de mundos e seus modos de vida.

A ideia de um fim de mundo, tão cara aos mundos que aprenderam a se reinventar, quando capturada pela lógica destrutiva do capitalismo e seu fetiche de um apocalipse final, acaba por impor a fraseologia acerca de um planeta que se confundiria com *esse* mundo. Aqui a pergunta não pode ser outra: o que acontece quando nos deparamos com o *fim deste mundo como o conhecemos*? Um livro, na sua singularidade, certamente não poderá responder a essa pergunta, mas, nos desvios que ensaia, talvez nos permita habitar a encruzilhada que aprendemos a nomear como presente, e, com isso, vislumbrar outras formas de conhecer. Na luta antissistema, trata-se de compreender o que ainda se pode imaginar *junto*. Aos sujeitos que conformam esse junto, talvez reste o trabalho de imaginar modos de fazer do capitalismo uma cidade fantasma. O antirracismo, os feminismos, o anticolonialismo, e reconfigurações imprevistas de classes em guerra, momentos de uma teoria crítica em movimento e outras formas da negação pautam nosso encontro. Sim, porque uma coleção de livros, na mobilização de ideias e interrogações, autoras e autores, leitoras e leitores, é também a ocasião para encontros — quem sabe — perigosos: riscos, como aqueles de um ponto riscado, mapa que nos leva a lugares que ainda não são, a partir dessa encruzilhada em que nos posicionamos, reconhecemos e saltamos.

JOSÉ FERNANDO PEIXOTO DE AZEVEDO
Coordenador da coleção

CRUZILHADA

Não vão nos matar agora
Jota Mombaça

Performances do tempo espiralar, poéticas do corpo-tela
Leda Maria Martins

Aimé Césaire, textos escolhidos: A tragédia do rei Christophe; Discurso sobre o colonialismo; Discurso sobre a negritude
Aimé Césaire

Adinkra: Sabedoria em símbolos africanos
Elisa Larkin Nascimento e Luiz Carlos Gá (orgs.)

Homo Modernus — Para uma ideia global de raça
Denise Ferreira da Silva

O livro africano sem título — Cosmologia dos Bantu-Kongo
Bunseki Fu-Kiau

Silenciando o passado: Poder e a produção da história
Michel-Rolph Trouillot

Créditos das imagens

Arquivo do Instituto de Estudos Brasileiros USP – Fundo Mário de Andrade

p. 58 — Folha de caderneta, prototexto de *Lira paulistana*. Manuscritos Mário de Andrade. Arquivo Mário de Andrade - (IEB/USP) — cod. de referência: MA-MMA-059-007-039

p. 61 — Datiloscrito com anotações autógrafas em *Lira paulistana*. Manuscritos Mário de Andrade. Arquivo Mário de Andrade (IEB-USP) — cod. de referência: MA-MMA-059-126

p. 63 — Datiloscrito com anotações autógrafas em *Lira paulistana*. Manuscritos Mário de Andrade. Arquivo Mário de Andrade (IEB/USP). — cod. de referência: MA-MMA-059-197”

Coleção de Artes Visuais do Instituto de Estudos Brasileiros USP

p. 145 — Carta ilustrada de Cícero Dias para Mário de Andrade, 1930 - guache sobre papel, 27,7 × 21,1 cm. Coleção Mário de Andrade / Coleção de Artes Visuais do Instituto de Estudos Brasileiros — cod. de referência: USP MA-0165

p. 221 — Partitura ilustrativa do texto na Revista de Antropofagia de agosto de 1928 (nº4, ano 1, p. 5).

CIP-Brasil. Catalogação n-a Publicação
Sindicato Nacional dos Editores de Livros, RJ

G872L

Grillo, Angela Teodoro

O losango negro : Mário de Andrade, intérprete do Brasil / Angela Teodoro Grillo ; organização José Fernando Peixoto de Azevedo. - 1. ed. - Rio de Janeiro : Cobogó, 2025.

336 p. ; 21 cm. (Encruzilhada)

ISBN 978-65-5691-185-4

1. Andrade, Mário de, 1893-1945 - Crítica e interpretação. 2. Literatura brasileira - História e crítica. I. Azevedo, José Fernando Peixoto de. II. Título. III. Série.

25-100448.0 CDD: 869.09
CDU: 82.09(81)

Gabriela Faray Ferreira Lopes - Bibliotecária - CRB-7/6643

Coordenador da coleção
José Fernando Peixoto de Azevedo

Editora-chefe
Isabel Diegues

Coordenação editorial
Aïcha Barat

Gerente de produção
Melina Bial

Assistente de produção
Jade Gomes

Revisão final
Débora Donadel

Projeto gráfico e diagramação
Mari Taboada

Capa
Thiago Lacaz

2025

1ª impressão

Este livro foi composto em Calluna e Apercu Pro.
Impresso pela Gráfica Viena,
sobre papel Pólen natural 70g/m².